よみがえれ！
授業改革運動

Shuhei AKAZAWA *Toru MIURA*
赤澤周平・三浦徹

麻布学園
1969年11月～1970年3月

エンパワメント研究所

Remember ! Education and Classes Reform Movement:
Azabu High School from November 1969 through March 1970

Shuhei AKAZAWA & Toru MIURA

Empowerment Institute, Tokyo, 2024
ISBN 978-4-907576-29-5

はじめに

　この本は、約50年前に、ある私立高校で起こった授業改革運動を、当時の資料をもとに綴った記録です。主たる期間は1969年11月から1970年の3月までの5ヶ月間で、その高校は麻布高校という、東京にある中高6年一貫教育の男子校で、当時も現在も「進学校」として知られています。筆者はこの授業改革運動の時、活動の主体となった高校2年生でした。

　この改革運動は、1969年11月5日、高校生徒会執行委員会（高執委）の「テスト制度を告発する!!」という立て看板とビラから始まりました。

　生徒は、日々の「つまらない・わからない授業」（倦怠と無為）の原因が定期試験制度にある、つまり「日常生活は試験によって大きく圧迫されている」と考え、生徒の「主体性にもとづく、真の教育」を求めました。クラスでの討論はしだいに熱を帯び、12月4日の高2学年集会で期末テストの中止を要求します。職員会議は最終的に期末テストを中止し、生徒とともに、授業・試験・評価制度の改革を進めることを表明し、改革のための生徒と教師の協議会が設置されました。

　1970年三学期に、試験・評価制度の具体的な改革案を議論する段階になると、生徒の間に一転して「沈滞ムード」が現れ、協議会が流会になります。他方2月11日には、建国記念日制定に反対する「自主登校」が高執委と2.11闘争統一実行委員会（統実委）の呼びかけによって行われます。このとき、統実委は学校の中庭を起点とする街頭デモを企画し、この中庭使用をめぐる校長・学校側の対応を不満として、統実委は21日から校長室座り込みを開始します。長い交渉の末に全校集会を開催して解決をはかることとなり、3月上旬の4日間の全校集会において、「自主活動の自由とその実現のためのルール」が合意されます。また、3月下旬の全校集会では、試験・評価制度と授業の改革案が合意されました。

　ところが、3月23日の学園理事会において校長が辞任し、4月4日に選出された理事長・校長代行山内一郎は、全校集会の合意事項をすべて破棄し、生徒会活動の凍結を命じ、学園の秩序を乱すものは処分すると宣言しました。学園理事会、同窓会理事会は、校長代行を全面的に支持する声明をだします。生徒の多くは沈黙しました。それは、処分を怖れたというより、改革が実を結ぶ前に消滅し何を求めていたのかを見失ったのです。

　山内一郎校長代行は、就任から一年半の後、1971年10月の文化祭における機動隊導入、その後のロックアウトをきっかけとして、生徒、教職員、保護者などの批判をうけて、11月15日辞任を表明しました。やがて、山内退陣を要求した生徒から、「山内が退陣したら、元の授業・生活に戻っただけだ」との声があがりました。そこで出発点に戻り、1969年11月からの2年間、生徒が何を求めていたのかを探るために、運動の「記録」を編纂するという構想が持ちあがりました。三つの学年の有志が集まり、1969年11月〜1970年3月（1971年卒、著者を含む三名）、1970年4月〜1971年9月（当時の高3＝1972年卒）、1971年10月〜11月（1973年卒）という分担を決め、ビラなどの資料を収集・整理し、「日録」を作成する作業を約半年で行いました。1985年に、三人会（坂上貴之・杉本有俊・星野英一、72年卒）が、『幕間のパントマイム：麻布高校1970年4月〜1971年9月』を刊行し、代行登場以降の生徒の幻想・退廃・沈静を描き出しました（2024年4月に増補・復刻版を刊行）。71年10月文化祭から11月の退陣までの時期を担当した73年卒は収集整理した資料を学園に寄贈し、第二次「紛争」として『麻布学園の100年』（1995年）のなかで詳述されています。

　1969年11月〜1970年3月を担当する私たち三人は改革運動への関わり方はまったく異なっていて、特に親しいという間柄でもなかったのですが、1972年4月から、定期的に週1回集まり、資料を読み解く作業を始めました。資料（ビラなど）は、同期生などの協力をえて、初期に収集・整理したものが170点、その後クラス日誌や個人の日記なども加え、268点の資料が集まりました。毎週の定例会では、内容を要約するとともに、分析や疑問などをB4判のシートに記し、複写して共有しました。

　大学卒業のころから執筆を始め、就職後数年経った1980年ころには200字詰め手書き2000枚の原稿（一次稿）ができ、記録刊行を予告しながらも、私たちの勤務先や家族の変化などがあり、完成稿にいたりませんでした。1992年に麻布学園百年史編纂委員会からインタビューを受けたときには、「1969〜70年の授業改革運動」の部分は私たちが記録をまとめ刊行します、と大見得を切ったために、出版された『100年史』では、授業改革については簡略な記述になっています。学園史の大事部分がいわば空白になってしまったことは、私たちの責任であり、この場を借りてお詫びいたします。

　それから長い中断のち、2017年に三人は再会し、運動の開始から50年目（2020年）に刊行することを目指し、月1回の例会を持つようになりました。手書きの原稿類をパソコンでデジタル化し、ウェブ上のフォルダーで共有し議論する、といったスタイルで、隔世の感があります。

　再開してみると、40年間の中断は相応に長く、私たちにも色々な変化がありました。まず感じたことは、40年前の原稿の分析や記述の仕方は、まわりくどく稚拙と感じる部分があったことです。他方で当時の出来事の細部が思い出せないこともありました。この二つの点から、本書の原稿を完成させるにあたっては、40年前に書いた原稿（出来事の記述と分析）はいわば二次資料として残したうえで、文章表現の明快さを図ること、今日の視点からの発見や分析はそれがわかる形で追加することを方針としました。

　これらの作業を、私たちは「記録」と呼んできました。当初は、絡み合った出来事を客観化して書き記すという意識でした。やがて、授業改革にさまざまな生徒が呼応し運動となった原動力は何だったのか、生徒同士あるいは生徒と教師の関係はどう変わったのか、運動が高揚しあるいは沈滞した原因はどこにあったのかを含めて記述したいと考えるようになりました。

　資料の引用を多く用いたのは、当時のさまざまな生徒や教師の意識や論点を、そのまま読者に提示したいという考えからです。本書の記述には、解説・解釈・分析が含まれていますが、それを含めて、当事者が語る歴史であると考えています。また手書きのビラなどの画像を掲載し、当時の状況の再現に努めました。

　この授業改革運動は、山内校長代行が介入・登場するきっかけとなったことから、一般に第一次「紛争」と呼ばれています。しかし、改革運動を「異常事態（紛争）」と呼んで介入したのは山内代行であり、それ以前の時期は、生徒と教師が意見を戦わせつつもねばり強く話し合い、「合意による解決」をめざし、それを実現しました。試験制度の問題から始まり、自主活動・政治活動の自由とルールといった問題も議論されましたが、日々の授業や学校の意味を問う運動であったと考えています。現在の麻布学園の授業や教育施設は当時とは大きく変わっていますが、平秀明現校長は、PTA会報誌（2022年）において、麻布の「授業の進化」の起点が、50年前の授業改革を求める生徒の声にあったと述べています。

　読み手について、40年前に想定していたのは改革運動の時期に同じ空間と時間を過ごした同級生、卒業生、在学生、教師でした。しかし、私たち自身が職場

や家庭などでたくさんの人に接する経験もへた今、本書で扱っている「主体性と自由」「つまらない授業」「試験・評価」「日常性」「仲間」「連帯・共同性」「合意」といった問題は、麻布学園のみならず、学校や教育や社会の普遍的な問題に通じていると考えるようになりました。麻布学園の授業改革運動と同じ時期、1969 年 9 月から 1970 年 3 月までの 7 ヶ月間に、日本の 35 都道府県の 176 の高校で、自主（政治）活動や授業・試験・処分などをめぐって生徒が学校側に対峙する「紛争」が生じていました（小林哲夫『高校紛争』による）。麻布学園も、他の高校・高校生と共通する問題を抱えていたことは確かです。他方で、バリケード封鎖といった物理的衝突に至らず合意による解決を図った麻布の授業改革運動は、「高校紛争」を主題とするこれまでの出版物では扱われていません。授業や学校における生徒・教師の関係とそれぞれの主体性を問いかけたところに、この運動の今日的な意味があると考えます。

　50 年が経過し、当時の多くの教師はすでに亡くなり、同期生はこの出来事の多くを忘れてしまっています。しかし改めて資料などを読んでいると、生徒のみならず、当時の教師も含めて、その真剣な態度や信頼や期待に敬意を払いたいと考えるに至っています。50 年前はこうした気持ちはなかったように思いますが、今はよくみんなここまでやったなという感じがしています。本書のタイトルの「よみがえれ！」は、失われた出来事の再現とともに、こうした人々への敬意の気持ちをこめたものです。生徒の個人名はすべて仮名としていますが、教師（多くの方は逝去）の方々は実名といたしました。なお、大学 1 年の時からこの記録の編纂に率先して取り組んだ一人が、最後の二年間の原稿の取りまとめに加わることができなくなり、下記の二名の責任で刊行することになりました。

　本書は、50 年前の高校生たちの生活と意識、思考と行動の記録ですが、現在の高校生、教員・教育関係者、そのご家族の方々などにも、広く読んでいただけたらと願っています。

2024 年 1 月

赤澤 周平・三浦 徹

＜凡例＞

1. 　個人名：教職員の名前は実名としたが、生徒についてはすべて仮名または記号を用いた。掲載図版の生徒名はマスキングした。
2. 　資料の引用においては、数字表記・送り仮名を含め、すべて原文どおりとした。判読不明・誤字等については ［　］ 内に筆者の訂正や注記を加えた。資料の発行（作成）団体名は、整理統一した。

校内案内図

校舎の全景（左）、中庭から校舎を望む（右）
（1971 年卒業アルバムより）

文化祭での校内案内図
（文化祭プログラム、1969 年 5 月）
左手の校舎の 2 階に、校長室と職員室があった。

目　次

第1部　自由な麻布・怠惰な麻布

本書の主題は 1969 年 11 月から始まる 5 ヶ月間の授業改革運動の軌跡である。本論に入るまえに、舞台である麻布学園という学校の約 50 年前の状況について述べておきたい。

1895 年創立と長い歴史があり、ほとんどの生徒が大学進学するこの学校で、生徒は何に不満を感じていたのだろうか。そしてそれがなぜ 1969 年秋に表出したのであろうか。これは本書全体を貫く問いであるが、第 1 部では、運動が始まる前夜の状況、すなわち生徒が動き出す背景を掘り下げておきたい。

第1章：1969 年の麻布学園
　　1．時代の背景
　　2．進学校と中高一貫教育
　　3．うるさい授業、わからない授業
　　4．試験と年間のリズム
　　5．成績評価
　　6．課外活動
　　7．生徒会活動
　　8．規律と指導

第2章：生徒の生活と意識
　　1．生徒にとっての勉強と大学受験
　　2．緩い仲間関係
　　3．日常の生活意識

第3章：不満を放置するもの
　　1．不満を放置する構造
　　2．不満解決への問題提起
　　3．1969 年卒業式答辞：自由な麻布と怠惰な麻布
　　4．誰がいかに変えるか：1969 年度高執委選挙

第 1 章：1969 年の麻布学園

まず 1969 年という時代背景と、そのなかで麻布学園がどのような存在でどのような状況だったのか、概要を述べておきたい。50 年の間に、学校教育をめぐる環境は大きく変化し、麻布学園の諸制度も変わり、ここで述べることは「昔話」なのかもしれない。当時の生徒からすれば、壊そうとして壊せなかったものともいえるが、現在は解決されたのだろうか。これは、過去と現在をつなぐための章である。

１．時代の背景

1960 年代はいまでは当たり前の家庭電化製品（冷蔵庫やテレビなど）が普及した時代である。1964 年の東京オリンピックを節目に東海道新幹線や高速道路が建設され始め、1969 年には人類が初めて月面着陸を果たし、東名高速道路が全面開通した。自家用車や家庭電話機も普及し始めていたが、基本的な交通手段は鉄道、バス、路面電車であった。インターネットやパソコンはまだ開発段階で、学内の印刷物は謄写版印刷によっていた。学校からの配布物はタイプ印刷もあったが、教員が個々に作成する授業プリントや試験問題は、手書きによるガリ版とよばれる謄写版印刷だった。もちろん、普通の人が使えるコピー機もない。また、電卓も大学卒の初任給に近い 3 万円で売り出されたばかりであり、教員は算盤や筆算や暗算で成績を算出していた。

1968〜69 年は、欧米諸国でも日本でも、学生運動が盛り上がった時期である。日本大学や東京大学などで、学内の問題を端緒として、旧来の制度が批判の的となり、大学自治会とは別に、「全学共闘会議」と名付けられた学生・大学院生の有志の組織が運動の主体となった。この動きは、一般に全共闘運動と呼ばれ、学生による全学ストライキやバリケード封鎖が行われ、1969 年春には東京大学などの入学試験が中止された。ベトナム戦争、翌年に控えた日米安保条約自動延長、成田新国際空港建設などの政治問題とも結びつき、「反戦」というスローガンが掲げられた。1969 年秋には、高校においても、生徒の政治活動や教育をめぐる問題から、バリケード封鎖といった実力行使を含む「紛争」が、北海道から沖縄まで全国の各地で頻発した。そこには、公立や私立の有名校が多く含まれていた。これについては、ジャーナリストや教育関係者などが当時の資料や当事者の回想

第 1 部　第 2 部　第 3 部　第 4 部　第 5 部　第 6 部

などをもとに著した多数の出版物があり、いまもなお、その原因や影響が議論されている（本書の「あとがき」を参照）。

　麻布学園においても、1968 年ごろから、高校生の政治活動の可否をめぐって議論があり、学外での政治活動（デモや集会）に加わる生徒もいた。しかし、本書の「授業改革運動」は、1960 年代後半の大学や高校が抱えていた問題と共通するが、それ以上に、麻布学園という学校に固有な制度や問題に起因するところがあった。以下、この点を掘り下げてみよう。

2．進学校と中高一貫教育

　麻布学園は、1895 年に江原素六によって創立された私立の中学校を前身とし、戦後の学制改革後は、中学・高校の一貫教育の男子校として歩んできた。創立から現在まで男子校である。（その歴史については、『麻布学園の 100 年』3 巻、1995 年に詳述されている）

　麻布学園の名前を知っている人の多くは「進学校」「受験校」という印象を持っていた。「進学校」という言葉が大学に進学する生徒が多いということであれば、1969 年当時の一般の男子大学進学率は約 25% であったから、100% 近い大学進学率の麻布高校は間違いなく「進学校」であった。また、中学に入るには、入学試験があり、3 倍程度の倍率で、多くは小学校 5〜6 年の時に進学塾に通い、模擬試験の成績を参考に、受験する中学を選んでいた。東京では、麻布（港区）、開成（荒川区）、武蔵（練馬区）の 3 校が私立男子校のご三家とよばれていたが、国立大附属の中高一貫校である東京教育大（現筑波大）附属の 2 校が最難関校であり、そちらと併願する者が多くいた。1965 年入学生は、入学金 3 万円、授業料月額 2700 円であり、他の私立校に比べて安いほうであった。

　しかし、「進学校」が 「大学受験に対して特別な教育をしている」という意味であるとすれば、麻布生は入学後すぐに担任教諭などの次のような言葉に驚かされることになる。

　「麻布では決してスパルタ教育をやっていない。教師も勉強しろと特別に言わない。宿題もほとんどない。生徒は自主的に勉強する」。

　この言葉を聞いた生徒たちがどのように感じたのかは一概にはいえない。「ラッキー」と思った者、「大変だ」と思った者、個々人の性格や環境により様々と思われる。また、親の期待などによっても変わってくるであろう。麻布学園を自分で選んだ生徒もいたかもしれないが、多くの場合、麻布学園を選んで受験させ

たのは親であり、それは、大学受験の実績（後述）や中高一貫校であること（高校で受験の必要がなく、一貫した教育がうけられること）に期待を寄せていた。

　中高一貫であることは特徴のひとつである。麻布学園の関係者は自分の学校のことを当たり前のように「麻布」と呼び、麻布中学、麻布高校と中高に分けて呼ぶことは稀である。中高一貫教育や受験に対する学校側の考え方について、麻布学園新聞第 75 号（1967 年）に、吉川涼教務部長に取材した記事がある。

> 記者　麻布の教育方針とは一体何でしょう
> 吉川　それは方針がないのが方針で、したい奴は自由にできるし、したくない奴はしなくても良いので見てごらんなさい。随分手を抜いてる奴も居るだろ。
> 記者　方針がないと言っても一応六年間一貫の授業が行なわれているのですけれど、そういう授業内容はどうやって決めているのでしょう。
> 吉川　それは、各教科の内容は各教科に任せてあり各教科では各先生を信頼してその良識に任すので、各先生がどのような教え方をな［ママ］しようと一々干渉しない。それに、麻布は他の学校みたいに校長先生が何々をせよ、という様なことは言いません。
> 記者　しかし高校の入学式の時先生は文部省がどうこうと言われたんですけど文部省の影響というのはどうでしょう
> 吉川　まあ、形式的には文部省に従っている様にしていないと卒業して大学受けさせてもらえないので単位単位とよく言いますが、授業内容は文部省の影響は受けていません。
> 記者　でも受験ということがやっぱり教育に影響しているのではないでしょうか。
> 吉川　うちでは受験教育などやっていません。各先生はあまり受験の事など言わないでしょう。各教科で先生が少なくとも高等学校においてはこれぐらい知っている必要があるというものを教えるので、大学受験に特別な勉強をしなくてもいい訳です。
> （「麻布学園新聞」第 75 号、2 面特集「麻布の教育」、1967/02/10）

　麻布学園の教育課程は、中学と高校の 6 年間で設計されていた。上記の弁にあるとおり、文部科学省の定める中学・高校の指導要領に従って、教科・科目・単

第1部
第2部
第3部
第4部
第5部
第6部

位数が設定されていたが、実際の各科目の履修年次・時間数は、独自の編成であった。英語、数学、国語に相対的に多くの授業時間が割り当てられ、体育や音楽や美術の時間数が少なかった。高校の国語、数学、理科などは、単位数（授業時間数）が多いもの（乙またはBとよばれる）を必修としていた。進学先の大学が指定する受験科目に合わせていたのである。さらに、国語、数学、英語、理科、社会の一部の科目では、中学 3 年次から、高校課程の内容を教えていた。そうすることによって、中学と高校の学習内容の重複を省き、高 2 までに高校課程の学習内容の多くを終了できるようになっていた。

とくに数学は、独自のカリキュラムを組み、中学 3 年で微積分、高 1 でベクトル、高 2 で複素数・指数関数・三角関数を学習することとし、独自の教科書を作成し、配布していた。こうした独自のカリキュラムの編成や実施が可能であったのは、すべての教員が中高一体の麻布学園で雇用され、教育委員会が個々の教科や授業に関与することがなかった私立の中高一貫校ゆえのものであった。

数学科編の独自教科書『複素数と指数関数三角関数』『ベクトル』

そして麻布学園は、ほとんどの生徒が大学に、それも東京大学を筆頭に難関大学に進学しているという意味で、紛れもない「進学校」である。それは今も昔も変わりがない。しかし、当時の教師たちは“受験”ということを第一義的なものとしていないと明言している。なぜ、大学受験を掲げなくても、このようなことが可能だったのか。生徒は、本当に「自主的に勉強して」いたのだろうか。そこで、授業や試験の様子をみてみよう。

3. うるさい授業、わからない授業

まず、ある日の授業の様子を、クラス日誌から引用する。当時、クラス日誌は日直当番が、毎日の授業（時限、科目、教員）をB5判のノートに記録し、担任教師に提出することになっていた。

11 月 19 日 すいようび　晴天
日直　H／S

5

四時間目　英正　ヘッケル先生 ［担任教員のあだ名］

余りの静かさに先生はあぜんとして授業をやめておかえりになった。あとでもどってこられてみんなと口論をまじえた。ヘッケル先生の御説教に関して（個々の意見）

手をたたくもの 10 人前後

N君　さわぐのは良くない

G君　パチパチ（はくしゅ）

O君　あんちょこみたっていいでしょ。ボクはやっていないけど。同じことばかりやりすぎる。

H君　あまり説得力がないと思う。僕たちの悪いことはもちろんみとめる。でもやっぱり面白くないことは確かだ。でもおいらはそんなにさわがない（自己弁護）

X氏　フン、何いってやんだい。バカガラス。

ヘッケル氏いわく

君たちはあまえている。利己主義だ!!

（高1の5「クラス日誌」、1969/11/19）

　「授業改革運動」が始まる前（1969 年 7 月）、高校生徒会執行委員会の下部組織である授業対策委員会が、教育に関するアンケートを実施した。回答率は高 1 が約 87％、高 2 が約 67％（学年生徒総数に対しては 45％）で、集計結果と集計者による短いコメントを記した「授業対策委員会アンケート集計結果報告」と題するビラが配布された。生徒会が、生徒（全員）を対象に授業についてのアンケートをとるということは初めての試みであった。

　このアンケートから、多くの生徒が麻布の授業や教育に問題があると思っていたことがわかる。集計結果を細かく見てみよう。

　アンケートの質問①「授業は全般的にわかりやすいか」では、「普通」という回答が 63％を占めているが、「わかりにくい」が「わかり

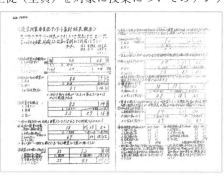

「授業対策委員会アンケート集計結果報告」
1969/07

やすい」の2～3倍の比率となっている。実際、教師が授業を要領よくおこなえば、生徒は整然と聞いていた。

　質問②「特にわかりにくい授業がある」かでは、80%以上の生徒が「ある」と答えている。それは、「現在の授業の印象」について、「教師の一方的な授業」が過半数をしめ（質問④：高1＝58%、高2＝67%）、「わからない生徒を無視した授業」については、70%以上（質問⑥：高1＝70%、高2＝78%）が「ある」と回答した。生徒は教師の授業のやり方に問題があると感じていて、「授業の進め

授業対策委アンケート集計結果報告（データ 高1：4クラス141名　高2：3クラス137名）

1969年（昭和44年）7月

①現在の授業は全般的に	高1	高2	②特にわかりにくい授業が	高1	高2	③授業中生徒は	高1	高2
わかりやすい	8%	11%	ある	84%	81%	うるさい	83%	55%
普通	63%	63%	ない	9%	14%	普通	14%	27%
わかりにくい	25%	24%	どちらともいえない	6%	5%	良い	2%	16%
無回答etc	4%	2%	無回答etc	1%	0%	無回答etc	1%	2%

④現在の授業の印象	高1	高2	⑤授業はどの様に進めたらよいか	高1	高2	⑥わからない生徒を無視した授業が	高1	高2
教師の一方的な授業	58%	67%	教師が主に進める	35%	35%	ある	70%	78%
生徒との話し合い	8%	10%	教師と生徒の話合で	53%	45%	ない	8%	6%
わからない	13%	12%	生徒が主になって	4%	10%	どちらともいえない	21%	16%
その他	20%	12%	その他	5%	10%	無回答etc	1%	0%
			無回答etc	3%	0%			

⑦点による差別はあるか	高1	高2	⑧優等制について	高1	高2	⑨今の大学入試制度は	高1	高2
ある	54%	53%	弊害がある	38%	48%	高校教育を歪めている	57%	69%
ない	19%	25%	励みになる	19%	18%	個人の為になる	9%	6%
わからない	28%	21%	どちらともいえない	41%	33%	どちらともいえない	30%	23%
			無回答etc	2%	1%	無回答etc	3%	2%

⑩高校教育は何の為にあるのか	高1	高2	⑪何故学校に来ているのか	高1	高2
大学に行く為	22%	16%	慣習的に	33%	43%
知識を得る為	30%	30%	大学に行くために	25%	20%
自己を高める為	25%	28%	知的満足を得るに	28%	20%
真理追求の為	15%	12%	その他	14%	17%
その他	7%	14%			

かた」については、「教師が主」（質問⑤：高1＝35%、高2＝36%）より、「教師と生徒の話合で」（高1＝53%、高2＝45%）が上回っている。

　授業のもうひとつの問題は、授業中の生徒の態度であり、質問③「授業中生徒は」の回答では、「うるさい」が高1＝83%、高2＝55%を占め、結果報告のビラで「生徒も自覚している」とコメントされている。

　学校の存在意義を尋ねる質問⑪「何故学校に来ているのか」では、「知的満足」が、「大学に行く為」（高1＝25%、高2＝20%）をやや上回っているが、「慣習的に」学校に来るが最大比率（高1＝33%、高2＝43%）を占め、アンケート集計者は「結局無目的に還元されるのではないか」とコメントしている。そして学校側が大学受験のための特別な教育はしていないと考えていたにもかかわらず、

7

質問⑨から、生徒は、今の大学入試制度は「高校教育を歪めている」（高 1 ＝57％、高 2 ＝69％）と感じていた。

　授業の質は教師によって大きなばらつきがあった。国語や英語は、教科書や副教材をベースに授業が進められたが、独自のカリキュラムを組んでいた数学、理科、社会では、通常の中学や高校の教科書を用いないため、いわゆる板書が中心になる。教師は生徒のほうを向かず、黒板にむかって板書する時間が多く、生徒はノートをとり、黒板を写すことで精一杯だった。教科書にあたるものがない科目では、自分でノートをとらなければ、復習も試験前の勉強もできなかった（他人のノートを複写できるコピー機が市中に登場したのは 70 年代以降である）。クラス日誌は、ある日の数学の授業について、次のように書いている。

> 先生は例によって、僕らがガタガタ（「ちょっと待ってください」等一筆者註）言わないと黒板にずらずら書いて、僕らが写しているうちに説明してさらに先に進もうとする。僕らはバカなんだから完全に写し終わってから説明してほしいなー！
> （高 2 の 2「クラス日誌」、1969/11/11）

　他方で、生徒が教師をまったく無視するかのような授業の記述もある。

> 5 月 15 日（木）　曇り　日直　Y
> 4 時間目　倫社　西田先生
> 授業「欲求不満」が始まった。いつもの例として、睡眠学習を実行している科学的なヤツが多くいる。
> ガリ勉の K は数 b の内職をやっている。
> まじめな H は針金で作った不思議な道具で精神集中に励んでいる。
> （高 1 の 6「クラス日誌」、1969/05/15）

　「西田先生」は、倫理社会の授業を担当していた教師のあだ名である。市販の倫理社会の教科書は使わず、授業内容は西洋哲学史であったが、教師が何を言っているのかわからない、というありさまだった。「睡眠学習」「内職」「精神集中」以外の生徒たちは席の近い生徒と小声でしゃべっていたから、教室内はざわざわ

第1部
第2部
第3部
第4部
第5部
第6部

とした騒音に満たされていた。教師が生徒に「静かにせよ」と言えば静かになるが、一時のことであった。

「わからない」「無視された」生徒たちは授業に退屈することになるので、色々ないたずらを仕掛けることがあった。たとえば、教室のドアの鍵をかけて、教師を入れないといういたずらがクラス日誌に記録されている。日直がやがてドアの鍵をあけ、授業が行われたのだが、生徒のなかには「正常に授業が行われてツマラナイという者もいた」と記されている（高1の6「クラス日誌」、1969/10/09）。こうした退屈な時間を短くするいたずらは他にもあった。たとえば、何人かの生徒が示し合わせて机をガタガタ鳴らし、「地震だ！地震だ！」と騒ぐ。生徒たちが声をそろえて「スリッパ！スリッパ！」と教師のあだ名を20分以上連呼するなど。こうしたいたずらは、一時しのぎであって、問題の根本的解決にはつながらなかった。

他方、アンケートでは10％前後ではあるが「わかりやすい」「生徒との話し合いがなされている」と評価されている授業もあった。わからない授業の代表として挙げた数学でも、楽しそうに授業をする教師はいた。何かを伝えたい、という教師の授業は、生徒は真面目に聞いたし、難しいものも我慢した。大学院で学び、専任あるいは非常勤の教師となっているものもいて、独自のプリントによる専門性の高い授業もあった。

また、日本史の山田教諭の定期試験では「・・について説明せよ」という問題が比較的多く出されていたが、さらに生徒の考察を求める形にもなっていった。ある歴史的事象をただ覚えるというだけでなく、その意味を考えようということであって、授業でもそうしたことが行われていたことを意味する。「わかりやすい」か「わかりにくい」のかは別にして、歴史に興味を持っている生徒にとっては、おもしろい内容であったに違いない。

1969 年 2 学期の試験「高Ⅱ日本史中間テスト」,1968/10/27
第1問は、史料（日米修好通商条約）を読んで、語句の意味などを説明させる。第2問は、寛政改革と天保改革の異同について、第3問は「幕藩体制の動揺をもたらした国内的要因」を論述させる。

9

　こうした授業が生徒からどういう評価を受けて、アンケートのどこに反映されているのかは判然としない。しかし、教務部長のいう「各教科の内容は各教科に任せてあり、各先生がどのような教え方をしようと一々干渉しない」というのは事実であり、教師たちが自由に工夫できたという良い側面もあった。しかしアンケート結果を見る限り、生徒にとって"わかりやすさ"という尺度での授業のばらつき、それも負の側に振れたばらつきがあったのは確かである。また、同じ学年の教科を複数の教師が担当するという方式をとったため、クラスによって試験の平均点が 10 点も違うということが起こっていた。

4．試験と年間のリズム

　当時の日本社会は週休二日制が導入される以前で、麻布学園も 50 分授業が月曜～金曜は 6 時間、土曜は昼までの 4 時間となっていた。3 学期制で、学期の間には、公立校より長めの、夏/冬/春休みが設けられていた。

　生徒数は 1 学年約 300 人で中学は 5 クラス、1 クラス当り約 60 人、高校は 6 クラスで 1 クラス約 50 人。高校から学年 10 人程度、非公募の新規入学者がいた。

　新学年は 4 月に始まる。クラスは毎年再編され、新たなメンバー（担任、生徒）のもとで、新たな教室で生活が始まる。高校では各学期の初めに、国語・数学・英語の 3 科目について、「実力テスト」（正称は実力考査）という名の出題範囲を定めない一種の学内模試が行われる。5 月の連休を利用して文化祭が 3 日間開催され、準備・後片付けを含め、ほぼ 1 週間授業が停止される。5 月下旬に 1 学期の中間試験が、7 月中旬に期末試験が実施される。期末試験の終了から終業式まで約 1 週間が休みとなる。

　2 学期は 9 月に始まり、同月に実力テスト、10 月下旬に中間試験、12 月中旬に期末試験が行われる。10 月には、運動会と遠足がある。3 学期も期初に実力テスト、3 月中旬に期末試験があり終業式で 1 年が終わる。

　定期試験の期間は原則 1 週間（中間試験は試験を実施しない科目もあり短縮されたこともあった）、月曜日から始まる場合と、木曜日から始まる場合があって月曜日から始まる場合は木曜日が休校、木曜日から始まる場合は、その前日の水曜日が休校であった。1 日 2～3 科目のテストが実施され、テストは午前中で終わった。クラブ活動は定期試験の 2 週間前から定期試験中までは活動休止となっていて、試験期間を含めて 3 週間は、実際に勉強するかどうかは個人差があ

るが、「勉強する期間」という設定になっていた。定期試験の1週間前には試験の時間割が発表され、各教科の授業で試験範囲も示され、試験モードは高まっていく。これに対し、定期試験後の約4週間が試験から解放された「遊びの期間」という感じになっていた。このセットを年間5回繰り返す。その合間を縫って、文化祭、運動会、遠足といった行事とクラブ活動が組み込まれて、生徒の年間の生活のリズムがつくられていた。

第1部　第2部　第3部　第4部　第5部　第6部

◇◇　定期試験前後の風景　◇◇

　普段、うるさかったり、"内職"が横行していたりした授業も、話が試験の出題範囲に及ぶとあちこちで「シーッ」と静寂を求める声が生徒からあがり、急に静かになった。こんな時は騒いでいる生徒は白い眼で見られる。教師の方から試験範囲の話をしない時は、生徒の方から「試験範囲は？」「どんな問題ですか？」等の質問が出た。出題範囲についてわざわざ他クラスから情報を仕入れる生徒もいた。同じ学年の同じ教科を複数の教師が教えるような教科でも定期テストは全クラス統一の内容だった。試験範囲までを教えていない教師は生徒の抵抗を押しのけながら超特急で授業を進めるし、逆に試験範囲まで終わった授業は「自習」や教師の方で休んでしまう場合もある。こういう場合、生徒は何とか時間割を組み替えて早く家に帰れるように教務や担当教師と交渉しようとする。この手の交渉に熱心な生徒がいて、交渉が成功するやその生徒は万雷の拍手で迎えられた。もちろん、家に早く帰ってもそれだけ勉強するとは限らなかったが。

　中間試験後の一週間は、教師が授業で答案を返却して解答を説明するのが普通であった。教室では、「返セ！返セ！」という答案返却要求の大合唱が起きた。また、返却されたテストの点数が悪いと、「ゲータ！ゲータ！」という点数水増し要求（下駄を履かせる）の大合唱が起こった。これは、成績評価や及落がテストの「点数」で決まるという規定と関係があったかもしれない。教室や帰り道の生徒同士の会話、クラス日誌の記述にも試験の成績や、試験への不満が話の種になった。テスト返却終了でこうした話も少なくなる。

11

5．成績評価

　当時の麻布学園の成績評価は、中学・高校ともに、百点法の絶対評価であった。基本的に定期試験のテストの点数がそのまま成績通知表につけられ、芸術や体育も実技試験等によって百点法で評価された。他の中学校・高校では 5 ないし 10 段階の相対評価が一般的であったので独特な評価方法といえよう。平常点が加味されることはなく、成績は、良くも悪くも、定期試験の一発勝負だった。成績通知表には各科目の点数とそれら全部を平均した平均点が記入された。第一、第二学期の各科目の成績は、中間・学期末試験の得点を平均した点数が通知表に記載される。第三学期には、第一、第二学期の成績が各 25%、第 3 学期学期末の成績が 50% の割合で計算された点数がその学年の成績となる。及第点は平均点 60 点以上で、59 点以下は落第であるが、実際に落第（留年）になるのは高校でも各学年に一人いたかどうかであった。こうした生徒個人の科目間平均を算出する成績評価方法を学内では「平均点制」と呼んでいた。

◇◇成績通知表◇◇

（正式には「成績通知箋」1968 年度のもの）

右端に 1 〜 2 学期、学年の「平均点」が記入され、
85 点以上のときは「優等」の判定がなされた。

　通知表は、第一、第二学期の中間試験後 2 週間以内に「父兄会」とよばれるものがあり、中間試験の成績通知表が保護者に手渡された。各学期末の成績通知表は担任教諭から生徒に直接手渡された。成績通知表には、平均点の 5 〜 10 点刻みで該当する生徒の数を記した分布表がつけられていた。

　学年末の成績の平均点が 85 点以上のものは優等として表彰された。表彰状には「人物・学業共に優秀なることを賞する」とあったが、素行が良いとか悪いとかの評価は実際には行われず、成績が 85 点以上であれば優等となる。貰うものは表彰状だけであった。中学の 3 年間はおおむね 1/3 の生徒が優等となっていたが、高校になるとその生徒数は大きく減少するという傾向にあった。

　次ページのグラフは、筆者の学年の中 1 から高 1 までの生徒の個人平均点の分布の推移である。高校になって優等が激減し（38 名、12%）、70〜74 点が 19%、

第1部

第2部

第3部

第4部

第5部

第6部

60 点台が 21% と、全体的に平均点の分布が下方に広がっていく。低下が見られる原因は何なのか。

　高校になると勉強以外のことに対して興味が増す、たとえばクラブ活動、趣味や自治活動などに時間を費やすようになる、という要素もあるだろう。しかし学年が上がるほどに勉強しなくなったというよりは、学習内容が難しくなり、授業がわからない、試験ができないという経験が増えていたことは確かである。また、半数の生徒が、「点による差別がある」（§1.1.3 アンケート質問⑦）と感じていた。

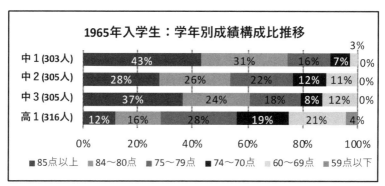

6. 課外活動

　クラブ活動は、生徒会公認の部（生徒会予算が配当される）として、13 の文化部と 15 の運動部があり、生徒会総予算 282 万（1969 年度）の約 70% が配当されていた。クラブの組織も「中高一貫」であり、高校 2 年生が全体の運営・管理にあたった。中 1 の後半から中 2 にかけて入部者が増えるが、学年があがるほどに（特に運動部では）部員が減っていく傾向にあった。活動内容はクラブによって違っていたが、運動部の場合は週 3 日程度の練習日があり、都の大会で入賞する部もあった（バドミントン、陸上、サッカーなど）。文化部は、文化祭の展示や実演が晴れの舞台であった。各クラブには教師が顧問として配置されていたが、クラブによって関与の度合いは違っていた。教師がみずから指導することもあったが、運動部の公式試合に同行することも稀で、全般的に形式的な役割であった。

　5 月の文化祭、10 月の運動会も、中高一体で開催され、いずれも実行委員長が直接選挙で選ばれ、複数の部門長からなる実行委員会を組織した。文化祭は、展

示とイベント（音楽、演劇、講演など）が主体で、生徒会から 37 万円の予算（総予算の 13%）が配当された。ポスターやプログラムを刊行し、模擬店や広告などの収入もあって、大がかりな催しとなり、他校の生徒などで賑わった。文化祭の展示・イベントの内容は生徒に任され、政治問題・社会問題をテーマにした展示もあれば、学校の教育に関する校長・教師との討論会も開催された。学校あるいは個々の顧問教師が、介入することもなかった。

　運動会は、中高のクラスを基盤にしたいくつかのチームに分かれて、競技得点を競い、応援団が士気を高めた。しかし、自由度の高い文化祭に比べて「全員参加」型の運動会は生徒にやや不評で、1967 年には運動会が一旦中止になり、1969 年の運動会では、高 1 の実行委員長のもとで、スポーツ競技の要素を高めるという企画に対して高 2 の一部が反発し、開催日前日になってクラス討論を行い開催の再確認投票が行われた。

　遠足・修学旅行については、過去の死亡事故（1954 年相模湖遭難事件）のせいか、教員側の主導で実施されていたが、1968 年には、生徒の自主運営やグループ行動を求める動きが顕在化した。翌年の高 2 の遠足では、磐梯山登山、会津市内見学などのグループに分かれて行動した。制服着用を求める教員に対し、生徒会の執行委員長が、体操のときは制服を着ない、遠足には遠足にふさわしい服装がある、と反論し、自由服になった。

　このように課外活動全般について学校側・教師は"見守る"、"自由にさせる"あるいは"無関心"のいずれかであって、基本的に生徒の意思に従って自由に運営され、何か問題が発生した場合でも生徒自らが解決することが当たり前と考えられていた。

7．生徒会活動

　生徒会には中学、高校別々に組織され、高校生徒会の場合は、級自治会、生徒協議会（「生協」と呼ばれていた）、執行委員会、生徒会各部の 4 つの機関によって構成されていた（会則第 1 条）。高校では、生協が生徒会の意思決定機関（会則第 6 条）であり、各クラス 2 名の級代表（高 3 は議席なし）と生徒会各部（クラブ）代表各 1 名及び役員（議長、副議長）、執行委員を以て構成される（会則第 7 条）。高校執行委員会は、生協において選出され、クラス代表 4 名、部代表 3 名の 7 名からなり、互選によって委員長を選出することとなっていた（会則第 23 条、執行委員に選出された者は、クラス・部代表を交替する）。中学・高校の

生徒会の機関は、それぞれ、中生協・中執委、高生協・高執委の略称で呼ばれていた。

生協は会則には月一度開催が義務付けられていて、その他に中高の合同生協も開催された。開催義務があったにもかかわらず定足数（2/3）に達せず流会になることが多かった。苦肉の策として、昼休みに開催することにしたが、「集まりが悪く開かれたのは、昼休みも半ば終わった頃」（「麻布学園新聞」第 83 号、1968/06/07）であったりした。流会になる原因のひとつは高校生協の委員は各部（クラブ）の代表の数がクラス代表のそれを上回っていたため、各クラブへの予算配分が決まってしまえば、クラブ代表は生協への関心が薄くなったということが考えられる。級自治会は、毎週定例のクラスタイムが授業時間のひとつとして設けられていたが、生協からの報告や審議事項が主で、定足数確保が危うい場合もあった。

そのほかにも、会則・組織上の問題があり、平均点が 75 点以上でなければ各種委員・役員になれないという「75 点制」（1966 年後期から廃止）、高 3 の議席がないこと（1970 年より前期の議席を設ける）、執行委員の間接選挙（1968 年後期より執行委員長の直接選挙制に移行）などの改正が行われた。

生徒会、とくに生協の活動に対する生徒の無関心が頻繁に指摘されていたが、それでも、生協と執行委員会は、組織改革、会則改正、行事運営などの議決を行い、一定の関心と活動は維持されていた。

8．規律と指導

「校則」や「生徒心得」というタイトルの公式文書はなかったが、一般に「生徒心得」と呼んでいる B4 判のものが、中学入学時に新入生に配布された。全部で 24 項目あり、始業時刻・朝礼・授業時間・昼休み・終業時刻・クラス委員・掃除当番と日直などの定めのほか、校時及び在校中の注意、考査成績（定期試験と成績評価）、服装などがあった。

掃除当番の規定はあるが有名無実になり、何人かの真面目な生徒がやらなければ一週間以上も掃除をせず、教室の後ろのほうにゴミの山ができる、ということすらあった。生徒はそれを見て見ぬふりをしていたし、教師も注意することはあまりなかった。

生徒はおおむね黒ボタン・詰め襟の制服を着用していた。制帽については、中3 ぐらいから着用しない生徒が増え、高校生ではほとんどかぶっていなかった。

それに対して、教師はほとんど指導しなかった。当時の麻布学園では規律ある学校生活が実現できていたわけではないものの、強制的な生活指導によってそれを実現しようという意志は見られなかったといえよう。

　学業に関してはどうであったか。「生徒心得」には「毎日少なくとも 3 時間は勉強する」と記されていたが、教師は「勉強しろ」と言わない、宿題もほとんどなく、授業や試験について特別な指導というものもない。受験についても、「進路指導部」という部署があったが、過去の進学実績などの資料の作成や配布が中心であり、学校全体としての受験・進路対策も、個々の生徒への受験指導もやっていなかった。唯一、受験対策として行われていたことは「実力テスト」と呼ばれた校内模試である。高校生には各学期のはじめに、国語・数学・英語の 3 科目について、それまでに教えられたこと全てが対象となっているテストが実施され、かなり難問であった（高 3 の 3 学期には理科・社会を加えて「模擬考査」の名称で実施された）。結果については、各教科の平均点、総合点の上位約 80 名の順位・名前・得点、科目ごとの上位 20 名の名前・得点が公表された。3 科目の合計平均点は、100 点〜150 点であったが、トップの得点は 200 点を超えていた。この順位表は番付と呼ばれて、印刷して配布された。毎年麻布高からどの大学に何人合格したかは、週刊誌などでの報道や高三になって学校から配布される「麻布高校最近 5 年間の現役進学者数」などでわかるので、校内模試（実力テスト）の成績順位（上位 80 名は東京大学の合格可能圏）、高 3 時の志望大学調査集計などから、大学受験のめどをつけることができた。1966 年から 70 年の「現役進学者数」によれば、東京大合格者 47 名（受験者 161 名、年平均）、一橋大 4 名（受験者 20 名）、東工大 4 名（受験者 23 名）であり（東大などの入試が中止となった 1969 年を除く）、私立大は早稲田大合格 17 名、慶応大 24 名、と現役生の受験は、圧倒的に東京大に偏っている。学校は、このような情報を生徒・保護者に提供したが、個々の志望校の選択は、生徒の意志に任せていた。

　クラブ活動や生徒会活動（文化祭、運動会を含む）についても、学校として、あるいは個々の教員が指導したり、介入したりすることはほとんどなかった。藤瀬五郎校長（1967 年 9 月着任）のもとで、1968 年 12 月から校務分掌制度が導入され、教務、進路指導、生活指導、生徒会指導、図書館、保健厚生の 6 つの部署が設置された。それまでは主要な事案は古参の限られた教員が所管していたが、校務分掌の各部には、主任と複数の教員が配置され、主要な事案は職員会議で報告・審議されるようになった。以後、生徒会活動関係の事案は生徒会指導部の、

生活関連は生活指導部の教員が所管し、生徒はそれぞれの部署に、主要な活動や案件を報告し、必要に応じて協議するようになった。部署の呼称にある「指導」は、学校や教員側から生徒に方針等を提示するというよりは、生徒側の報告に応じて（あるいは教員側が入手した情報にもとづいて）、具体的な事案を協議するというものであった。

　以上のように、日常の授業、試験、行事、課外活動など、いずれについても、具体的な活動は、個々の教員や生徒の意志に任されていた。なにをやるか、あるいはやらないことも「自由」とされた。しかし生徒の日常の活動は決して活発とはいえず、先のアンケートによれば、多くは「慣習的に」「大学に行く為」に学校に来ていた。次章では、この生徒の日常の意識を探ってみたい。

◇◇　クラスタイム　◇◇

　生徒会はクラス単位の協議・意思決定の場として級自治会を設定している。級自治会は「クラスタイム」（略して CT、他校でいうホームルーム HR）と呼ばれていた。「定期的に開催されることを原則（会則第 5 条第 1 項）とし、週 1 時間、授業時間割の中に組み込まれていた。クラスでの問題提起が生協で議論され、また生協での議題がクラスに持ち帰って議論されるということが想定されていて、形式的にはその機能を果たしていたが、実態は活発な議論が行われることは稀であった。

「何かありませんか…（しばし沈黙。そとはさわがしい）
（雑談多し）（出席率 3/4）
反対いけんの人は手をあげていけんをのべて下さい。
反対いけんないの。『ナイ！』いいですか。ネェいいですか。
（高 1 の 6「クラス日誌」、1969/04/25）

第2章：生徒の生活と意識

第1章で述べた教育体制のもとで、生徒たちはどのような意識をもって、仲間と学校生活を送っていたのであろうか。ここでは生徒たちの意識や人間関係がどのような状態であったかについて、生徒の目線で見てみたい。それは主題の「授業改革運動」が動き出す切っ掛け、改革の動機を探ることになる。

1．生徒にとっての勉強と大学受験

　生徒にとって日常的な勉強は学校での授業である。多くは"うるさく"、"つまらない授業"であったかもしれないが、いつも悪ふざけがされていたわけではない。高校教育は「知識を得る」や「知的満足」のためと頭ではわかっていても、現実は、多くの生徒は毎日行われている「正常な授業」に「慣習的に」「大学に行くために」出席していた。それが"勉強"というものだと思っていたのであろう。

　その延長線上に、さらに年5回の定期試験によってもたらせられる生活のリズムがあった。テスト前2週間と定期テスト中の「勉強」の期間と、そうでない「遊び」の期間が交互にやってくる、生活のリズムである。定期試験が近づくと「そろそろ勉強しなくては」という不安を語る生徒も多かった。生徒たちは、そのリズムのなかで、習慣的にあるいは条件反射的に、テストのために勉強したといった方がいいかもしれない。結果的に定期試験がなければ勉強しない、定期試験が終われば"遊べる"、それも束の間の自由時間のようにというのが多くの生徒の生活であった。

　一方、大学受験はこの「勉強」とどういう関係にあったのであろうか。前出のアンケートにあったように、「今の大学入試制度は高校教育を歪めている」という意見が過半数を占め、高1の57％から高2では69％に増えている。こうした意見を反映してか、麻布学園新聞では麻布の教育について何度か特集を組んでいる。そこでは麻布の教育が「自由でのびのび」などではなく、大学受験のための知識の詰め込み教育、自主的に勉強しているのではなく勉強させられているのだと論じている。しかしながら、日常の生徒の意識としては、学校に来る理由の第一として「大学に行くため」を挙げた生徒は2割台であって日常的に大学を意識していたとはいえない。

　生徒たちは、自分たちは大学に行くのは当然だし、また行けると思っていた。その意味では紛れもなく「進学校」であるが、そのために日常的に何かを努力す

るというわけでもなかった。麻布で一定程度の成績が取れていれば、有名な大学に行くことは不可能ではないらしい、ということも漠然とではあるが知っていた。麻布学園の過去の入試実績が生徒たちにそう思わせていた。

　定期試験の前に勉強する態勢に切り替えるように、例えば高 3 近くになったら受験準備に切り替えれば何とかなると考えられていた。中学受験の際にも習い事などを受験のために中断した生徒も多く、自分のしたいことより求められることを優先する、ある意味そうした処世術に長けた生徒たちが多かったのかもしれない。

　高校教育の意味について、アンケートでは「知識を得る為」「自己を高める為」「真理追求の為」を選んだ生徒が合計 7 割であったが、日常的な"勉強"は定期試験のリズムに従うのみで、そうした価値、勉強それ自体の価値——たとえば「面白さ」——を授業のなかで追い求めるという文化は形成されていなかった。

　筆者たちが高 1 の時のクラス日誌に、日直の生徒は次のように記している。

　　小学校は中学校の、中学校は高校の、高校は大学の予備校となって居る。そして、大学及び社会に出た時にどうなって居るだろうか。結局何も残って居ないのが現実なのではないだろうか。そんな教育があるだろうか。それが我々、麻布の中に侵入して来て居る。教科書・ノートだけを読む教師、ガリガリするしか能のないガリ勉型、女と遊びにしか興味がないたいはい型などにその良い例が見られるであろう。我々はここで何を学んで居るのだろうか。　　（高 1 の 6 「クラス日誌」、1969/02/17）

2．緩い仲間関係

　勉強自体の「面白さ」を求め、テストのためでない勉強をする、たとえば難しい本、カミュ、サルトル、あるいはマルクス・エンゲルスの「共産党宣言」などを読む人もいた。だが、それは一種変わり者の個人的興味として捉えられていた。授業を通して、皆で一緒に取り組まれるというものではなかった。

　"勉強"だけではなくそのリズムの一方の"遊び"についても同様のことがいえた。クラブ活動に熱心であっても定期試験のリズムで簡単に中断される。また、運動競技でのインターハイ出場、都大会優勝などのある種の快挙でさえも学校をあげて皆で一緒に応援するというようなことは見られなかった。それらも音楽バンド活動や趣味の○○にのめり込む一種変わり者の出来事と同じであった。排除

するわけではないが積極的にそうした生活価値を共有する、他者の生活価値を応援する、関心を示すという文化は醸成されていなかった。同じことは、文化祭・運動会・生徒会活動など課外活動全般にもいえることであった。

　では、他者に対する興味を示さないように見える麻布生の間では、"仲間"というものはなかったのだろうか。

　当時の麻布学園は 1 学年約 300 人、中学は 1 学年が 5 クラスだったので、1 クラスは約 60 人、高校になると 6 クラスとなり 1 クラスは約 50 人であった。毎年クラス替えがあったので、授業改革運動が始まった高 2 の時点では半数以上の生徒と、1 度は同じクラスになっているので、その顔と名前は知っていたことになる

　同じクラスになったからといって、親しい仲間になるとは限らない。親しくなるには、席の近さ、休み時間や自習時間の過ごし方（トランプなど教室内派かサッカーなど教室外派など）、または同じ通学路など何らかの切っ掛けで仲間が形成される。ただ、そのクラスの仲間はクラス替えによって解消されることが多かった。

　一方、同じクラブに所属する生徒たちも仲間を形成し、クラブ活動を続ける限り仲間でありつづける。クラブ以外にも、文化祭・運動会といった年中行事によっても仲間が形成された。文化祭では、実行委員会など運営側のほか、サークル（文化部）やグループの発表展示、演劇・音楽の実演などを一緒にやる仲間が形成される。生徒会活動でも生協の委員（級・部の代表）や執行委員などの間で、仲間が形成された。

　生徒たちの間では、それぞれの生徒を区別するために、名前の前にその特徴をつけて、たとえば、所属するクラブをつけて「サッカー部のスズキ」と呼んだ。特技が「エレキの〇〇」「フォークの〇〇」というレッテルとなることもある。こういうレッテルなら貼られた本人も悪い気はしないだろう。これは一種の尊称にも見えるがそうではなかった。生徒たちは特技を持った生徒にレッテルを貼ることによって、自分たちとは違う特別な存在として片づけてしまった。前に述べたように、特技の価値そのものを認めるわけではなく、他者の生活価値を応援する、関心を示すということでもなかった。

　仲間自体はおおむね何かを能動的にする仲間である。遊びをする仲間とは限らないから楽しい場合ばかりではない。けれども、どの場合にしても生徒は退屈そ

第1部

第2部

第3部

第4部

第5部

第6部

うな顔を見せることはない。毎日つまらない授業・わからない授業を 6 時間近く受けているのだから、仲間と過ごす時間は大切なものであったに違いない。

　ところが大切と言っても、自分が付き合うのはこの仲間でなければいけないといったものでもなかった。クラスでの仲間はクラス替えや席替えによって、年中行事での仲間はその年中行事が終わることによって、仲間が変化・解消していく。生徒がクラブに加入すると下校時間が違ってくるので、通学仲間は解消する。長く続く可能性のあるクラブの仲間も高 2 の 2 学期になればほとんどの生徒が実にあっさりと活動をやめていく。

　大体の生徒が何かしらの仲間を作っていた。そしてかなりの数の生徒の顔と名前は、話らしい話はしないけれども、知っているのである。そして自分が属する仲間以外は互いに関与しない、仲間の継続ということにもそれほど執着しない、という日常が続いていた。

3．日常の生活意識

　生徒たちの日常は、第一節で見たように、定期試験によって作られた「勉強」と「遊び」のリズムと、第二節で見たような緩いつながりで構成された仲間によって作られていた。そのなかで、生徒たちはどのような意識を持っていたのだろうか。生徒が自分自身を語った二つの文を紹介しよう。

1）「ある劣等生の心理」

　次の一文は、改革運動の開始から 1 年後、筆者たちの学年の卒業文集作成のときに匿名で投稿されたものである。

> 　　＜ある劣等生の心理＞
> 　匿名は責任回避になるかもしれないけれども、どうしても名前を書くだけの勇気がなかったから、敢えて匿名希望にした。
> 　随分大袈裟な題名にしてしまったが、以下の文は全く僕個人の心理であることを強調したかったため。即ち、僕（＝劣等生）の劣等感をぶちまけたものにすぎない。勉強という自由競争に負けた一劣等生のたわいもないぐち、ひがみにすぎないのだけれど、「書きたい！」という衝動にどうしてもかられたため、はずかしさをこらえて書いてみることにした。

　畜生！　どうして皆あんなにできるんだろう。O・U、A・N、K・Y、S・N・・・とかぞえあげたらきりがない。いつか抜いてやろうと思いながら、とうとう抜けないまま六年間がアッという間にすぎてしまった。しかし、僕はこうできないんだろう。麻布に入学してから、だいぶ遊んでしまったし、又、「お前には才能がないからだ」と言われてしまえばそれまでだが。

　時々、みんなの書いた文章の中に、一流大学——一流会社というエリートコースを歩むことに対する疑問などがみうけられるけれど、そこには「自分は絶対に一流大学に入れるんだ」という優等生意識が感じられてならない。僕なんか別に一流大学に入れる可能性なんてないから、そんなにエリートコースを歩んでいるなんていう感じはない。但し、経済的にいくらかめぐまれていることは確か。以前の授業改革などでも優等生中心に行われてきて、僕の様な劣等生なんか置きざりにされてきたような感じがしないでもなかったし、又、今まで何をやるにもだいたい優等生が中心になって、彼らが積極的にやってきたと思うけど、性格的なこともあるかもしれないが僕はどうしてもそういう中にとけこんで行くことができなかった。それは君達優等生のいかにも自信に満ちた顔、劣等生を無視した様な態度などを（一部略）みているとますます劣等化し、勉強する意欲がなくなり、そのため成績が下り、そしてますます自信をなくして、劣等感の固まりの様になってしまい、もとから消極的だったのがさらに消極的になってしまった。だから、僕には優等生がけむたくてまぶしい存在で、優等生がそばにいると何となく落ちつかず、いやな感じがするし、又時には、学校全体が優等生を中心に動いているような気持ちになることもある。

　・・・いくら『優等生』と言っても、僕の様な『劣等生』がいるからこそ存在するという相対的なものなんだ。即ち、『優等生』は『劣等生』がいるからこそ優越感にひたっていられるんだと考えて、なんとか自己満足している。要するに、僕の内部には優等生になりたいというあこがれがあるにすぎないのだ。

　全く内容の空疎な文章を書いてしまってすいません。出そうか出すまいか迷ったけれど、あとほんの数ヶ月で高校生活も終り、みんなとも別れるんだと思うと、今までの自分の気持ちを自分から進んでまとめてみるのも何かの為になるだろうと思って書いてみました。そして、この様に自分の気持

ちを自分で進んでまとめてみたのも、又、投稿したのもはじめてのことなので、内容のおかしな点や読みづらい点は許して下さい。

　卒業文集を作っている君達は、性格的な面もあると思うが、優等生だからこそ積極的に先頭に立って活動できるのだと思う。最初は、どうせ優等生ばかり集まってやっていることだからと思っていたが、しかし、誰かがやらなければ何も生まれないし、みんなの考えもいろいろ知ることもできない。だから少数でありながら頑張っている君達には、ある意味では尊敬している。

　　（卒業文集『像』第 1 号 pp.59-60、1970/04/20）

2）日々の倦怠と無為

　筆者の一人は、卒業後しばらくして本書の編纂の過程で、1969 年時点の日常について以下のように書いている。

　　ふと立ち止まって自分の生活を振り返ってみると、何も確かなものはなく、すべてがどうでもよくなってしまう。自分が何をしているのか、何をしようとしているのかもわからない。何もしないのではない。授業も勉強も、クラブも趣味もあることにはある。しかしどれも結局のところ自分には大したことには見えない。

　　こうした自分の中から湧いてくるもののない、執着するもののない状態は、裏返せばすべてのものに対する自信のなさ、あるいは自分はいったいどうなるのだろう、何のとりえもない人間じゃないかといった不安となって現れ自分の中に、「俺はこうするんだ」と言った確かなものがない、だから自信が持てない。世で言う若者論のなんにでもなれる可能性よりも、何者にもなりきれない不安が支配していた。

　　他者への関心のなさと同時に、与えられた生活リズムに従って行くだけの自分自身への確かさのなさに通じていたのかもしれない。優等生であれそうでない生徒も、「やる人」でもそうでない人でも、個人や程度の差こそあれ、多くの生徒が似たようなことを感じていた、と思われる。

　11 月以降の「授業改革運動」のなかでこうした日常が大きなテーマとなり、ある立て看板では「日々の倦怠と無為」という言葉で表現された。

第3章：不満を放置するもの

　　　麻布学園で生徒たちは日常生活に不満を抱いていた。生徒会や学園
　　　新聞などで問題は提起されたが、散発的なものにとどまった。不満
　　　の存在とともに、不満を放置するものが根深く存在したのである。
　　　1969年11月以前の授業をめぐる、生徒の動きを振り返ってみよう。

1．不満を放置する構造

　生徒たちはなぜ不満の解消に動き出さなかったのか。そこには、自由の伝統に
関わる構造的な問題があった。

1）「自由」で「私立」

　授業の問題を改善したいと思う生徒は。生徒会を通じて、あるいは文化祭
や学園新聞といった場で取りあげた。しかし、問題は生徒たちの共通のもの
とはならなかった。多くの生徒たちが学校全体の問題と考えにくかった原因
が二つあった。ひとつは「自由な麻布」であり、もうひとつは「私立麻布学
園」である。

　「自由な麻布」は前述の吉川教務部長の弁にある通り、「麻布の教育は生
徒に勉強を強制するものではなく、自主性に任せる」というものであった。
「勉強する・しないは個人の自由」、「わからなければ努力しなさい」、また、
「努力したくなければしなくていい」とされた。

　麻布は私立で、親に言われたか自分で志願したかの別はあっても、受験し
て自らの意思で麻布の教育を受けようとしたことわけである。その麻布の教
育に対して「わからない」「つまらない」など気に食わないことがあるなら
無理して麻布にいなくてもいい、よその学校へかわってください、というこ
とになっていた。

　「勉強する・しないは個人の自由」「わかる・わからないは個人の責任」と
いう形で考えられている限り、授業への不満や「うるさい」「つまらない」
「わかりにくい」授業の問題は個人で解決すべき問題にとどまり、生徒全体、
学校全体で解決すべき問題となりえなかった。

第1部

第2部

第3部

第4部

第5部

第6部

2）「やる人」と「やらない人」

授業や成績評価などの問題が生徒会活動のなかで議論されることはあったが、具体的な課題や議題として進展することはなかった。それは、その内容以前に、生徒会活動自体が不活発であったことが大きな要因であった。

生徒会活動に関心をもつ者、役員や委員となって活動する者の顔ぶれが固定し、「やる人」と「やらない人」との分裂があった。やる人の多くは成績のよい優等生やそこからドロップアウトした者であった。生徒会なんて関心がある人間に任せておけばいいさ、やりたい奴がやればいいさ、という空気が、生協でもクラスでも支配し、活動メンバーがみんなの問題だから「関心を持とう」「大事な問題だから考えよう」と呼びかけても、かえって空回りするという状態であった。

関心派は、麻布や今の教育には、一般的にかくのごとき問題があると語るだけであり、一般生徒からすれば「お前たち自身は（優等生は）一体何が不満なんだ」という受けとめ方しかできなかった。そして、一般生徒が「そんなに批判したければ、好きにやればいいよ」とばかりに無関心をよそおえば、逆に関心派は「自分たち自身の問題なのにどうしてみんな無関心なんだ、意識が低い」と嘆き、こうしたお互いの感じ方を直接ぶつけ合うことはなかった。関心派は関心派だけで議論し、一般生徒は自分たちに問題がふりかかってこない限り「どうぞご自由に」と突き放すという、「相互不干渉」が成立していた。そして、やりたい者はやり、やりたくない者はやらなくてよいというのが、麻布の「自由」と考えられていた。

一方、「やる人」が固定化する傾向を正確に表現すれば、「いつもやる人」となる。従って、その反対側は「絶対やらない人」であって、この人たちも少数であった。即ち両方の間に、いわば中間派がいて、クラスとして意思表示や行動が求められるときに、彼らがどういう態度をとるかが場を決するものとなった。

2．不満解決への問題提起

不満に関する問題提起は基本的に「やる人」と「やらない人」の溝に阻まれ、生徒全体共通の動きとはならなかったが、継続して問題提起や試みは行われていた。自分が「やる」とは限らないが、問題自体は広く認識されていた。いくつかの問題提起を見てみよう。

1）学園新聞の主張

　麻布学園新聞では、麻布の教育と大学受験について、筆者が中1から高2までの5年間に計8回特集している（第65～67、73、75、79～80、86号、『100年史』pp.956-962に抄録がある）。この間、麻布の教育の問題を大学受験とセットで論じているが、その論点はしだいに変わっていった。当初は、麻布における教育は大学受験のための詰め込み教育で、それ以外のこと、たとえば思考力の育成、人格形成というような教育は行われていないという当時世間でよく言われた大学受験の弊害を援用した批判であった。やがて麻布の授業の実態などを具体的に批判するようになった。

　一貫して主張しているのは、学校側の認識、「麻布は大学受験のための教育はしていない、生徒は自主的に勉強している」を否定し、麻布の教育は大学受験のための教育であり、生徒は勉強させられているのであって、自主的に勉強はしていないというものであった。

　制度としては、高3の二学期中間試験までで試験・単位認定を終え、それ以降は各自の自由に任せるという「受験体制」をとっていた（1968年度以降は2学期期末試験までで単位認定をする形に改めた、「麻布学園新聞」第82号1面、1968/05/03）。それ以外は、能力別クラス編成、あるいは高3をのぞき理系・文系別の選択制もなかった。学校側の認識はこうした制度の状況が根底にあったと思われる。

　一方、アンケートにあったように、生徒たちは麻布の教育は受験教育である、と感じていたわけで、学園新聞の主張はその意識に沿ったものといえる。にもかかわらず、具体的な授業改革へ動き出すことがなかったのは、ひとつには改善されるべき「うるさい授業」「わかりにくい授業」が、「大学受験のための教育」とどう関係しているのかについて十分説明できていなかったこと、もうひとつは、麻布学園新聞を編集発行する新聞委員会も、生徒会活動における「やる人」の言い分と同類と見なされていたことであった。

　なお、大学受験や受験勉強を諸悪の根源と批判する考え方は、現在の読者からすれば、学力が高い/キャパシティが大きい大学への進学をめざすことがなぜ悪いことなのか、ギャップを感じるであろう。当時は、たとえば東大に入学するためには「4当5落」（4時間睡眠で勉強しないと合格しない）ともいわれ、実際に現役合格者のほうがいわゆる浪人より少なかった。受験予備校はあったが、合否

判定の統計データは貧弱なもので、また大学側は成績（平均点や得点など）の開示を行っていなかった。受験生は、いわば五里霧中・暗中模索のなかで、勉強を外部からあるいは自身で強いていたのである。

2）直接選挙と授業対策委（1968年度後期高執委）

　1968年度後期（1968年10月〜69年3月）の高校執行委員長は、麻布では初めて直接選挙で選出された。それまでは執行委員による互選で委員長が選出されていたのであるが、生徒会の低迷の打開策として、会則改正により直接選挙制が導入された。

　立候補したのが田沢のみだったので、選挙管理委員会は選挙を信任投票にきりかえ、11月12日田沢が信任されて執行委員長に就任した。このときの選挙公報で、田沢は次のように訴えている。

> 　我々自身の授業を実現しよう！
> 　授業への不満を　建設に向けて　受験にとらわれぬ真の授業を　実現しよう。自分たちの手で　カリキュラムを作り、授業方法を先生と共に　検討して、本当に我々自身のための授業を実験的に行なおう。
> 　形式としては　ゼミナール方式の授業形式と現実［ママ］の授業方式が考えられます。両方とも推進しよう!!
> 　（「（1968年後期高執委委員長）選挙公報」、1968/11/12）

　そして、特別執行機関として、「授業対策委員会」が設置された。このほか、「活発なサークル活動」「幅広い交流（合同 CT、他校生との交流）」「遠足を生徒のものに」「規律を考え直そう」という事項が挙げられているが、高執委が授業改革を政策に掲げたのはこれが最初である。

3）クラスからの呼びかけ：「高一諸君へ」

　ほぼ同じ時期に（11月21日）、「誰かがクシャミをすると、急にほとんど全員が机の上に頭を伏してしまった」という事件が高1の1のクラスで起こっている。いつもは何分か授業時間を潰して悪ふざけで終わるのが常であったが、教師が憤慨して「私がやめるか、君たちの誰かがやめるかだが、覚悟はあるか！」といって教室から出て行ったことから、臨時クラスタイムを開き、「うるさい授業」の

問題を「麻布の授業」全体の問題として議論することになった。そして、その顛末を簡単に述べながら「高一諸君へ」というビラを作って他クラスへ呼びかけた。

> 高一諸君へ
>
> （前略）
>
> 　第 6 時限／第 7 時限　授業は終わっていたが急拠［ママ］クラスタイムを僕達だけで開いた。集まりが心配されたが、約 45 名もの人が話し合う意志をもって残った。そこで僕たちはほとんどの学科の授業に対する検討を行なった。
>
> 　★多くのものが聞いていなかったりバカにしたりしている授業は大学入試で重視されていないものである。
>
> 　★高齢の教師と僕たちでは感覚その他のズレが甚だしい。又、戦前の「教えてやる」式の古い教育が存在している。
>
> 　とにかくアザブに単なる受験勉強でなく真の教育を求める僕たちは授業というものにもっと積極的にとり組む必要があると思います。まず僕たちの学年にそのようなムードを作っていきたいと思います。
>
> 　他のクラスでも活発な討論が行われることを期待する！
>
> 　（高 1 の 1「高一諸君へ」、1968/11/21）

　生徒が軽視している授業は「大学入試で重視されていない」科目に多いこと、「高齢の教師と僕たちでは感覚その他のズレが甚だしい」という問題点を具体的に指摘している。ここでは高 1 の他のクラスでもこの件について討論するよう呼びかけているが、それは不発に終わった。他方このビラを作成した人物は 69 年秋から高執委委員長として授業改革に取り組む。

3．1969 年卒業式答辞：自由な麻布と怠惰な麻布

　翌 1969 年 3 月 1 日、高校の卒業式の答辞において、麻布の授業改善の問題が正面から取りあげられた。各クラスから選出された十数名の答辞委員によって作

成された約4000字に及ぶもので、高校全生徒および教職員の前で読み上げられ、後日印刷配布された。その内、「自由の伝統」に関することを中心に全体の４割程引用する。（本資料は、『幕間のパントマイム』（1985）pp.16-19 に全文が、麻布学園『100年史』pp.334-335 に一部が転載されている）。

　　麻布に於て、私達に最も影響を与えたものは『自由の伝統』だと思います。但し、学園内 の自由とは世見での怠惰に相当し、自由の名の下に、生徒も先生方も、勝手気ままな行動をとってきたようです。

　　しかし、この消極的に認められているかにみえる自由の反面、私達にとって本質的な問題、勉強するとか勉強できるという自由が大幅に疎外されています。私達がその本質的な問題から目をそむけ、授業をさぼったり、授業に無関心になる自由を行使している間は、先生方からは何ら制約も加えられませんでした。ところが、ひとたび私達が勉強とか学問という問題に目をむけた時、私達はおどろくべきことに気がつくのです。私達が正当に勉強する権利を主張する場すらないのです。学びたくても学べない。この不満は、私達にとって最も深刻で重大です。問題の正しいもっていき場がない為に、私達は何ら為すことなく自分自身の安易な逃げ場に解決の道を求めてしまうのです。私達の学ぶという権利が剥奪されているという現状があるのです。例えば、このことは、いろいろな教科にも渡ることですが、私達は授業内容をよりよく改善するよう、担任教師並びに学校側とも話す場をつくるよう努力しましたが、それを受け入れようとする意志が、学校側にないようにしか思われませんでした。ここで私達は、その教科、学問を学校で学ぶという権利が決定的に失われてしまったわけです。そして私達は、陰でこそこそ「あの先生はだめだ」と言ったり、家で自分一人で勉強すればよいと考え、その授業をさぼったりして、逃避してしまったのです。

　　私達が何か問題にあたったとき、二つの道があります。一つの道は、自らの自由を自覚し、積極的にその自由を行使して問題の解決をはかっていく道でありますそしてもう一つの道は、その自由という言葉に安んじて、問題から目をそむけ、自己の勝手なからの中に逃れる行き方であります。私達が、学園の中で自由を積極的に行使して行く道は、授業に自分から参加し、不満のある授業は改善するよう働きかける道しかないはずです。ところが、私達が積極的に授業を改善するよう申し出た時の、先生方の私達に対する

態度は、あまりにも冷たかったのです。そして、私達は不満のある授業に対しては、授業をさぼるとか、授業に無関心になるという、消極的な自由の行使に終わらせてしまったのです。私達の先輩も、私達も同じ不満を持ちながら、何ら本質的な改善はできなかったのです。そして今、私達の後輩も同じ不満を抱いているのです。

　私達は、それまでのクラス委員は成績が七十五点以上の者という制度を廃止したり、生徒協議会に於ける高校三年生の議席を設置したり、又、問題のあった運動会を廃止したりして、数少ないながら、自主的な主張を実現してきました。しかし、私達は、授業という本質的な問題に関しては、何も自主的な主張は実現できませんでした。授業の改善という本質的な問題に、何ら触れることができない限り、麻布に於ける生徒自治とか、自由とかは、全く無意味となるのです。「生徒会が不活発だ、麻布生は無責任だ」ということは、長く言われてきていますが、これは、これらの授業という本質的な問題に生徒会が何ら触れることができなかったからだと思います。

　　（中略）

　ここで私達は皆さんに提案があります。それは、麻布の中にはっきりとした形の、授業を改善するための機関を確立することです。そして、そこで、先生方と生徒との対立関係の中での授業の改善でなく、両者が共に求める真の高校教育の姿へと授業を近づけていく努力をするのです。

（1968 年度卒業生答辞委員会「答辞」、1969/03/01）

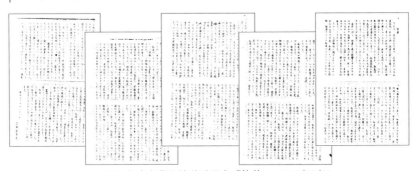

1968 年度卒業生答辞委員会「答辞」、1969/03/01

この答辞では、「麻布における『自由』は世間でいう怠惰に等しい」という主張によって、麻布の自由こそが麻布の教育を阻害している要因であること、授業

の問題こそが本質的な問題であり生徒会で議論すべきであること、そしてそのための生徒と教師の協議機関の設立を具体的に提案している。

　良き伝統として語られてきた「自由な麻布」が「積極的な自由の行使」ではなく、怠惰であり、さらには、それを「自由」と言い換えることによって、自らの怠惰を容認し、固定するものだったと断じたのである。筆者たちの学年は、高一としてこの答辞を講堂で聞いており、上記の印象的なフレーズが記憶に残った。

4．誰がいかに変えるか：1969 年度高執委選挙

　この答辞の約 1 ヶ月前、2 月に行われた 1969 年前期高校生徒会執行委員長選挙では 2 人の候補者（河越、鈴本）はいずれも生徒会の改革（生徒総会の開催など）と授業改革（「授業に対する不満の解消」、「話し合いによる授業の改善」）を公約に掲げている。　「ゼミナール授業」や「自主授業の定期化・自由研究の促進」など具体的提案もなされた。それ以上に、河越候補が書いた「授業に対する姿勢：基本方針」は、答辞に述べられた「授業に自分から参加し、不満のある授業は改善するよう働きかける道」と共通する考え方が示されている。

> 　・・今まで授業に対する不満というものは悪いもののように考えられてきた。しかしそれに対する不満 [等?] 先生方も生徒の欲求が何かわからないと授業がやりにくいであろう。そこで [必要?] なのは自分達の欲求を [1−2 文字不明] することである。わからないことはわからないとはっきり言おう。
> （「（1969 年前期執行委員長選挙公報）河越」、1969/02）

　当時の麻布においては授業で「わからないことはわからないとはっきり言う」ことはなかった。それは「勉強する・しないは個人の自由」「わかる・わからないは個人の責任」という形で考えられている限り、授業への不満は個人で解決すべき問題と思われていたからである。河越候補は、優等生でも「やる人」でもなかった。わからない授業の最大の被害者が、声をあげるべきだと主張した。選挙は、河越候補が 20 票差で鈴本候補を破って当選した。どちらのスローガンや政策も生徒の支持をうけたといってよいだろう。

　1969 年 5 月の文化祭で中庭討論
会が開催され、そこで授業につい
て生徒と教師の話し合いが行われ
た。また前期高執委には、1968 年
後期と同様授業対策委員会が設置
され、活動方針として「表面的な
"グチ"の解消だけにとどめ、教育
の本質と言う点にまでも考えを発
展させつつ、その過程における授

業の質的改善と言う事を目ざしていきたい。（中略）授業の問題は君自身の問題
なのです。現在の麻布の授業に少しでも疑問を感じ、良くして行こうと思ってい
る人は我々といっしょに考え行動していきましょう!!」（「授業対策委員会より
No.1」、1969/04）と述べたが、第一節で紹介した授業に関するアンケートを実
施しただけに終わった。また、規律審議委員会のビラでは、高 3 の 1 の「制服廃
止決議」、高 2 の 2 での「冬服から夏服に変える時期を生徒の判断にまかしてほ
しい」という決議を紹介し、土足や外食など日常生活の問題を取りあげようとし
ている（「規律審議（委員）会　広報 No.1」、1969/04）。

　1969 年 9 月に後期高校執行委員長の選挙が行われ、2 名が立候補した。その
内の 1 人、新島の選挙公報ビラは以下のように始まっている。

　　去年の冬の事でした。規律審議委員会から広報
　が配られました。それには「最近流行しているトラ
　ンプ etc. は授業に対する不満の表れであり、授業を
　改善しなくてはならない。」と書いてありました。
　すると隣の人が言いました。「そんな事は無いよ。
　トランプはただ面白いからやる丈だよ。」執行委員
　会と生徒の間にはこれ丈の溝があるのです。その執
　行委員会と学校とが、いくら話し合った所で一体何
　の効果があるのでしょう。
　　（「（後期執行委員長選挙公報）新島」、1969/09）

第
1
部

第
2
部

第
3
部

第
4
部

第
5
部

第
6
部

「執行委＝やる人」の理屈が、「生徒＝やらない人」の実感に合っていなかったことを自覚し、政策として「執行委と生徒の間の溝を埋める」ことを掲げた。具体的には「広報活動強化」「クラス廻り」「中庭を討論の広場に」」「生協室の開放」を挙げ、「もはや『何をする』かを論ずる時ではない。・・・『如何にする』かが問題なのである」とし、両者の溝を解消しようとした。もうひとりの候補者田山も"話す"ことを訴えた。

◎俺が今回の選挙や、これからの生活の基本にしたいこと
俺たちは人間なんだ。個人個人自由な感覚をもった人間なんだ。
おれたちはもっと感覚を生かして生きようよ。
感覚をかくしたり押さえつけたりするのはやめよ
うよ。
もっとなまの言葉で話そうよ。
自分の、感覚そのままに生きたら、そりゃ恥ずかし
いだろう。
でもね、いくら恥ずかしくても、うしろめたくなけ
ればいいと思う。
例えば政治やセックスの問題だ。

俺たちは今の生活の中にこの二つのものを強く身近に感じてるよ。
でも古い倫理観や道徳観、おかしな世間体などが頭の中に押し込まれてい
て、これらのために活動するのはふつうの奴じゃないと思っちまうんだ。
でもおかしいよな。俺はこれ等のものも特異なものとして区別するからお
かしな観念が生まれてきたんだと思う。
俺たちは大人からおしつけられた一定のわくにとらわれずに、もっともっ
と自由に感覚を生かそうよ。
そして生活の中心には自分をおくんだ。
誰々のために、何々のために、何々をするなんて馬鹿くさいと思う。
自分のために何かをするんだ。
「（後期執行委員長選挙公報）田山から君へのメッセージ」、1969/09）

田山は、感性を大切にし、既成概念にとらわれずに考え、話し合いをしようということを、まさに「なまの言葉で」提案した。話し合うべき題材としては「校

則再検討」「授業改革」その他「授業外の教育」をあげており、それは新島とほぼ同じである。新島が「広報活動強化」「クラス廻り」「中庭を討論の広場に」を挙げているのに対し、田山も後段で話し合いの資料、場所の提供を言っている。つまり、両者とも話し合いの強化が必要と考えていた。

　この公報における田山の生徒たちへの呼びかけは当時の麻布の抱えていた諸問題の解決の鍵として重要である。

　授業の問題では、生徒が自分で「わかりません」「つまらないです」と言うことが解決の第一歩だった。また、生協の不活発の原因としての「執行委＝やる人」と「一般生徒＝やらない人」との溝を埋めるためには、両者が「なまの言葉」で話し合う必要があった。麻布における人間関係の問題、他人に対して見栄をはり、相手には「レッテル」を貼り話し合うことがない、という関係も、根底には「なまの言葉」での話し合いがないという問題があった。「なまの言葉で話そう」は、当時の麻布の問題の核心をつく提言だった。

　麻布学園新聞は 5 年間で計 8 回の教育についての特集をしていたが、あくまで一方通行のメディア発信である。その点、1 年半に 3 回あった高執委委員長選挙は選挙公報配布だけでなく、口頭での説明・討論や投票という行為を伴っていた。そうしたなかで、授業や教育のことが議論されるようになったということは以前と大きな違いであった。

　また、69 年 10 月には、高一の有志が中庭での「連続討論会」の開催を呼びかけ、第 1 回のテーマを「大学」とし、「何故我々は大学に行きたいのか？　高い給料を貰うため？　遊ぶため？」と問いかけている（討論会実行有志「10.6　中庭討論会『大学』」、1969/10）。

　本書の主題である授業改革運動は、1969 年 11 月に始まるが、そこで議論の俎上にあがった事柄は、まったく新しい問題というよりはすでにある程度議論されていた。問題の根っこは、不満を放置し覆い隠す麻布の「自由と怠惰」にあり、それをどう考え、変えるかどうかにあった。

　これまで散発的に出ていた小さな動きがひとつの大きな流れになるためには、なによりも生徒同士が直に話し、関わりあう必要があった。

第2部　授業改革運動のはじまり

1969年11月、2学期中間試験の直後に授業改革運動が高校生徒会執行委員会（高執委）の問題提起「テスト制度の改革を!!」をもって始まった。高2のクラスから呼応があり、また中間試験の数学の出題・採点をめぐって現行の試験制度のもつ問題点が露呈した。高2生徒は、15日の父兄会で配付される通知表に「平均点」を記入しないことを署名とクラス決議をもって要求し、学校側はこれを認めた。高執委は28日に「麻布教育に関する改革案」を作成し、平均点制と定期試験制の廃止、改革のための協議機関の設置を生徒会に議案として提出した。

第2部では、問題提起の新しさはどこにあったのか、それをクラスの生徒たちはどう受けとめ、広がっていったのかを追っていく。

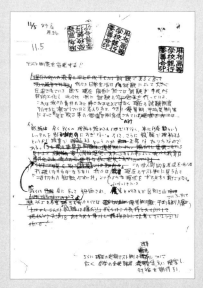

高執委「テスト制度を告発する!!」立て看板
手書き元原稿　1969/11/05

第 1 章：改革運動の開始

―　「変えよう、変わろう」　―

1．高執委の組織と二つのスローガン：
　　「三無主義の追放」と「授業・テスト制度の改革」
2．制度改革の思想
3．改革への意思一致
4．改革の第一声：テスト制度を告発する
5．クラスタイムを前にして
6．定期テスト制廃止の論理
7．クラスタイムへの問題提起（11 月 7 日）

第 2 章：生徒の受け止め方

―　父兄会（11 月 15 日）と通知表　―

1．問題提起方法の新しさ
2．クラスタイムでの反応
3．昼休み中庭討論会
4．最初のクラスタイムの影響
5．試験制度・採点への異論
6．父兄会開催：現状批判の論点

第 3 章：父兄会後の議論の展開

―　主体性と「本来の教育」　―

1．父兄会後の日常
2．数 b 問題の発展：「点取り闘争」からの脱却と連帯
3．「本来の教育」論の進展
4．「本来論」による高執委改革案
5．高 2 以外の動き

第 4 章：1969 年 11 月の意味

―　日常を捉え直そうとした生徒たち　―

1．思い返し作業
2．本来論の功罪

第１章：改革運動の開始

― 「変えよう、変わろう」 ―

第１部 第２部 第３部 第４部 第５部 第６部

　　　　　1969 年後期高執委は、「三無主義の追放」と「授業・テスト制度の改革」の二つのスローガンを掲げて活動をスタートした。10 月下旬に都立大附属高での定期試験制度廃止などの教育改革案が報道された。高執委の授業対策委のメンバーは、中間試験が終了した翌 5 日に、立て看板（略称立て看）とビラをつくってテスト制度改革を呼びかけた。7 日には、論点を整理した「一般的批判」とともに 3 名の「個人的意見」を記したビラを配布し、クラスタイムに臨んだ。高 2 の4 つのクラスでは、2 時間から 3 時間にわたって議論が行われた。生徒の「無関心」や「やる人とやらない人」の壁は、破られたのだろうか。

1．高執委の組織と二つのスローガン：
　　「三無主義の追放」と「授業・テスト制度の改革」

　1969 年後期高校執行委員会（以下高執委と略）の活動は組織作りから始まった。まず執行委員 6 人と特別執行機関（授業対策委、サークル対策委、規律審議委、予算委）の人集めであった。6 人の執行委員には、高 2 から、新沢（高 2 の3）、柳（高 2 の 3）、金村（高 2 の 4）が、高 1 からは、鈴口（高 1 の 4）、関崎（高 1 の 4）、高波（高 1 の 2）の 6 人が、委員長推薦によって 9 月 24 日、生徒協議会で選任された。特別執行機関は、授業対策委員会（以下授対委）が最重視され、他の機関が責任者を決めただけなのに対し、小村（高 2 の 5）を委員長とし、前期の授業対策委員長であった山上（高 2 の 3）、吉岡（高 2 の 4）らの複数のメンバーが集まり、手始めに活動方針を模造紙に書いて掲示板に貼り出した。そのなかには、「三無主義―無気力・無関心・無責任―の追放」「授業・テスト制度の改革」といった言葉が見られた。

　「授業・テスト制度の改革」という問題は、1969 年前期高執委でも掲げられたが、「三無主義の追放」といった生徒ひとりひとりの生活態度や内面にまで立ち入った問題が、生徒会のスローガンにとりあげられることはなかった。「三無主義」の語句は、11 月以降の授業改革運動のビラなどでは直接使われていないが、その含意は、ひとつには、序章で述べたように、やる人からやらない人の無反応（「無関心」）に対する批判と考えることができる。もうひとつは、改革運動

で「没主体的」という語で括られた「無気力」な生活への批判と考えることもできる。

　「授業・テスト制度の改革」の問題が、生徒に対して具体的な改革案として提起されるのは、11 月以降である。その前に高執委や授対委が行ったことはつぎの三つである。第一は、「授業対策委員会からのお知らせ」というビラを発行した（発行日不明）。そこでは、後期の授対委は前期の授対委の方針を継続する方針であり、それゆえに前期の活動結果を報告する、としている。前期の活動結果として、以下のように述べる。

> ○教育原理の追求　討論　→　失敗
> ○本質的な具体問題を抽出　←アンケート、討論（委員会内部）
> 　平均点制（テスト制）　優等制　授業の進行形態　カリキュラム公表
> 　教育の意義　教師と生徒の人間関係
> 具体的な問題を原理的立場から分析すると同時に「教育原理」を追求していく。
> 以上までしか、活動自体は行えませんでした。
> 以後の活動としては上記等の問題に関し、生徒間、生徒教師間でも討論を深め、具体的な結論が出たならばできるだけ早く具体的な改革を行う事です。
> （授対委「授業対策委員会からのお知らせ」、1969/10）

　第二は、高執委の活動についての記述式のアンケートである。質問は、①授業にどんな問題があるか（生徒も含めて）　②その解決方法は　③学校設備への不満　④⑤クラブ活動　⑥昼食への不満　⑦クラスタイムで何を話すべきか　⑧生徒会への不満・要求　⑨麻布高校において最も改善すべきこと　⑩高校生の政治活動　の 10 項目である。このアンケートの結果は報告されておらず、実施されたかどうかも不明であるが、学校生活全般についての生徒の不満や要求を踏まえて、活動しようという後期高執委の姿勢をうかがうことができる。

　第三は、「今期執行委の財政窮乏について」と題するビラで、謄写版輪転機を購入するために 7 万円の補正予算の審議を求めている。当時の高執委は、デュプロとよばれた簡易印刷機を使用しており、謄写版（ガリ版）のよりも原紙の作成は容易であったが、一枚の原紙での印刷枚数が少ないため、全生徒（900 名）に広報をするためには、数枚の原紙を作成する必要があった。11 月前半のビラは

第 1 部

第 2 部

第 3 部

第 4 部

第 5 部

第 6 部

デュプロで印刷されているが、後半には謄写版印刷に変わり、改革運動のテンポにあった臨機応変な広報が可能となった。

このようにして 1969 年後期高執委の組織ができ、活動が開始されたが、11 月からの改革運動において、問題を提起し、改革案などの提案などを行なっていった高執委とは、執行委員会のメンバーの会議によって恒常的に運営されていたわけではない。この高執委と呼ばれるグループは、委員長や執行委員と顔見知りの人間がやる気のあるときにしゃべり、ビラを書き、配っていくという自発的ではあるが不定形な集団であった。

2．制度改革の思想

1969 年 9 月から 10 月にかけて、都立青山高校を皮切りに、都立日比谷高校、学芸大附属高校などで生徒によるバリケード封鎖が行なわれ、学校側による機動隊の導入や生徒の処分が行われた。これらのニュースは、新聞等で盛んに報じられていた。

10 月 25 日、都立大附属高校で、附闘委という団体の 5 項目要求にこたえる形で職員会議から改革案が出された。それを新聞報道で知った山上は次のように日記に書いた。

> 都立大付高改革案発表
>
> 定期テスト制廃止、通信簿はレポート、出席点、平常点の占める割合を大巾に増し、テスト偏重の傾向を改める。又授業も従来のような授業は文部省の定めた最低 85 単位程度にして、その余った時間は学年・クラス all-round に参加できる講座をもうけ、又芸術等も充実させるというもの。
>
> 我々の授対委の活動もこのような方向で本格的に進めていかなければならない。まず優等制廃止、平均点制廃止、その他テスト制度の大幅改革断行、また授業内容としても自主的な生徒主体の授業を推しすすめ、all-round な形での講座を広げていく。しかし、それについては、麻布の無気力な現状を考えるとあまり自信はない。またこの test 後、我々の活動は本格化するだろうが、いざ最終段階になって生徒がついてこなかったら、もとも子もない。その為には、広報活動、クラス計画等の充実を計って大衆的な基盤を確固としたものに築き上げねばならない。ともかく、終わったら何としてもやってやろう。

（山上日記、1969/10/25）

　都立大附高の「定期テスト廃止」「自主的授業」と言った改革案を知り、山上
は、改革によって、「無気力な現状」から、主体的に学べる状態へ変わっていけ
るような気がしたのである 。そこで彼は当面する 10 月 27 日から 11 月 1 日ま
での中間試験が終わったら「改革運動を始めないか」と同じクラスの執行委員で
あった新沢、そして高 1 の時のクラスタイムで知り合った三島（高 2 の 5）に声
をかけた。

　三島もちょうど、都立大附高の定期テスト廃止のニュースを知り、授業改革運
動に関わっていく。その前に、当時の彼の試験に対する意識を見ておこう。

　　みんなシケンの点を気にする。そしてシケンの点はあいつは"できる"と
　か"できない"とかどっかで人間の価値を決めている。だが教師は"点数が無
　意味なものだと思うなら、気にしなければいい"という。たしかにその通り
　だが、しかし気になる。それは自分に自信がないからだ。自分に自信がない
　からもっとも具体的に目にみえる形で表れてくる点数に頼ってしまうんだ。
　しかし点数に頼ってそこで自信をつけようとする限り、いつも不安にさら
　されながら勉強しなければならない。シケン前の、こんだけ勉強して、もし
　できなかったらという不安。人に自分をはかってもらってそれで"自信"をつ
　けようとする限り、いつも人の目—この場合はテストの点—を気にして不
　安にならなければならない。自分で自分に自信を持たない限りだめなんだ。
　　（三島ノート、1969/10/13）。

　三島は、このように考えつつも、中間試験はやはり気になった。「気にしてい
たらだめだ」という意識と、「しかしどっかとシケンがある限り気になる。成績
が下がりたくない」という不安の堂々めぐりに陥っていた。そのときに都立大附
高の「定期テスト廃止」のニュースに出会った。彼は、急に自分の果てしない迷
いから、違う世界が開けてくるような感じがした。「必ずしもテストをやる必要
はないんだ。自分にとって必要ならやればいい。そうだ、テスト制度を自分の必
要なものに変えていければ、自分のペースで自分を作ることができるのでは・・・」
と思った。その矢先に山上の「改革」の誘いであったからすぐに OK した。

第1部

第2部

第3部

第4部

第5部

第6部

　山上も三島も、都立大附高の改革案にいわば「世の中が変わることもあるんだ」というショックを受けた 。いままで不変だと思うから絶対的であり当たり前に見えていた制度や生活が、自分の力で変えていくものとして見えてきた。それが「自分に合った制度に作りかえる」という改革の思想であり、そう考えたとき、自分のうちから何かが湧いてくるような気がした。「無気力な自分」が「制度や生活を作り変えていく自分」に、変わっていけるような気がしたのであろう。

　当初はおのおの重要な課題ということで掲げられた「三無主義の追放」と「テスト制度の改革」という高執委の二つのスローガンが、ここにおいて結び付くことになったといえよう 。

3．改革への意思一致

　10 月 29 日中間試験の中日に、山上、新沢、三島は、高執委の隣にある新聞委員会の狭い部屋に集まった。「シケンが終わったらすぐ始めよう。そうしないとまた期末試験が近づいて、みんなの関心がそっちへ行っちゃう」という予測から、次の期末試験（12/11〜12/16）まで 5 週間だから中間試験後の「2 週間が勝負。その間に皆の関心がもりあがらなかったらまたダメだろう」という結論であった。

　29 日の晩、山上は「今後の活動方針について」という見出しで次のように日記に書いた。

　　　今後の活動方針について
　　①まず広報活動を徹底させる事、このことや、また class time 等の討論の積み重ねにより圧倒的な大衆的基盤を確保する事、我々の活動はあくまで全生徒の上に根ざしたものであって、仮に我々のみで独自の活動を行ない、学校との確約をとりつけるまでにいったとしても、生徒が全く無反応であったらどう仕様もない。
　　またその生徒との遊離から、我々の活動が真剣であったとしてもその改革はまるでなされなくなるし、悪ければ、反動的状態になってしまうかもしれない。しかし、大衆的基盤を作るにあたり、単なるアジテート、たとえば、テストがなくなり楽になるといったことだけでそれを作るのは極めて危険であろう。そのような、ある意味で感覚のみに依存した方法というのはちょっとした圧力、例えば、教師の一喝のもとにもろく崩れ去ってしまうであろう。しかし、その側面を完全に否定し切る事はできないだろう。ともかく、

　我々は緻密な理論的前提の内に立って生徒の潜在化している不満の顕彰化
［ママ］を計る必要がある。

　　②テスト制度改革　現在の麻布の教育の不満・矛盾は、とどのつまり現
在のテスト偏重主義の教育に集約されると思う。即ち点数による生徒間の
分解、疎外、またテストの為のくだらぬ知識のつめこみによる"点取勉強"の
為、問題を深く追求する教育が著しく阻害されている事、さらにテストに縛
りつけられ、また平均点を上げる為に必死になる事による自己疎外に陥っ
ている我々の現状、これらの事はすべて現在のテスト偏重主義の教育に根
ざしている。これらの現状を打開するため、我々はなんとしてもこの Test
制を改革せねばならない。（後略）

　（山上日記、1969/10/29）

　この文は、山上の個人的記載ではあるが、当時の高執委の人々の意識をよく表
している。彼らは、中学高校の生徒会の委員などを経験し、「やる人」として広
汎な「やらない人」の存在を知っていた。そこで、一般生徒のなかにも、今のテス
ト制度への不満がある、だからそれを理論的に解明して引きだせればと考えた。
不満を理論化する必要とは、「一般生徒」への働きかけ方の問題であると同時に、
自分自身の改革への意志を強化するものとしても考えられていた。

　しかし 10 月 30 日に山上は、シケン制度批判をしながらもシケン勉強をする
自分への懐疑や自己矛盾を日記に記している。

　全く自己矛盾を知らない人なら言うだろうけど、僕は慣れちゃった。そ
んなにいちいち苦悩していたら（カッコイイけど）とても生きていけな
い。・・・しかし他面から見れば真剣に問題の具体的解決を目ざしているか
ら、ある程度の現実との妥協も許すとみてくれないものか。・・・かと言っ
て絶対に現実追従主義には陥らないつもりだ。即ち、問題の本質に対する深
い認識を持ちつつ、解決にあたってはできるものからどんどんやんなきゃ
いけないって主張だ。だけど今、決定的なことは、今試験中なんだ!!

　あっちくしょう　数 a てんでわかんねえよお。

　（山上日記、1969/10/30）

4．改革の第一声：テスト制度を告発する

　11 月 4 日（火）国鉄ストのため、予定より 3 日遅れて中間試験が終わった。早速、山上、新沢、新島、三島らは試験が終わった解放感もあって「さあ、やるぞ！」というような気分で執行委員会室に集まった。

　　活動開始。まず討論。実に問題はむずかしいとわかった。具体的な施策についても、優等制と平均点制以外については意見の一致を見ず。しょうがないから景気づけに立看、そしてアジビラ。しかし立看 1 枚で終わりになっちゃうかもしれない。
　　（山上日記、1969/11/04）

　話してみると意見が一致しないということは改革運動の持つ二つのむずかしさを表していた。第一に、授業やテスト制度の問題は生徒ひとりひとりの生活にかかわってくる問題であり、同じ制度の下で同じ授業を受けていても、そのなかでの生徒ひとりひとりの暮らし方（対応）の違いがあった。第二に話し合うということ自体のむずかしさがあった。自分の考えを表現することに、相手の考えを理解することに、不慣れだったのである。

　話しはなかなか一致しなかったが一致するまで討論を続けているわけにはいかなかった。二週間の間に関心を盛り上げるためには、中間試験後最初のクラスタイム（CT）がある 11 月 7 日（金）から、授業・試験に関するクラス討論を始めたい、それには明 5 日には高執委の改革への意思表示のビラ・立て看を出し、6 日には有志による中庭討論会をというスケジュールが組まれ、「平均点制・優等生廃止、定期テスト制の改革」という一致点で、立て看とビラの原稿が書いては直し作られた。

　この日の高執委のやり方は、その後も行動のパターンになった。高執委は自分の立てたスケジュールにあわせて、その時々の一致で、ビラを書き、問題提起をしていった。このパターンはただ討論をするだけの泥沼にはまり込んで行くよりは活気を与えたが、議論であいまいにした部分や多数意見で切り捨てた部分に引っかかりをもつ人は高執委室に来なくなるといった形で黙って去っていくことになった。

　11月5日朝、高執委の「テスト制度を告発する!!」という立て看が中庭入口に立てられ、「テスト制度の改革を!!」というビラが各クラスに配られた。まず、立て看の全文を引用しよう。（図版は第2部扉 p.35 に掲載）

　　　テスト制度を告発する!!
　　　我々の日常生活は試験によって大きく圧迫されている。即ち現在麻布においては試験が手段から目的と化し、我々は試験の為にのみ勉強を行なっている。これは我々の責任のみに帰されるものではなく現在の試験制度そのものに根ざしていると考えられる。つまり優等制、平均点制等によって"点をとることの価値"が制度化されている。今の試験は全く我々の理解を深めるものではなく、単に何点というレッテルを貼る為のものにすぎない。そしてさらに試験で理解するというより授業で理解するというのが正常な在り方なのである。我々は点によって評価され、優等とかなんとか区別されている。この非人間的な状況を我々は打破しなければ現在のテスト制に見られる「こま切れの知識の詰め込み」というような現状をガマンすることはできない。
　　　以上の考察より、まず我々としては優等制の廃止、平均点制の廃止、さらに現在の定期テスト制の改革について広く全学の生徒諸君、先生方に提案し、討論を期待する。
　　　（高執委「テスト制度を告発する!!」立て看、手書き元原稿、1969/11/05）

ビラの内容や論旨は上記の立て看とほぼ同じであるが、立て看にはない文章がいくつか加えられている。（下記引用文中下線部分）

　　　テスト制度の改革を!!
　　　我々の日常生活を大きく圧迫している"試験"　そして我々の勉強また授業も"試験"を中心になされている。「テストは手段にすぎない」と先生方は言う。しかし現状は…将にこの「手段」が「目的」と化しているのだ。しかも制度によって"点を取る事"に価値が与えられている。本を読み調べて深く考えるよりも先生の言葉をまる暗記したほうが実際"得"なのだ。このような試験制度によって正しい教育は阻害され、また主体者たるべき我々も唯の点を取る機械でしかなくなってきている。さらに、平均点制、優等制によっ

第 1 部

第 2 部

第 3 部

第 4 部

第 5 部

第 6 部

て我々は評価を受け差をつけられる。<u>優等制に至っては生徒の人格までを露骨に点で規定しようとしている。</u>果してこのような現状は許されるものか！我々は現在のテスト偏重の教育を即時改めることを求め、平均点制・優等制の廃止、テスト制度の抜本的な改革をすすめる事を全学の生徒諸君、先生方に提案する。広く討論の行なわれることを期待する。

　　　（高執委「テスト制度の改革を!!」、1969/11/05）

　このビラや立て看には、改革運動の基礎となった考え方がほとんどおりこまれている。

①日常生活の問題化

　　「我々の日常生活は試験によって大きく圧迫されている」という書き出しは、何となく過ぎていってしまう日常生活の姿を浮き彫りにし、かなりの生徒に共感を持って読まれたと思われる。

②日常生活を圧迫する試験制度への批判

　　「試験の為にのみ勉強を行なっている」日常生活は「我々の責任にのみ帰されるものではなく」「優等制・平均点制によって"点を取ることの価値"が制度化され」、「本を読み深く調べるより先生の言葉を丸暗記したほうが、実際"得"な」（ビラ）制度であるところに、日常生活の圧迫の原因をみている。

③改革の必然性

　　　こうして圧迫された日常生活の原因を現行の試験制度に求めたが、それだけでは「改革の必然性」は生まれてこない。現行の制度に代わる未来像がなければ弊害はあるが仕方がない、ということになってしまうからである。

　　　この点で、現行の制度は「手段にすぎない」ものが自己目的化しているという批判の裏には「本来の姿（本来の目的関係）」が想定されており、それが「主体者たるべき我々」であり、「授業で理解する」という姿であった。そしてこの「本来の姿」に比すならば、点を取ることが自己目的化した制度の下で生徒が「唯の点を取る機械でしかなくなっている」現状は「非人間的」であり、「ガマンすることのできない」「打破しなければならない」ものであると結論し、「優等制・平均点制の廃止、定期テスト制の改革」といった現状打破の運動への「討論を期待する」のである。

45

　　この現状を「本来の姿」に改革するという立論は、自己目的化している
　現状に甘んじることを否定・非難し、それを改革せんとするものに正当性
　を与えるものだった。

5．クラスタイムを前にして

　11 月 5 日に「テスト制度の改革」という言葉が突如生徒の前に姿を現した。
授業改革は 1969 年前期から言われていたことであったが、テスト制度を抜本的
に改革するというスローガンは、高執委にとっても生徒にとっても初めてのこと
であった。この日の朝、山上は、立て看をながめる生徒の前を内心ドキドキしな
がら通りすぎたという。放課後に、授対委の小村、吉岡らは何人かの友だちに声
をかけ、執行委員室に 10 人位の人間が集まった。

　せっかく集まったものの話はなかなか進まなかった。同じ学校に 5 年もいてお
互いに顔は知っていたが、自分の思っているところをそのまま言い合えるという
間柄ではなかったからだ。否、むしろ顔と名前とは何とはなしの印象がついて回
っているがゆえに、相手の像、自分の像を破って「本当の気持」を言い出してい
くには恥ずかしさがあった。そんなぎこちない雰囲気のなかで、少しずつ、試験
や授業についての自分の疑問を出していくといった形で話は進んでいった。

　しかし、意見を交わしてみると、テスト自体に疑問を持つ人、暗記中心の内容
に疑問を持つ人、定期テストというやり方に引っかかる人、実に様々でまとまる
気配はなかった。むしろ、話を始める前よりも、お互いの違いが見えてしまって
疲れていくといった話し合いであった。

　11 月 6 日に、高執委の人たちは昼休みに中庭で有志による討論集会を開いた。
中庭は、「コ」の字型の校舎に囲まれるところにあって、どこの教室からもその
様子が見えるので人が集まり易く、又、集会の輪に参加しない人も「何かやって
いるな」という印象を与えるのに格好な場であった。集会は「まあまあの盛況」
（山上日記）であった。

　放課後、翌日のクラスタイムの討論資料を作るために、高執委室に前日と同じ
ようなメンバーが集まった。話し合いは前日の討論の消耗感と、同日開かれてい
た高 3 有志の公開質問状への学校側の回答集会（10 月 7 日の学内捜索と生徒の
政治活動について）へ出かけてしまうものがいたせいもあって、いっこうに進ま
なかった。クラスタイムで話すからには何か土台が要るだろう、しかし、とても
統一見解などまとまりっこないのは前日の状態から明らかであった。そのうちに

「何も統一見解をだすことはないじゃないか」ということで、山上が一般的批判を高執委として書く、そして意見の分かれる部分は個人的意見として出そうということになった。この個人的意見の発表というビラの形式は意見をムリにまとめてしまうことによる高執委の分裂を防ぐ苦肉の策であった。そこには、何とか一緒にやって行こうという気持があったといえよう。

6．定期テスト廃止の論理

11月7日、金曜日のため、高2は6時間目に高1は7時間目に定例クラスタイムが予定されていた。高執委の人たちは朝からクラスタイムに配る資料（ビラ）づくりに大忙しであった。授業中に原紙を切ったりして、何とか6時間目に間に合わせることができた。

その日のクラスタイムに配られたビラは2枚、内容は文責を高執委とした「テスト制度に対する一般的批判」と三島、新沢、SNの「個人的意見の発表」の二つに分かれていた。以下に引用する。

　テスト制度に対する一般的批判

　先日、我々は所謂テスト制度の告発という形で現在のテスト制の抜本的な改革を全校の生徒諸君、先生方に提案したが、その根拠を明らかにすると共に、現在のテスト制度の一般的批判を試みたいと思う。

　1．目的化したテスト

　テストは元来教育の一つの手段にすぎないはずである。しかし現在の麻布に於ては我々の勉強・授業はテストにその中心が置かれている。我々の学習に対する評価は99％（科目によっては100％）試験に依ったものだし、我々の勉強も殆どテストの為のものとなり、偏ったものとなっている。この問題はテスト制度の根源をなす重要な問題であり、以下の問題も基本的にはこれに根ざしている。

　2．正常な教育の阻害

　現在の様な試験中心の教育の中では我々はどうしても詰め込めるだけの知識をつめこまねばならない。その結果種々の問題の深い思考という学習

よりも表面的なこま切れの知識の丸暗記という傾向が強くなり、また授業もその様な方向の知識の一方的な伝達にすぎなくなり、何らの発展性もみられない極めてつまらない授業となっている。

３．機械としての我々

教育には社会に必要な教養を学ぶという側面もあるだろうが、我々の人間的な成長を目ざす側面もあるはずである。その為には我々自身、主体的に教育を受け、自分自身の頭で物事を考えて行かねばならない。しかし現在のテスト中心の教育では上記２）で見た様に一方的な知識の伝達でしかなくなり、我々自身の思考とか発展とかいう物は、全く看過され主体者たるべき我々は単なる記憶の機械と化してしまっている。

４．生徒の差別

また現在のテスト偏重教育の中で最も考慮すべき重大な問題は点による生徒の差別と云う事態である。実際平均 85 点以上の者は”人物・学業ともに優秀”なる事を賞され点によって人間の価値を露骨に規定されているが、これは最早論外である。この制度がなくなったところで我々は全く意味のない”平均点”によって個人の勉強一般を一様に評価され差をつけられる。もし勉強に評価がどうしても必要というなら　それは個別的な評価のみであり決してただ加えて割ったような平均点ではない。それは将に生徒に点によって差をつけ競争心を煽るものでしかない。そして我々はこの過度の競争心によって現在の耐え難き状況を作ってしまったのではないだろうか。

（高執委「テスト制度に対する一般的批判」、1969/11/07　全文引用）

　11 月5日のビラが「告発」という形でとにかくテスト制度改革への関心を持ってもらおうという性格であったのに対し、今度は散発的に言われるテスト制度への疑問を理論的に整理することで、運動や改革の方向性を明らかにしようという意図があった。このビラでは、「元来教育の一つの手段にすぎないはず」のテストが「学習に対する評価の99%」をしめ目的と化しているために、生徒の「人間的な成長」や「自分自身の頭で物事を考え」ることは看過され、「単なる記憶の機械」と化し、さらに点による生徒の差別という「耐え難き状況」が生じていると分析している。

　しかしこのビラは、当時マスコミなどでも言われていた「テスト偏重」「知識の詰め込み」「人間成長の欠如」「点数による生徒の差別」といった現象が、麻

第1部 第2部 第3部 第4部 第5部 第6部

布の、自分たちの現実に、日常生活にどう現れているのかといった発見がなかった。シケンが自己目的化しているという批判が当たっているとしても、そういう試験制度にとりこまれている、あるいは受け入れている個人の内面の価値観をぬきにしては問題の深層は把握されえない。テスト偏重の教育体制が存在していたとしても、その制度の強固さは、その制度を許している、あるいはその制度を支えているものが、人間ひとりひとりの内にあるからである。

　一般的な言葉だけでは「授業はつまらないけど、一応ノートはとっとかないと」「シケン勉強は嫌だけど、全然勉強しないのも不安だし」といった生徒ひとりひとりの普段の「困ったなあ」という感じ方や暮らし方に触れることはできない。それでは生徒は困ったままなのである。必要なことは、生徒の、自分たちの日常感覚の掘り下げと、それを通して日常生活を圧迫している正体に迫ることだった。

　ではなぜ、日常感覚に即して考えることが難しかったのであろう。それは、生徒の本音を曇らせる立て前（価値観）があったからである。それは「自由で自主的」という立て前であった。もちろん生徒は自由で自主的に勉強などしていなかった。試験がなければ勉強はしなかった。実際はイヤイヤやっていても自由で自主的という原理が支配している限り、結局勉強しない自分が悪いんだと思ったり、点のための勉強だと言った本音は恥ずかしくていえないし、逆に「人間的」なことを言うには、自分の現実は汚れていた。「自由で自主的」という立て前、それと裏腹な現実といった構造のもとでは、何よりも黙っているか、さもなければ立て前に即して「体のよいことを言う」ことが日常性となってしまった。

　この日常性を破るところに、個人名を出して自分の考えを書くというところに、この日の個人的意見の発表のビラの意義があった。

　個人的意見の発表という試みは、次のような前置きで掲載された。

　　　今後授対委では、テスト制についての討論を活発にしていくために、各人の自由な意見発表を重視し、それを中庭討論と、この広報に依って推進していきたいと思います。今回はその第一号として３人の意見を載せました。
　　　今後このように意見をのせたい方は（発表したい方は）Ｈ２－５小村、Ｈ２－３山上まで

この前置きに続き、Ｈ２の５三島、Ｈ２の３新沢、Ｈ２の４ＳＮの個人的意見が載せられた。

（H2−5　三島）

定期テストの全廃を！

現在、テストの意味（効果）として次の二つのことが言われています。

　1．自分の理解度を知る

　2．各人が競争して、勉強する様になる

しかし僕は次の見地から上の事に反論します。

　1．自分の理解度を知るだけならば、テストはただ違っている点を指摘するだけで充分であり、わざわざ点数に換算する必要はありません。それを点数に換算するということは、我々を「あなたは○点です」とレッテルをはって、区別するためのものに他なりません。

　2．本来勉強というものは、人間が生きていくために必要な知識を得る為に行なうものです。（原始において人間が”火”を求めた様に）しかし、現代では、それが「対自然との戦い」という面が失われ、他人をけおとして自分が安全な生活を得るための手段となりつつあります。したがって競争して行なわれる勉強は、その典型的な例として、戦争に於いて人間の競争によって生み出された核兵器であり、毒ガスがあります。再び書きます。競争によって行われる勉強は人間に不幸をもたらすだけで、人間に生きるための知恵とはなりえません。したがって、競争しなければならない様な勉強は、もはや勉強では有りません。

　（ここで、僕は、自分もまたこのような人を蹴落とすための勉強をやっているものであることを認め、反省しています）

　以上の考察から次の事を提案します。

　1．定期テスト制の全廃

　自分の理解度を知るためには、授業中の練習問題、採点をしない豆テストで充分であり、年5週間も、こんなものに無駄な時間を使う必要はありません。

　2．成績表の廃止

　現行の成績表は、全く上の二つの見地からは必要ではなく、単に、批評位を書いたもので十分である。

　現在試験に費やされるムダな時間を、もっと授業に使い、授業中にすべて理解できる教育を！

第1部

第2部

第3部

第4部

第5部

第6部

―――　―――　―――　―――

　　（H 2 - 3　新沢）

　現在の高校（麻布）の教育における最大の問題は、生徒の主体性が欠如している点である。本来教育では、まず自ら学ぼうとする生徒が存在し、それを援助するために教師や諸制度が存在[するは]ずであった。しかし現在では全く逆に、学校があるから学校へ来て、シケンがあるから勉強する状態である。その原因としていろいろあげられるが、定期試験の弊害がきわめて著しい。即ち年 5 回の定期試験は一年を勉強期と遊び期にわけ、しかも一夜漬けを奨励するような一日 2 ～ 3 科目で中休みを置くというような現在の試験制は「テスト前にやればなんとかなる」という奇妙な余裕を生じ、それが授業からの逃避を容易にしている。しかも試験前の勉強は追い詰められた勉強であり、点をとるための手段と化して、たんなる丸暗記や問題解法のテクニックの練習となりがちである。しかし現在の授業をそのまま残して、試験制度を廃止しても生徒が勉強しなくなるだけであり、試験の回数を増やしただけでは遊ぶ時期が短縮されて、一回の試験勉強がいくらか軽減されるに過ぎない。

　現在最も必要とされているのは正に試験や成績を含めた全教育制度の改革である。（中略）何より必要なのは教師と生徒全員が現状の不満や不完全さを考え、教育の理想を絶えず追求していく態度ではないか。

―――　―――　―――　―――

　　（H 2 - 4　SN）

　現在の試験について私は大きな疑問をいだいている。我々はいま定期試験中心の勉強をせざるをえないのではないだろうか。しかしこの定期試験という形は、一部科目に於ては授業を試験によって区切りをつけざるをえないということになりがちである。たとえば数学では「次の試験までにこれとこれをやろう」という事になって試験まぎわにはその進度の調節が行われる事すらある。これが生徒が「試験のための授業」を感じる一因でもあると思う。さらに試験をその第一目標とする予備校としての麻布を感じるかもしれない。そうしていくと今の形の定期試験などは廃止せざるを得ない。そしてそれに代るものとして平常試験と実力試験が平行して実施されるべきではないだろうか。先ず平常試験というものは（語学以外の教科については）ある単元ごとにその総まとめとしての試験である。この単元の取り方は

教師によるのであるだろうが、さてここに於いて試験の時間について疑問がわくであろうが定期試験廃止後の5週間という期間があいたのだから結局同一時限に同一学年全体が試験を行っても各科目でやっているうち平均化されるであろう。この方法によりこれまでの試験のための試験範囲を勉強させられる授業」ではなく「授業の延長として授業の一部としての試験」として試験・授業が行われるのではないだろうか。（後略）

（高執委「（個人的意見の発表）」、1969/11/07）

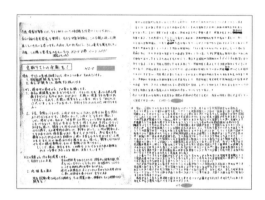

高執委「（個人的意見の発表）」、
1969/11/07
（各自が自分でデュプロ印刷原稿に書いているので筆跡がすべて違っている。）

　三人の個人的意見に共通していることは、初めて定期テスト制を問題にしたことである。では、定期テスト制の問題を考えることがなぜ大きな意味をもったのであろうか？それは定期テスト中心の生徒の日常生活を描き出すところにあった。

　第1部で述べたように、実際、定期的に年5回行われるテストは生徒の生活のリズムを作り出しているものであった。新沢の指摘した様に、「定期テストは一年を勉強期と遊び期に分け」、授業がクラブ活動が、あるいは学校全体の雰囲気までが定期テストを中心に動いていた。

　自分の日常生活があるいは気分までが、いつの間にか定期的にやってくる試験に合わせて動くようになっていたこと、それが定期テスト制の問題の出発点だった。その発見は、自分たちの生活が自分の意志や考えによってつくられたものでなく、定期テストという学校のスケジュールによって動かされているという「没主体的」な生活態度の問題として捉えられた。さらに、この没主体的な生活態度が、日常生活の「ため息」（つまらなさ）の原因であると考えられた。その意味

第1部

第2部

第3部

第4部

第5部

第6部

で、定期テスト制への批判とは、それまでの自分の生活への疑問、そして何となく過ぎていくつまらない生活を何とかしたいという気持から出たものだった。

このつまらない生活からどうやったら脱け出せるのであろうか？その展望がなければ、没主体的生活の発見も、単に消耗感を増すだけにすぎない。

自分たちのヤル気のなさは定期テストに縛られているからだ、それがなくなれば、自分たちは自分の意志で自分の生活を作っていける、あるいはいくべきであると主張した。個人的意見の発表のビラにおいて、匿名 SN が「授業の延長として授業の一部としての試験」を求め、三島が「授業中にすべて理解できる教育を」と訴えたのは、授業という日常生活を自分のものとしたいという気持の表れであり、そのためにテスト制度改革を求めた。

他方で、自分の生活が定期テストに振り回されていることは確かでも、それは結局自分が弱いからだというひけ目や自信のなさがあった。あるいは学生なんだからテストはあたり前じゃないかという気もしていた。改革には、この自信のなさやあきらめを破る必要があった。

その点で、三島のビラは、冒頭に、現在よくいわれるテストの意味に「僕は反論します」という形で書かれている。この書き方は、彼の考えの組み立て方を反映していた。すなわち、現在の教育には様々な弊害がありながらも、いっこう改善されることもなく授業や試験はつづいていく。また、自分自身も、テストための勉強をやめることができない。そこに気づいたとき、弊害がありながらもそれが続いていく論理や自分自身の価値観の批判が、最も重要なポイントだったのである。彼は、「競争によって行われる勉強は人間に不幸をもたらすだけで・・・競争しなければやらない様な勉強はもはや勉強ではありません」というように「ほんとうの勉強」という立場から現状を批判し、自分自身が「人を蹴落とすための勉強をやっている」ことを告白し、自分自身の点数への執着と依存を断ちきろうとした。そしてその論理に従うところに、自分自身が「本来の姿」に戻ろうとするところに「主体性」が考えられたのである。

こうして、定期テスト制改革の問題提起をした人たちのなかには、二つのイメージが生まれていた。ひとつは、現実の没主体的な自分の姿であり、もうひとつは、それとはちがう本来の、そして未来の主体的な自分の姿であった。そして、それまでの没主体的な自分を変えるのが「改革」だと考えたのである。

7．クラスタイムへの問題提起（11月7日）

1）クラス討論の概況

　高執委の問題提起をうけた初めてのクラス討論の様子を見てみよう。クラスタイムの議事録は残されていないため、個人の日記や記憶をもとに、高2の6つのクラスの討論を追ってみたい。高1については、高執委の主要メンバー（高2）が自分のクラスのことで手一杯で、実質的な討論が行われるのは翌週以降だった。

　クラスタイムの前に、高執委からは前述のビラが討論資料として各クラスに配られていた。またこの日の昼休みに開催された高校生徒協議会（以下高生協と呼ぶ）において、高執委から授業改革についてのクラス討論の要請が行われたと思われる。各クラスには、問題提起をする役として、高執委と打合せができている2～3名がいた。

　こうした準備のうえに、クラスタイムが始まった。クラスタイムの流れはおおよそ次のように整理できる。まず、クラスタイムの議長が教壇にたって「なにか議題はありますか。生協からは？」と尋ねる。すると生協委員から「高執委が試験制度について話してくれ」と言っていたことが紹介され、それを機に、あらかじめ準備をしていた人が問題提起を始める。今の試験制度に疑問を感じていること、自分たちがそうした矛盾した制度を積極的に変えていく必要を訴え、それにはまず話し合うことが必要だという形で締めくくられる。

　この発言ですぐさまクラスの関心が高まるということはなかった。むしろ、問題提起の発言のあとは、とまどいの静けさが支配する。そこで「このままではまずい」と思った人が、違った観点からテストや授業の批判をする。意見を聞いてそれに反応するというより、事前に準備のあった人たちの発言がつづく。やがて議長の「ほかに意見はありませんか」という声に促されて、もう何人かの意見がでる。これらの人々も、以前から授業や試験の問題に関心をもっている人として発言が期待されていた人である（つまり関心派）。このような「言いそうな奴」の発言がひととおり終わると、ひとつの緊張が訪れる。続いての発言もなく、授業時間として定められた1時限（50分）がすぎていれば、「話に少しはつきあったからもういいだろう」という意味でも、閉会になる頃合いだからである。実際、このあたりで閉会になったのが、高2の2、高2の3の2クラスである。しかし、高2の1、4、5、6の4クラスではさらに1～2時間以上、討論がつづいた。これは、高執委が思っていた以上のことであった。通常どおりに終わったクラス

の生徒は、廊下から窓越しに驚きの眼で、クラス討論を覗き込んでいた。なにか
が起きたのである。

2）クラス討論が続いた理由

　高 2 の 4 つのクラスでクラス討論が定時をこえて続いた理由として、二つのこ
とを指摘できる。第一に、定期テスト制廃止という主張を掲げ、定期テストによ
って縛られた生徒の没主体的生活を問題にしたことである。当初高執委のメンバ
ーは、平均点制、優等制の廃止という要求は生徒の合意をとれるかもしれないが、
定期テスト制廃止は、生徒の日常生活に密着したものだけに、過激な要求として、
一般生徒の反発をまねくのではないかとの危惧をもっていた。それゆえ、11 月
5 日の立て看板では「テスト制度の改革を」というぼかした表現を用いたのであ
った。

　しかし、結果は逆であった。平均点制や優等制は制度としての矛盾をつくこと
は易しかったが、日常生活の問題にはならない。定期テスト制を取りあげること
によって、それまで漠然と感じていたテストに縛られた生活、主体性のない生活
が浮き彫りにされ、改革の問題を、生徒ひとりひとりの日常生活の問題としえた
のである。すなわち「みんな」の問題に広がったのである。

　しかし、生徒の日常生活がテストに縛られているということは、誰もが気づい
ていることであった。テストに、点数に、自分が縛られているということは、よ
くないことであり、生徒が触れられたくないいわば「弱点（弱み）」であり、だ
からこそ、知らぬふりをしていたのである。そのことにお互いに触れないことが
日常生活をやっていくうえでの暗黙の合意であった。したがって、テストによっ
て日常生活が縛られているという問題を論じるものは、まず自分自身が縛られて
いることを語らなければならない。同時に、その弱点を克服していけるという展
望をだす必要がある。高執委にとってはそれが「定期テスト制の廃止」であった。
クラス討論において、生活の問題がどのように語られたのか、それが、みんなの
問題として認識されたのかどうかを、最も討論が長くつづいた高 2 の 5 のクラ
ス討論から見てみよう。

3）高 2 の 5 のクラス討論

　高 2 の 5 では、授対委委員長の小村、高執委のビラで個人的意見として「定期
テストの全廃」を訴えた三島が問題提起を行った。三島の問題提起は、最初は優

等制、平均点制など現行の試験制度の矛盾からしゃべり始めた。しかし、いかに「みんな」の問題だ、「身近な」問題だと強調しても、クラスの皆の反応は低かった。そこでは、「みんな点をとりに学校にきているようなものじゃないか、それも人よりよい点をとるために」と学校生活の問題としてとりあげた。それでも皆が「俺には関係ないよ」という顔をすると、三島は自分の主張を裏付けるために次のように続けた。「今日の数bのテストを返すときだって、山浦さん（数bの担当教師）のうしろに回って、わざわざ人の点をみようとしていたじゃないか。みんななんで人の点なんか気にするんだ。人よりよい点をとりたいからじゃないか」。

　三島がとりあげたのは、中間試験の答案返却のことであった。教師から答案が返却されると、まずあちこちで点の見せ合いが始まり、生徒は教師から、クラスの平均点や最高点だけでなく最上位者の名を聞き出そうとした。自分のとった点が他人と比べてよいのかわるいのか、そこに関心が向けられるのである。このため、試験終了後しばらくは「答案返却」の話題が生徒の学校生活の中心となる。

　三島の指摘した出来事は、このような答案返却のありふれた光景にすぎなかった。しかし彼がこの間近の出来事を「自分たちはテストの点にしばられている」という主張の証拠として取りあげようとしたため、無視しがたい雰囲気になった。この緊張をついて、クラスタイムでほとんど発言したことのない堀木が手をあげた。

　「どうも三島の言うことを聞いていると、優等生の被害妄想という気がする。だいたい、試験制度がどうのこうのという奴というのは、優等生の奴が多い」と、「みんな」の問題だという主張に反論した。さらに「たしかに今の我々の社会には、競争というメカニズムがあると思う。それは社会全体のメカニズムであって、君はそれをどのように変えたいというのか。案をもっているのか」と問うた。

　堀木の反論は、三島や高執委が組み立てた授業改革の論理の弱点をつくものであった。しかし、第一の反論をみとめれば、制度改革の必要はなくなってしまう。他方堀木の論点をとりいれて議論を組み立て直す余裕はなく、三島がとった行動は、逆に、試験制度に縛られているのは優等生だけではなく、みんなの問題であることを認めさせようと「カンニング」の問題をとりあげた。「高2になって、たくさんの人がカンニングをするようになったけど、それは点数をあげたいと思うからだろう」。カンニングは、中学生のときは少数の人がこっそりと行っていた。高校生になると、教師の監督が甘いと、教室内で平然とカンニングペーパー

56

が回されたり、当該の教科書のページを教えあって机の下でのぞいたり、カンニングが集団で行われることがあった。カンニングをしない人も、他人のカンニングを責めることはなかった。他人のカンニングを告発することは、他人の行動に干渉し、また他人の点を気にしていると思われるからである。

　三島の発言によって、生徒の「点に対する執着」や点をめぐる競争意識が明るみにだされることになった。また、カンニングの問題はだれがやっているかは明らかだっただけに、他人の行動には干渉しないという麻布の人間関係のタブーを破ることになった。

　教室内は、三島の発言に「しらんぷり」をできない雰囲気に変わっていた。それを察知したがゆえに、三島はさらに「こんなに身近なところに問題があるというのに、みんな明日になれば、知らん顔をして、ニコニコ顔でつきあうのか。何か言ってほしい。このままでは、あすもう一度みんなと会う気にはなれない」と、クラスメイトの発言を要請した。何かいってほしいという発言は繰り返され、もはやこれを完全に無視するか、何らかの反応をするか二つしかないところまできていた。クラス全体の雰囲気は後者に傾いていった。

　まず、カンニングでは定評のある人物は「俺は、よい点がとりたいからカンニングをするんだ」と吐き出すように言った。あるいは「俺も三島と同じようなことを前から思っていた。だけど、俺なんか運動ばかりやっていて、成績も悪くてみんなから馬鹿にされているから、そんなことを言ったらますます馬鹿にされるだけだと思って言えなかった」との発言もあった。意外な人の意外な発言がでてくると、教室内の雰囲気は変わった。三島の「ひとりひとりの意見を聞きたい」という希望もあって、議長は端から順に発言を求めた。三島の主張に賛成する人、仕方なく感想をいう人、質問する人、「言われてみるとそのとおりだが、どうも不満が自分の底から湧いてこない」と語る人、だれかがしゃべりだしたら、自然に耳を傾けるという雰囲気がしだいにできあがっていた。出席した全員の発言がひと通り終わったところで閉会となった。2時過ぎに始まったクラスタイムが終わったころには日はとっぷりとくれ3時間以上を経過していた。

4）やる人とやらない人のタブー

　高2の5の最初のクラスタイムは、三島の「みんなテスト（点）に縛られている」という主張をなかば認める形で終わった。このことは、実は生徒の暗黙の了解であっても、公然ととりあげられることのないタブーであった。なぜ、それを

多くの生徒が認める結果になったのか？　それはがもうひとつのタブー、すなわち他人の行動や価値観には立ち入らないというタブーを破ってしまったからである。他人のテストの点の覗き見とカンニングの指摘がそうであった。三島は、「みんな縛られている」という主張の証拠としてこの例をだしたのであったが、それは、覗き見をした人間、カンニングをする人間への個人攻撃でもあった。堀木が発言した動機には、三島自身は覗き込みやカンニングをしない優等生であり、自分がどのように点に縛られているかを語らずに、安全な地点から他人を攻撃したことに腹を立てたこともあった。

　堀木が「被害妄想」という言葉を使ったのは、点を取るべく努力をしているものは、点をとることのメリットを享受しているはずであり、単に点に縛られているというデメリットのみを言うのはおかしい、という感覚からであった。社会的あるいは制度的に価値が認められている、ということと、個人がその価値を得ようと努力するということは完全にイコールではない。つまり、個人の選択があるはずであり、それは個人の責任においてなされるはずである。具体的にいえば、生徒は点をとるための勉強をするかわりに、スポーツでも自分の趣味でも、あるいは自分の好きな勉強でも、選択をすることができたはずである。また、実際にそうした選択をした生徒もいた。たとえ、実際に点をとるための勉強を選ぶものがほとんどであったとしても、やはり生徒は選択をしているはずであり、それは自らの責任においてであろう。「縛られている」という言い方では、この点がはっきりしない。社会、あるいは制度を云々する前に、まずこの生徒の価値の選択を見直して、どのように、そしてどれくらい、自分が「縛られている」のかを見直すべきであった。

　高校生にこのような価値の選択を迫るのは無理だ、だから生徒は実際には縛られている、すなわち制度の問題だ、という人がいるかもしれない。三島はこのように主張したわけであるが、価値を選択するということが主体性であるということが曖昧にされた。

　三島がひとりひとりに発言を求めたということは、当時流行の「自己批判」の強要であり、それに対し、「迎合」したり、「自分も考えは同じである」といって本心を語らずにすました生徒もいただろう。クラスの生徒の多くが、三島の主張を肯定する形になったが、その論法を批判した堀木は、以後沈黙することになった。

　定期テストに縛られている、という高執委の問題提起とクラス討論は、生徒ひとりひとりに、日常生活の問題——なんのために学校に来ているのか——という問題を喚起した。のちに高2の5のクラス討論レポート（12月12日）では、「今まで我々がどのような生活を送ってきたかという事の確認なしには真の改革はありえない」と述べている。高2の4のレポートでは「定期試験によって我々の主体的な勉強並びに高校生活がそこなわれている」と、高2の6では「我々は授業に何を求めるか、生徒一人一人がうける授業の全体（を議論する）」と記されている。しかし、テストや点に日常生活が縛られる度合いは生徒によって異なっていた。「みんなの問題だ、制度の問題だ」という論法は、この点を覆い隠すものであったといえよう。

（1971年卒業アルバムより）

▲中庭での自由発言

◀先生との懇談会

中庭は文化祭などの催しで懇談や意見発表の場として使われた。

休み時間はトランプなどをしたり、運動をしたりにみな思い思いに過ごしていた。この日常は授業改革運動の間も変わらぬ日常の光景であった。

◀インドア系：トランプ
▼アウトドア系：サッカー　　（古川享撮影）

第1部
第2部
第3部
第4部
第5部
第6部

第 2 章：生徒の受け止め方
― 父兄会（11 月 15 日）と通知表 ―

　　　11 月 1 週に高執委が開始したテスト制度改革の問題提起は生徒に
どのように受け止められたのだろうか。それは、クラスの「仲間」に
直接呼びかけるという新しさをもっていた。また、中間試験のテス
トが返却され、15 日の父兄会（保護者会）で、各科目とその平均点
を記入した通知表が渡されることになっていた。そこに、数学の 2
科目で出題と採点に落ち度があったことが表面化する。これらの問
題について、高 2 の生徒は、クラスタイムを開いて、クラス内ある
いはそれを横断して議論する。ここでは、第 2 週のクラスの動きか
ら、生徒の視線と関係の変化を探る。

1．問題提起方法の新しさ

　中間試験明けの 11 月 5 日に高執委による問題提起は立て看とビラによって行
われた。それらはこれまでにも問題提起の方法として良く使われていた。立て看
は中庭か裏門に、ビラは校門で手渡しするよりは各クラスの教壇の教卓の上に置
かれることが多かった。「問題提起」をされる側の生徒たちにとっては、これら
はいつ、どこで、また誰がつくっているのかわからないものであり、目もくれな
い人たちもいたであろう。仮に目を通して「これは問題だ」と思った人がいても、
その人はどうしたらいいのもわからない。こうして、それまでの問題提起は一方
通行に終わるのが常であった。

　今回は少し違っていた。「立看一枚で終わりになるかもしれない」不安な出発
であったものの、元々 11 月 7 日のクラスタイムで問題提起することが当面の目
標であった。立て看とビラはそのための、いわばキックオフのような役割であり、
翌日 6 日の中庭討論会は 7 日のクラスタイムへの景気づけの意味合いがあった。

　立て看とビラは高執委の名で出されたが、作成者は必ずしも生徒会会則に規定
された執行委員だけはなく、委員長と高 2 の委員、その委員と友達であるという
人、そのまた友達が集まっていた。彼らの共通の関心事は以下のようなものであ
った。

　　　・試験・点数が気になってしまい、それがどうにも嫌であった。

　　　・授業がとにかくつまらなかった。

・何より学校生活に満足していなかった。

何もしなければこの状態がそのまま続くことは自明であり、高2の半分が終わったこの時期に何かしなければ麻布の学園生活はこのまま終わってしまう。こうした気持を友達同士で話し始めた結果、数人が執行委員会室に集まることになった。彼らのなかには高執委の正式な委員がいて、高執委という名を借りると動き出しやすかったということもあるが、重要なことは、現状に満足していない、かつ、何とかしたいと思っている人々の存在を確かめることができたことである。そうした学校生活に満足していないという人たちの存在をさらに拡大して確認する、すなわち、クラスで同様の話し合いをすることが彼らの目標であった。従来、立て看とビラをつくること自体が目的化していたのに対し、クラスタイムでの話し合いを目的としたことで、今回の立て看とビラ、中庭討論会という従来の方法は新しい意義を持つに至った。

また、11 月7日のビラは高執委の名で出されているにもかかわらず、個人的見解の発表という形をとった。そもそも主体は"高執委という組織"というよりも"その時執行委員会室に集まった人たち"である。高執委として一枚岩の統一見解を出すことは必須ではなかったと思われる。それ以上に、ビラなどに知っている名前が署名されていることなどこれまでなかったので、読み手の生徒は今までより関心を示すことになったとも考えられる。この点でも、ビラという従来の方法は新しい意味を持ったといえよう。

2．クラスタイムでの反応

1）仲間とクラスタイム

高執委の人々が話をする機会に選んだクラスタイムは生徒の自治活動の一環として週一時間、授業時間割のなかに組み込まれていたが、それほど活発に議論されているという状態ではなかった。また、そのクラスにいる仲間は高2の11月であるので少なくとも同じクラスになって半年経過、すでに顔なじみになっているものの、何か一緒にすることが偶然発生しなければ互いに関与しない"平穏"が続く仲間である。ひとつの問題について話をするという意味から言えば、非常に消極的な仲間であった。

高執委の人々にとって、クラスで話し出すことは勇気が必要であった。それでも話し出したのは、特に個人的見解として名前を出した人にとってはこのまま引き下がるわけには行かない、話すことがビラに書かれていた"主体性"そのもので

あった。立て看・ビラと言った従来通りの方法をまず使い、"景気づけ"の中庭討論会を経て、結果的に個人名を付した討論資料を配って、クラスタイムでクラスの一員として話し出した。「何かしなければ」という思いから「如何にするか」を考え、顔と名前の知られたなかで直に話をしていったのである。その行為自体が関与しないというカラを破るひとつの契機であった。もちろん、その話の内容はひとりひとりが感じていることに響いていくものでなければならない。

　高執委の人々は、今回彼らが提起した平均点制、定期試験制は皆の問題であって、皆も自分たちと同じように両方を嫌なものと思っているのではないか、という期待があった。他方で、その期待と裏腹の不安、例えば点数を気にしているのは自分ひとりだけじゃないか、もあったはずである。11 月5日のビラ、7日の個人的意見の発表で、「自分はこう思う」といった表現とともに、「僕ら」という言葉（この言葉は案外簡単に使われるが）を使っている。孤立への不安を持ちつつもテスト返却の際の事例などを引っさげて「皆の問題だ」という言葉を武器に皆に迫っていった。

　幸いにも、結果的にクラスの仲間は今回の問題提起にとにかく反応した。クラスによってその反応の強弱、肯定否定の方向や度合いに違いはあるが、色々な反応がその後に起こってくる。カラを破って話し出す人間がいれば、クラスには話の輪を広げていく下地があったと考えてよい。今まであまりクラスタイムで話し出すということがされてこなかっただけであったのだろう。

2）クラスの変化

　高執委の人々がクラスタイムで話す材料を持ち込んだ結果、それまでは形式的に"すすむ"ためのものだったクラスタイムに波風がたったのは事実である。彼らがしゃべりだした当初は、必ずしも彼らの期待した方向にすんなり向かったわけではないが、関与しないというカラにひびが入り始めてきた。

　11月7日のクラスタイムが高2の6クラスのなかで一番早く終わった高2の2でも日誌に次のような記述がある。

> 　　クラスタイムにおもうこと
> 　いつもつまらないことをほじっている。Ｈ3の議席などこんなものはなくてもいいのに、我々Ｈ2はＨ2のことをまず問題にしなくては。たとえば授業のことなど我々は、教師など学校側の事ばかり攻撃して、自己批判はま

ったくない。中には　試験を受けるのはいやだがそれじゃしょうがないので試験をうけるなんて奴がいる。そんな奴は、死んじまえ。うけたくなかったらうけなきゃいいのだ　こんなやつが多すぎる。もっと主体性をもたなきゃ。そして自分なりの解決策を見つけなけりゃ。そしてその後試験をやめたほうがよいならそう運動すりゃいいんだ。

（高2の2「クラス日誌」、1969/11/07）

これまではクラス日誌にクラスタイムが行われたことや、議題などが事務的に書かれることはあっても、議論された中味についてこの様な記述がされることは皆無であったと言ってもよい。もちろんこういう内容は、それを書いた日直の人柄にもよるが、高執委のビラとともに、この組にも話の口火を切る人がいたことがわかる。そしてそこでの話がこの文に反映していることは明らかである。

高2の2は、その日のクラスタイムが早く終わったので、問題提起に対する反応が話を続けていくものにはならなかったと推測できる。しかし、何人かの人が発言したことはこの記述からうかがえ、授業や試験について話がされたようである。そういった話が今までのクラスタイムでされなかったことを考えると。このクラスでも関与しないというカラに変化が生じたと見ることができる。また、クラス日誌は担任教師も含め、クラスの誰もが見るものであり、その日誌にこの筆者がクラスタイムでの他の生徒の発言に対して自分の意見を言い、他人のことを「そんな奴は」云々というようにとやかく言いだしていることは注目に値する。

◇◇クラス日誌◇◇

　クラス日誌というのは、担任教諭からすれば、クラスの雰囲気を知る絶好のものであったという。教師たちは放課後職員室に集まる各クラスの日誌を学年担任の間で回し読みしていたそうである。某教諭曰く「とにかくおもしろかった」とのこと。生徒にしても教師にしても、読んでいて飽きるものではなかった。

　日誌の書き方は、大きく分けて二つある。ひとつは、日直の務めとしてただその日の授業時間を並べて書くだけのもの。もうひとつは、半ページから4〜5ページにわたって、クイズ、猥談、スポーツに関すること等書きなぐっているものである。日直以外の生徒が乱入して記述していることも多い。

　後者では、概ね、"おもしろい"と思われていること、そして書き手の生徒の知っていること（他の人の良く知らないこと）を書くかのいずれかで、それによって自己顕示、あるいは自己満足を得るというものである。一方、前者の書き方は、書いてもしょうがないという気持や、後者の勝手な書き方への反発があったのではないかと思われる。

3.　昼休み中庭討論会

　クラスタイムでの問題提起が行われた翌週の11月10日の月曜日から15日の金曜までの昼休みに、中庭の銅像前で中庭討論会が行なわれた。高執委の人々は、話の環を広げる方法としてクラスで話すことと同時に"クラスを越えた討論"としてこの中庭討論会を予定していた。

　麻布の中庭は、コの字型の3階建の校舎に囲まれている。その開いているほうに講堂があり、講堂正面に学校創立者の銅像が中庭に向かって建っている。各教室は中庭側に窓が並んでいるから、中庭は各教室から見渡せる位置にある。また、中庭はそれほど広くないので、銅像の前に誰か立っていれば、知っている人間ならどの教室からも識別できるほどである。

　いつもの休み時間の中庭は、中学生がゴムボールを使って野球をしていることが多かった。中庭討論会が開かれていた時もその風景に変わりはなかった。ただ、銅像の前に20〜30人の塊ができ何か集会をやっている感じであった。その場を通り合わせた人は誰でもその人の塊の外輪にちょっとくっついて、何をしているか見ることが簡単にできるような討論会であった。特に高2の生徒にとっては主催していた高執委の人々が高2で知った顔が多いから、この人の集まりはオープンな感じのするものであった。

　20〜30 人が毎昼休みに集まっていたが、"クラスを越えた討論"というには少し規模が小さいようである。さらにその場で話をしたのは主に高執委の人々であって、彼らは誰が話すかをあらかじめ決めていたようである。だからこの中庭討論会は、その内容からすると、執行委員会室での彼らの話し合いをそのまま持ちこんできたものともいえる。高執委以外の人はあまり発言しなかったこともあって、そこでの討論の内容はあまり新しいものではなかった。事実主催者のひとりは日記に「中庭討論会も行きづまり」とすでに初日の 10 日に記している。しかし、それでも 14 日まで毎日続けられた。これは"主体性"を唱えた高執委の人々の「これでやめたらだめになってしまう」という意地の表れであろう。

　話の内容に目立った進展はなかったにもかかわらず、高 2 の各クラスの生徒が入れ代わり加わることになった。その意味では"クラスを越えた"集まりであった。

4．最初のクラスタイムの影響

　担任教師たちがクラス日誌に対して持っていた印象のように、クラスに何か特別な雰囲気の変化があればそれはクラス日誌に表れることがある。クラスタイムでの話し合いを通じてクラスはどのように変わっていったのか。クラス日誌の記述を二つ見てみることにしよう。

　11 月 7 日のクラスタイムが一番早く終わった高2の2の翌8日のクラス日誌には次のよう記述がある。

> 感想　ねむい
> 今日は館（ヤカタ＝東京女学館）の文化祭です
> 西田たちがテツマンをやると言っている
> 学校は　全く味気ない・・・空しい
> （高2の2「クラス日誌」、1969/11/08）

　最初の3行は、今までの日誌の書き方とさほど変わりはない。けれども最後の一行はそれまでの日誌の記述のなかでは異色である。また、「感想」として「ねむい」と書かれているが、これまで「ねむい」は個々の授業のところに書かれていたことが多く、全体的印象とし書かれることは少ない。4行目の「学校は」に繋がっているとも見られる。この記述がクラスタイムの翌日、すなわち初めてク

ラスタイムで学校生活に関して触れられた日の翌日に書かれたのは偶然ではないように思われる。

　数日後の11日には以下の記述もある。

> 　2時間目　英作　山之内先生
> 　　　English　Composition
> 英作の授業は一学期中は池上先生であり池上先生は2時間で1課の割合で進んでいた。これは普通の進度であるのに3・4組の猪飼先生や当時5・6組の山之内先生の授業が非常に遅れていたので、学期の終わりには4課も差がついてしまった。この差をなくすため、2学期に入ってからは雑談をしたりのろいペースで授業をやっていた。これは全く僕にとっては気にくわない。なんで1組は池上先生のままなのに、2組だけあんな先生にかわってしまったのだろう。
> 　（中略）
> 僕等ももうじき入試だな──!!
> 何で麻布じゃ高2の2学期までしか部活動ができないんだろう!!
> 先生からお母さんに進言してほしいな──!!
> ［注：以下2行別人の筆跡］
> そんなことはない！
> 俺はまだ活動しているぞ!!
> 　（高2の2「クラス日誌」、1969/11/11）

　ここで引用した箇所は、授業や教員に対する不満を明確に述べ、あるいは生徒同士で意見を戦わせており、それまでの2組の日誌の書き方と明らかに違っている。互いに関与しないという人間関係や文句があってもあきらめが先に出てくる消極性とトーンが変わり、この時期の日記の大きな部分はこうした記述で占められている。クラスの雰囲気はそれ以前のものとは違ってきたと見ることができる。

　高執委の人たちの問題提起が完全に理解、共感されたかどうかは分からないが、クラスタイムでの問題提起は少なからず互いに関与しないというカラを徐々に打ち破ることに寄与して行った。話をする、不満を語り合う、あるいは人の話を

聴いてみる、人の話に文句をつける、そういったことをする場が作られようとしていた。

5．試験制度・採点への異論

高執委の人々はそれまでの人間関係を下地として、他の生徒に直接語りかけることによって話の環を広げて行った。彼らの行動は「認識を求めるという第一段階」（山上日記、1969/11/10）でかなり有効に機能したといえる。高執委の 11 月 7 日のビラには「主体性を改革原理」としてとある。今までの生活を見返し、矛盾だらけの没主体的な生活に気づくことが彼らにとって自らが主体的になるための第一歩であった。その結果、これまで生徒間に霧のようにモヤモヤとぼんやり拡がっていた“つまらない”、“味気ない”などの不満は、定期試験制、平均点制、採点方法などのいくつかの制度や運用の問題に集まり、はっきり見えるようになってくる。こうした動きに呼応するように、他の生徒に自ら直接働きかけていくという形で、これまでの“関与しない”というカラを破る動きも出てきたのであった。

1）数 a 数 b 採点問題

高２の２の 11 月 12 日のクラス日誌には、以前とはさらに違った試験に関する記述が登場してくる。

１．英訳（深木）
答案返す
“甘くつけたので君達も今迄から見ると信じられないほどの点数だったと思う。甘くつけすぎたようだ。
90 点以上ついている者でも実際の中みは酷いものだ、ということを悟って空しい気持ちになれ。”
まあ確かにそれはそうかもしれない。しかし他の教科で皆が悪いから、点数を甘くしてやった、と明言したことは、麻布の現体制である試験制度・通知表点数制平均点制を擁護するだけでなく、それを逆に推し進めようとしている意図を暴露したものである。

67

これが生徒会指ド部首班たる者の姿勢である。はたして現在高校生間で広く問題となっている上記制度への改革という運動はどこにどうぶつかりどう展開されていくか。　・・中略・・

２．日本史（山田　最近「こいけさん」ぶりは見えなくなりマジメ派になってきた）

答案返す。特別な問題はないと思う。藤谷俊雄著『「おかげ参り」と「ええじゃないか」』（岩波新書）を読むようにとの課題出る。

［「こいけさん」は山田教諭のあだ名で、藤子不二雄の漫画に登場する人物］

３．英文法（平尾）答案返す。

高２‐２蜂起す！（このような言葉はある程度の思想性をもつから適しないかもしれぬ）

平尾先生の了解を得て、この時間はクラスタイムとなる。先生も途中で発言を求めるなどして、盛り上がったムードで大沢先生の数ａ，西口先生の数ｂ問題、広げては現在の試験制度にまで話も及ぶ。１・２組と、３・４・５・６組との点数の付け方の違いの数ｂの否［非］は明らかという結論。

数ａについては肯定論もあり、試験に際して範囲がクラスで違ったなどということについて不満が多数出る。　・・中略・・

昼休み

森崎・西田をリーダーとしたケムンパス派なるものが数ａ、数ｂ、及びそれに関した試験制度について校長と話し合おう、と提起していたので、クラスの大部分の生徒が校長室に集まった。数ａ・数ｂに関して同等の立場にある一組の生徒も来る。校長先生の他に数学主任として篠崎先生、大沢先生、神崎先生が出席。

生徒側は、数ｂの非は明らかだから学校側で何とか善処して欲しい、数ａについては大沢先生が授業でやっていなかったという点を述べたが、大沢先生は生徒には私の教えた範囲で当然分ると思った、分るはずだ、神崎先生は皆が勉強していればできていたのではないか、数学的判断の違いである、ということも述べた。

篠崎先生は［判読不明］善処する。がこれからはこのような数学だけの問題に関しては校長先生のところへ直接いくのではなく私のところへもってきて、欲しい、と述べた。

生徒が帰った後、西口先生から他クラスと平均点は大幅に違わない、問題ないのではないか。（71〜73 と 63〜66）と主張が出た。

西口先生のクラスの生徒は、山浦先生のクラスの生徒の「一問間違うと 5 点ひく」という言をそのまま受取り、どの程度までの解答によってどういう点数がついているかなど、個々の答案に当たってみた上での問題提起でなかった不確かさもあった。

そこで実際に答案を見比べてみる必要が生まれた。これは森君などもクラスの発表の際にも述べたし、放課後のクラスへ来た西口先生も　問 5.に関しては認めた。他の問も不明確な点が多いので、見比べれば明らかになるだろう。

5．現国（右遠）

答案返す。（かなり難問だった割には平均点などよかったのではないか、コレハ私見デス）

（高 2 の 2「クラス日誌」、1969/11/12）

　ここに掲げた引用文中に、「数 a」「数 b」問題とある。当時数学は、2 つの科目があり、別々の教師によって教えられていた。数 a の問題とは、中間試験の数 a の設問のなかに授業で習った範囲を越えた設問が出されたことが発端であった。生徒はいつも試験前に試験範囲を非常に気にして、早いときは試験 2 週間前あたりから教師にしつこく試験範囲を尋ねる。それぐらいだから、この時のように範囲外の設問が出されれば、生徒はそれだけでも文句をつけたくなる。その上、間違えている人がほとんどだったのだろう、この文句は試験後、答案返却とともに噴出している。

　一方、数 b の問題の発端は、やはり中間試験に関してで、11 月 10 日あるいは 11 日に返却された数 b の答案であった。その答案を見ると、1〜2 組と 3〜6 組との間で採点の仕方が違っていることが判明した。同じところを間違えても 1〜2 組と 3〜6 組では点数が違っていたということであるが、そもそもの原因は数 b を教えている教師が 2 人いて、採点基準が統一されていなかったためである。いずれにせよ、数 a、数 b どちらについても、高 2 の 2 の平均点は他クラスより 20 点以上も低かったため不満が噴出した。

　数 a の場合の授業でやっていないことが試験にでるとか、数 b の場合の採点の不公平・ミスなどに対しては、普段からあれこれ文句がでることが多かった。し

かしその文句とは、ちょうど何かのスポーツで審判の判定に不満を言うくらいのもので、結局は審判の判定に支配され決着する。すなわち点数に便宜・変更を与えるかそうでないかは審判たる教師が判断して決めたとき、そこでその文句は立ち消えになる。ほぼ一回限り、その授業時間の答案返却の時間限りの文句になるのが常であった。

　ところが、今度は文句の言い方が違っている。その場限りのことではなかったことはもちろん、校長室へ直談判をしに行くという行動もそれまでになかったことであった。また文句の内容が今までのものより広い領域、すなわち制度についても言及している。上記12日の日誌の通り、校長室に行く前の３時限目は臨時クラスタイムになり、試験制度全体について討議されている。１時限目の教師の平均点制を意識して甘く採点したという発言に対してもこの日誌の筆者は「現在高校生間で広く問題となっている上記制度［試験制度・通知表点数制平均点制］への改革という運動はどこにどうぶつかりどう展開されていくか」とコメントしている。また、先に引用した前日の日誌にも「僕らはバカなんだから完全に写し終わってから説明してほしいな―!!」というように良くわからないまま授業が進んでしまうことへの不満も語られていた。

２）平均点制抗議署名運動

　一方、高２の１では次のような署名が一生徒を発起人として始まった。

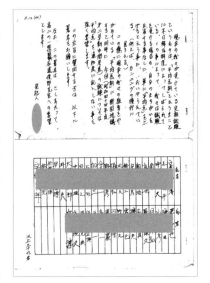

　　現在の我々が受けている定期試験というものは「平均点制」というまことに不可解な制度によってしばられている。このことによって我々は試験をうける場合も、自分のまちがいを反省する事なしに、単に「平均点」を上げると云う事に、追いやられている。（例えば、カンニングの横行に見られる。）

　　この様に現在の我々の教育をゆがめている「平均点制」に断固抗議すると同時に、今回（昭和四十四年度第２

学期中間考査）の試験については「平均点」を通知表に記入しない事を強く要望します。

　この主旨に賛同する方は、以下に署名をお願いします。

　なお、この署名は、さしあたって高二の一担任教諭右遠俊郎先生への要望とします。

　発起人　安村

　（高 2 の 1「（平均点通知表不記入要望署名）」、1969/11/12、全文引用）

この署名は実に授業中に廻りだした。この時高 2 の 1 の教室は、生徒の気まぐれから各人の机の横をくっつけて縦の通路がなくなるように並べ、さらにできるだけ前につめて詰めて、椅子の動く隙間もないようひとかたまりにしていた。生徒はこうするといわゆる“内職”という授業と関係のないことをするのに非常に適していると思っていた。また、教室内の席順は大体仲の良い連中でひとかたまりになっていることが多かった。こういう教室で署名簿はそれまでの人間関係を伝わって廻りだした。

　まず発起人の安村は高執委の人たちと同様こうした問題をずっと扱っていた新聞委員会の委員長であったが、彼は個人名での署名にこだわった。安村から同じ部だった赤田、それからサッカー仲間の三人に渡り、教師に気づかれないように話をしていた。しばらくして赤田のもとに戻ってきて、今度は前に座っていた彼と同じ部の安馬に渡る。同じ部に所属していた安村・赤田・安馬はこの種の話をしたことがあったが、他の人とはまったく話をしたこともなかった。それでも署名話の内容はわりと簡単に同意され、受け入れられた。

　この授業中に 6 〜 7 人の署名が集まったのをはじめ、その日のうちに、主に発起人の努力で、生徒ひとりひとりに話を切り出すことによって、クラス 53 名中 39 名の署名が集まった。

　署名簿の名前の順をみると、教室の後ろで休み時間によくトランプをやっていた四人、そして仲のよかったらしい別の四人のグループなど良く一緒にいた仲間が続いて名を連ねている。おそらく安村が休み時間にトランプや何かをしている彼らのところに出向いて話をしたのではと思われる。

　これだけの人数の署名がどうして集まったのか。

　ひとつは「平均点」というテーマであったこと。生徒にとって平均点というのはどうしても気にかかるものであって、実感に即したものだったからである。署

名文にあるような"カンニングの横行"が平均点と直接関係あるかどうかは別としても、試験期間中にも、ひとつの試験にうまく行かないと次の試験で取り返そうと思うものであった。うまく行かなかった時は"失敗"という言葉を使った。数学でダメだったから英語で、というようなことは、ほとんどの人が経験していた。試験が一つ一つ終わる時点で平均点を計算して、"目標"にあと何点と考える生徒はかなりいた。その結果、試験後は点数という数字に一喜一憂してした。その数字の源、すなわち問題と解答の検討など眼中になく、せいぜい採点違いを一生懸命探すくらいのものである。そして大体において、その平均点は自分の思うようにはならないから、平均点とは嫌なものだというのは誰しも身に染みて感じていた。誰でも「なんでこんなものがあるのか」と思うことがある、ただしょうがないと諦めていることが多い。ところが、そこへこのような大多数の人が共通項をもっている平均点に限定した署名が来たのであった。この署名は、生徒の平均点に対する実感を改めて思い返させることができたであろう。そして署名は問題を大多数の人が上記のように共通項をもっている平均点に限定したから、それだけ多くの人の"賛同"を得ることができたと考えられる。

　平均点に関する署名というのは全く新しいことであったが、さらにこの署名には集め方にもうひとつ新しさをもっていた。この署名は、ひとりひとりに話すという行為を伴って集められた。初めはよく知った連中から始めたのだが、その連中がまたよく知った連中に廻す、ということも行われた。署名簿という実体がいつもついて廻ったから、それについての話が切り出しやすく、話の内容も限定されていたから話し易かったのだろう。とにかく署名簿を媒介にして話が広がっていく可能性が充分にあった。

　実際はほとんどが発起人に努力によって、ひとりひとりに相対して話がされ署名が集められた。ひとりひとりに話すというのは有効な方法であった。同じクラスになってから半年が過ぎていたから、少なくとも顔と名前はわかるし、互いに相手に対しての若干の知識は誰の場合でも持っていた。その人間から直に一対一で話されれば何らかの応答はされる。その話の内容、署名の内容が前述のようによくわかるものであったから、署名は比較的楽に集まりだした。

　もちろん署名した人々はいろいろな反応を示したであろう。積極的に話をした人、やじ馬的に話に乗っただけの人、拒否するのが面倒くさいといった気持の人、温度差はあったであろうが、署名は自分で自分の名前を書くのだから、いわゆるめくら判を押すようにはいかないはずである。たとえ署名に関して話をすること

第2章：生徒の受け止め方

第1部
第2部
第3部
第4部
第5部
第6部

に消極的であった人でも、前に述べた通り、平均点に対して共通の意識をもっていたから「文句をいう奴がいるなら一口乗ったってかまわない」と思ったことは想像に難くない。また、署名する人は、知った人間の名前の後ろに名を連ねていくことになった。署名しようとする人は、知った名前をそこに発見するとき、ふと安心感を持つのではなかろうか。

この高2の1の署名と同様の趣旨の署名は6組の約30名のほか、高2の「4つのクラス生徒の約200名（学年の2/3）」によってなされた（高執委・新聞委「父兄の皆さん!!」、1969/11/15）。1組の場合は、発起人が積極的に動いたが、他のクラスの集め方は明らかではない。拡がりはクラスの枠を超え高2の全生徒の2/3となった。これだけの数の署名が集まるのは予想以上だったと思われる。

こうして集まった署名は、11月以来の一連の生徒たちの動きのなかで重要な役割を果たすことになった。ひとつは高執委の人々の話を背景とし、それに呼応することとなる具体的テーマとして。さらに署名という行為がついて廻ったことから、生徒たちの共通の立場、喩えれば"平均点に対する被害者同盟"のようなものが署名簿という実体を伴って示されたということである。そしてもうひとつは、15日の父兄会に向かってそこで配布される成績表に書かれる平均点に具体的な焦点を当てることになった。

3）クラス決議（11月12日）

昼休み中庭討論会が続けられているなか、高2の3、4、5の3クラスでは11月12日に臨時のクラスタイムが開かれた。授業時間のひとつとして決められていた金曜日ではなく、その二日前に行われている。

11月以前のクラスタイムの状態からすれば、7日のようなクラスタイムが1回限りで終わらなかったことは画期的であった。なぜ再び開かれたのか？

3つの理由が考えられる。第一に、前に引用したクラス日誌で分かるように、生徒たちの目が今までの自分たちの生活に向いたこと。第二に、"皆の問題"として突きつけられた平均点制・定期試験制の問題があったこと。第三に、その話題について話をしていく生徒が各クラスに数人ずついたこと。定例の金曜まで待てなかったのは週末15日に予定された父兄会に向けての内容があったからではあるが、臨時で開かれるクラスタイムが成立するというのも画期的であったといえよう。

　クラスタイムはクラスの人間が話し合う場として、それまでのものとは確実に変わってきていた。この 11 月 12 日の各クラスのクラスタイムでは、クラス決議が出されることになる。

　11 月 12 日我々は臨時クラスタイムを開き出席者 51 名全員の賛同をもって以下の決議を採択した。
　11 月 15 日の父兄会を前にした段階に於いて我々は"試験制度"の基本的改革、再検討の方向をもって、平均点制の矛盾を追及する意味で平均点

を通知表につけることをやめ、かつまた、通知表を我々自身に手渡すよう学校側に求める。

　　　　（高2の3「平均点制に関する高2－3クラス決議」、1969/11/13）

　3クラスの決議はほぼ同じ内容である。上記の決議文を記したビラには、決議の「理由」が書かれている。その論旨をひとつひとつ見てみよう。

　まず、中間試験後、「ある先生」から成績の不振は生徒の怠慢・不熱心が原因と言われ、あるいは、「試験制度への問いかけと結びつけ」「試験などやめられない」と言われたことをあげている。それに対し、「数学のテストに於いて平均点が 100（点）満点中 37 点というのは成績の不振と単純に言えるのだろうか」と疑問を投げかける。そしてさらに、「成績の悪い奴には試験制度を云云する権利などない」という教師の言葉に対しても、「この試験制度の最大の犠牲者はまさに成績不振者なのである」と堂々と反論している。

　この反論はオピニオンリーダーとなった高執委の人によって書かれたが、こういった反論がはっきりと表面に登場して来た背景には書いた人間の個人的特性よりも、「試験制度」に関してクラスタイムで話し合われ、一致点が見出された状況によるところが大きいと思われる。すなわち、このビラの最初の方に、「51 名 全員」と自ら傍点を振って書いている、そうした支えがあってのことと見る

第1部

第2部

第3部

第4部

第5部

第6部

べきであろう。また、この「51 名全員」というのはそれまでの教師とは一対一では話せないという生徒の自信のなさを振り払ってくれたのである。

次に、このビラは 11 月 15 日に予定されている父兄会に触れている。

そこでは「まるで僕らにわたすと破り棄てられるとでも思っているように」と精一杯皮肉を言って、父兄会で父兄に通知表が渡されることに不満を述べている。そして続いて次のように平均点の無意味さ、「平均点制の矛盾」を追及している。

> ・・・通知表には平均点という得体のしれないものがついている。数学と体育を平均することに何の意味があるのだろう。それどころかゲタばきの「平均点」、何とかみられるように外面をとりつくろった「平均点」というのがついているのだ。
>
> （同上「平均点制に関する高2−3クラス決議」）

ここに書かれていることは、平均点制を改めて考えてみればすぐ気付くことであった。特に数学と体育は、平均点の無意味さを言うときの代表的な例として、この時期はもとよりこれ以後もよく使われた。なぜなら、この問いに答えられる人は生徒はもちろん、教師でさえもいなかったからである。生徒は改めて平均点制を見直してみると、よくこんなおかしなものが続いていたものだ、という感じがしたことだろう。数学と体育の例は矛盾を追及するうえで実に有効な問いかけであった。

そしてこのビラは最後に「我々は試験制度の改革への方向性をもった形でこのクラス決議をした」と結んでいる。

こうした流れのなかで、最初のクラスタイムが一番早く終わった高2の2でも、12 日ないしは13 日にクラス決議が行われ、15 日の土曜日に開催される父兄会に向けて有志の名でビラが作られている。

> 我々は要求する！
> 我々H2-2 は「数 b テスト白紙撤回」「今回は平均点をつけるな」という 2 項目の要求を、46:2、46：0（出席 49）で可決した。

75

　しかし 11、12 における校長との会談後の数学主任篠崎氏の「翌日からの会談」という確約は 11／13 に当事者 2 人（西口、山浦両氏）が「研究日」という名目で学校に全くその姿を見せなかったためにうやむやになってしまった。
　これが誠意ある態度と言えるのか！？

　我々が極めて正当な手続きをとったのにかかわらず、数学科はそれを無視したのだ。このような欺瞞に満ちた態度をとる数学科＝学校側に対して我々は上記二項目の要求（クラス決議による）に加えて
　　　父兄会順延!!
　　　徹底討論!!
を要求する！
　この問題はすでに単なる「点取り闘争」の次元を越えているのだ。
　H2-2 クラス諸君は特にそれを認識してこれからの運動を進めなければならない!!
　（高 2 の 2 有志「我々は要求する！」、1969/11/14）

　決議内容のうち、「今回は平均点をつけるな」については 12 日に行われた前述の他クラスの決議の影響も少なからずあったと思われるが、「数 b テスト白紙撤回」が加わっていることが特徴的である。またこのビラは 12 日のクラスタイム・校長室への行動の盛り上がりの延長と考えられる。すなわち決議は、「翌日からの会談という確約」が「うやむやになってしまった」ことへの不満の表現でもあった。
　こうした 2 組の数 b テストにこだわる姿勢は他の組からの点数に執着しているといった批判や冷淡な視線があり、2 組の生徒もそれは分かっていた。しかし、2 組の生徒にしてみれば、高 2 全体で関心の高まりつつあった定期試験・平均点制の問題のなかで、点に縛られている自分を身近な問題で具体的に発見することであり、「点取り闘争の次元を越える」という言葉も 2 組の内側から出てきている。
　生活を見返すことによって、彼らは人に対しても、また制度に対しても、従来の関与しないというカラを破っていけた。もちろんすべての生徒が口を開きだしたわけではない。しかしいまだに口を開かない人たちも、一応話を聴いてみよう

というように、それらの新しい動きを受け入れていった。クラス決議、署名のどちらも顔をつき合わせてクラス単位で行なわれた。そのことは、クラスの人間が話し合い、あるいは耳を傾ける場が確立される可能性を示していた。高 2 の 1、6 組の署名、3，4，5 組のクラス決議（父兄会に向けて平均点不記入、通知表本人渡し）、2 組のクラス決議（数 b テスト白紙撤回、平均点不記入）という具体的な要求をもって、父兄会を迎えることになった。

6．父兄会開催：現状批判の論点

　父兄会は予定した 11 月 15 日土曜日に開かれた。それまでの各学期の父兄会とは二つの点で違っていた。ひとつは、父兄会当日が臨時休校となったこと、もうひとつは、成績表に平均点が記入されなかったことである。平均点不記入の理由は、化学のテスト採点の遅れと複数の教師による数学 b の授業で同一テストの点数に開きが出たためと説明された。すなわち、生徒が提起した平均点制そのものの不合理性の問題提起に応えたものではないが、一方で生徒要求にある成績表の生徒への手渡しは希望者には実施するとしていて、今回生徒の要求があったために取られた処置であることは明らかである。

　それまでの父兄会は土曜日の午後に行われ、保護者（多くは母親）が出席していた。当時の土曜日は通常午前中のみ 4 時限の授業があるが、その 4 時限の授業がそれぞれ 10 分短縮され 11 時過ぎには授業終了となるようにしていた。その早く終わった時間を教室清掃にあてるようになっていて、掃除当番はいつもより丁寧に清掃するように教師から言われ、当番の人数もふやされた。そして午後 1 時ごろからが父兄会が始まるというのがいつもの姿であったが、今回は臨時休校となった。どうして学校側が休校とした理由は説明されていないが、なにか"騒ぎ"が起こることを危惧したのかもしれない。

1）生徒たちの意志表示：「父兄の皆さん!!」

　生徒は父兄会の当日の授業が 10 分間だけ短くなることでさえ喜んでいたぐらいだから、一日休みになったことを非常に喜んだ。多くの生徒は、通知表への平均点不記入という成果とは別次元で、学校に行かなくて連休になったことを純粋に喜んだ。一方で、学校の臨時休校の処置を父兄会"強化"と受け取って反発した人たちもいた。

　高執委、新聞委を中心とした約 20 名が父兄会当日、学校に集まった。彼らは生徒がこれだけ要求などを出しているのに、父兄会が予定通り行われるのが納得いかなかった。とはいっても、父兄会を阻止するつもりなどは毛頭なく、結果的に予定通り行われるのは分かっていた。けれども、改革をめざして主体的であらねばならない彼らにとって"父兄会強行"をそのまま見過ごすことはできなかった。その意志表示と、父兄との間の討論への期待を含みつつ「父兄の皆さん!!」というビラを当日父兄（保護者）ひとりひとりに配布した。

　このビラはワラ半紙 1 枚にかなり小さな字が書きつめられている。冒頭にこの父兄会以前に生徒たちの間で「試験制、点数制、授業内容ひいては教育そのものに対する不信・懐疑・不満がまきおこって」いることに触れ、「父兄の方も我々が問題にしている事を自分自身の問題としてぜひ考えていただきたいと思います」として本文に入っていく。

2）現状批判の論点

　本文の内容は大きく二つに分かれ、最初の論点は具体的な制度上の問題点として、自ら番号を付して「(1)優等制による差別」「(2)平均点制は何を意味するか」について説明している。次いで、二つ目の論点はそれらの制度上の問題点が「本来の教育」を妨げていると現在行われている教育の問題点に触れている。前者は 11 月初旬からこの父兄会までに生徒間で議論され学校側に伝えてきた内容を整理したものである。また後者の「本来の教育」はその後の運動のなかで現状を否定する議論の展開の仕方として主流となっていた言い方であった。以下の項でそれぞれの論点を以下整理してみよう。

　最初の論点は 11 月初旬以来生徒たちが、クラスタイムなどで議論し、クラスの決議と言う形で学校側に示してきた内容である。その結果として、父兄会で配られる通知表は平均点不記入というこれまでと違う形をもたらしたわけであるが、父兄会でビラを配った人たちは、学校側から父兄に生徒の考え方がちゃんと伝えられるかどうか疑問に思っていた。そのためか、このビラでは"差別"とか"犯罪的"など強い言葉を使って学校側の体質を批判している。

　このビラによれば、「優等制による差別」とは、麻布に「"平均点 85 点以上を優等とみなす"という制度があり、しかも与えられる賞状には"人物学業共に優秀なる事を賞す"という文句がうたわれて」いること。平均点 85 点以上という優等資格は「学業成績」であって麻布の場合試験の点数である。人格とは無関係であ

るにもかかわらず、その点数によって、"人物学業共に優秀"は不合理であり、そしてそれを「生徒側から幾たびかの抗議がでているにもかかわらず」学校側は改めようとしないと批判している。また、平均点制に関しては、それが差別を生む優等制の「存在基盤」であると言い、そして平均点それ自体の無意味さについても、「平均点が 70 点とつく場合も体育 95 点数学 45 点とつく場合と逆に体育 45 点数学 95 点とつく場合と単に見せかけは同じでも内容は何の関連性も持たないということが端的に示していると思います」とこれまでよく使われた例で説明している。

さらに、「この平均点を上げる為に我々のなかには血眼になってガリ勉をしたり全くきたない手段であるカンニングをしている生徒〔またはさせられている〕が実に多い」と平均点制が「人格形成を妨げ学園内を実に殺伐とさせ」ていると指摘する。

このビラに出てくる現行制度に対する批判は方法論として二つある。ひとつは「人物学業共」という字句の不適当、制度の無意味さなど不合理をつくもの。そして他方は「人格形成を妨げ」「殺伐」など非教育的状況を暴露することである。このビラでは平均点がカンニングの元凶、すなわち不合理なものが非教育的状況を作り出しているように書いてあるが、その二つが本当に関連しているのかどうか、例えば平均点制がなくなればカンニングなくなるのかということはきちっと考えられているわけではない。ともかく現状は"本来あるべき姿からかけ離れているはずだ"ということを言いたいのである。それはこのビラのもうひとつの論点にもはっきり出ている。

3）「本来の教育」という言説

前章で見たように、現行の制度に対する批判の裏には現状を「本来の姿」に改革するという考え方が改革のスタート時点ですでにあったと思われる。ただし、「本来の教育」という言い方が最初に登場してくるのは、この「父兄の皆さん!!」のビラであり、以下のような形で使われている。

> 現在一部に本来の教育を差し置いて有名大学有名企業へと他人を押しのけても入れようとする教師もいます。そしてそれに呼応する生徒も実に多いのです。
> （高執委・新聞委「父兄の皆さん!!」、1969/11/15）

　さらに、このことが生徒たちのなかの「純粋に又自主的に勉強したいと思って
きている者は少」なく「将来の楽な生活を確立するための単なる手段」として勉
強をとらえる者が多いという傾向を作り出していると述べている。こうした現状
は本来あるべき姿ではないという論法で、個々の制度を批判する拠り所としてい
る。

　こうした論法は現状を批判する拠り所であるのだけれども、この「本来の教育」
それ自体は具体的な価値体系として語られず、現状の反対概念としての抽象的に
イメージされているものであった。つまり、生徒たちは、現状は批判されるべき
ものとして捉えていて、それと同時に反対概念は、"不合理あるいは非教育的な
現状とは違った状態"であるから合理的あるいは教育的だという仮の像となる。
父兄たちに配られたビラで使われた「本来の教育」という言葉はその仮の像の総
体として、それ以降よく使われることになった。特に現状の批判原理としての機
能を持つことになった。

　具体性がなくても誰も否定することのできない一般論は便利であった。この後、
「本来の～」もしくは「真の～」という言葉は現状を批判する時に頻繁に使われ
るようになっていく。他方で、自分の周りを見返してみるという視点からすると、
理想を意味する「本来の～」「真の～」という言葉は、自分の感覚から離れて行
く危険性も持っていた。　その状態を自分は経験したことはなかったわけである
から、致し方ないのかもしれないが、「～の生徒が実に多い」といった表現はこ
のビラを書いた本人の立場を曖昧にしている。また批判から先へ進もうとすると、
この「本来の教育」の内容を埋めていく作業にせまられ、そしてその難しさを痛
感することになる。

第1部
第2部
第3部
第4部
第5部
第6部

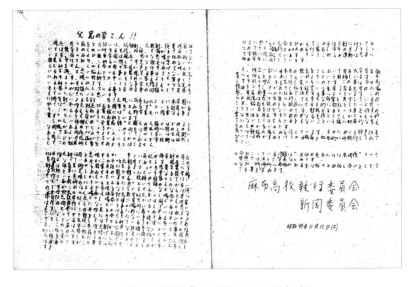

高執委・新聞委「父兄の皆さん!!」1969/11/15

第 3 章：父兄会後の議論の展開
― 主体性と「本来の教育」 ―

今回の父兄会は、平均点不記入という要求を出した生徒、不記入という対応をした教師（学校側）という点からすれば大きな変化があった。他方でそれは、生徒が自身の試験や「点数」へのこだわりを認めることでもあった。では、どのようにすれば、その呪縛を乗りこえ、主体的な自分・授業・教育が具体的に実現できるのだろうか。クラスでは決議という形での改革への意思表示が行われ、11 月 28 日に高執委は「麻布教育に関する改革案」を提出した。この章では、11 月 3 〜 4 週のクラスやビラでの議論の進展を追跡する。

1．父兄会後の日常

父兄会が終わってしまうと、平均点制を問題にしていった生徒たちの運動のエネルギーもひとつの区切りを迎えた。父兄会当日に高執委とともにビラを配った新聞委員会は、17 日に「教育問題討論資料 1　都立大付高・上野高に於ける改革」と題する 14 頁の小冊子を印刷・配付している（配付数不明、12/11 に簡略版「都立大付高における改革」を再配付）。定期試験の廃止や評価制度の見直し、あるいは自主ゼミなど授業の具体的な改革が進められている両校を取材し、プリントやビラなどを抜粋したものである。（定期試験廃止は、東京の 10 校前後の高校で生徒の要求項目となっていた。）

他方、父兄会でビラを配った以外の生徒たちにとっては、父兄会は当日が休みになった、連休になったという以外の何物でもなかった。授業を毎日受けている身からすれば、父兄会は日常感覚の領域の外にあった。父兄会というのはそれ以上のものではなく、その直後のクラス日誌にはほとんど記載は見られない。わずかに高 2 の 3 で、平均点をつけないという学校の決定に従わず別に平均点を計算し父兄に知らせた担任教師の行為に対して「金ちゃん弾劾集会」なる大げさな表現で項目だけが書かれていた。（「金ちゃん」は担任教師のあだ名）

11 月 17 日の月曜からは、生徒たちは普通に授業を受けていった。通常、父兄会後という時期は、もっとものんびりした時期である。中間試験の答案・点数を気にすることも父兄会を最後とし、次の試験、つまりこの場合、期末試験もまだ 3 週間ほど先であるから生徒の習慣からすればまだ遠いところにある。だからあ

と 10 日や二週間は遊んでいられた。また、クラブ活動も試験前・試験中の活動停止から解放され、かなり軌道に乗りかかってくる頃でもあり、特に運動部は秋の試合シーズンの最後に入っているものも多くいつになく活発な頃である。であるからこの時期の生徒たちは通常であれば麻布式サイクルの日常生活を忠実に履行し、そのなかの一番のんびりした時期を送っていたはずである。

父兄会後のクラス日誌からは毎日授業が進められている様子がうかがえる。それでは、毎日の生活に何の影響ももたらすことはなかったのだろうか。いやそうではない。父兄会以後にも二三日おきぐらいに何らかの形で話がされるという運動形態は継承されていた。

父兄会後の 1 週間、11 月 17 日〜22 日の高 2 の 2 のクラス日誌には毎日の授業の様子や勝手気ままな自由記述とともに、以下のような記述が出てくる。

11.17　MON　雨　佐卜訪米の日

［授業内容概略と "☆11.17　佐卜訪米実力阻止失敗" と題して 1 頁半の記述あり］

☆今週（11 月第 3 週）のスローガン

・平均点制廃止

・試験制度の改革

・安保粉砕、沖縄奪還

・佐卜抹殺

・世界より共産主義抹殺　　　（後略）

11 月 18 日　火曜

1　　　数 a（大沢氏）試験解答、最大公約数　40 ホーン

2　　　英作（山之内氏）学校、平均点制について、数学の点の問題に関して 20 ホーン

3　　　体育（浦田氏）バレーボール、サッカー　35 ホーン　　　（後略）

11 月 22 日　土曜

4 時限目　英訳（深木）「Forgetting」

臨時クラスタイム「数 B について」

> 今日からスチームが入った　［この後に2組が他の組に提案した数bに関する決議案（後述）の各組の投票結果が書かれていてそのことが上記の臨時クラスタイムで話し合われたと思われる］
>
> 　（高2の2「クラス日誌」、1969/11/17、18、22）

　このように日常としては授業が続いているが、クラスタイムがあれば引き続き話がされた。11月17日には当時の“流行り”と思われる政治的スローガンの記述とともに、父兄会までの話し合われた内容が、翌18日は授業を変更して話し合いが行われたように見られる。また22日には臨時クラスタイムが行われている。機会を作って話し合うという新しい癖がついたように、新しい日常が受けつがれていった。

　この時期の話は大きく二つの流れがある、ひとつは上に引用した高2の2の提起する数bの点数の問題、もうひとつは父兄会のビラに出てきていた「本来の教育」に関することである。

２．数b問題の発展：「点取り闘争」からの脱却と連帯

　2組は、父兄会前の13日に「数bテスト白紙撤回」「今回は平均点をつけるな」という2項目の要求をクラス決議している。父兄会前には有志名で「父兄会順延!!　徹底討論!!」を要求、「点取り闘争」の次元を越えているのだと表明していた。

　父兄会後に2組は他の組に同様の決議を要請した。結果として、数bに関して同じ立場にあった1組を除いて、他の組の生徒たちからは2組の主張、特に“テストの撤回、回収”は賛成をうるには至らなかった。

　結果は11月22日付の高2の2クラス日誌に書かれている。土曜日であるが、4時限目の後に、臨時クラスタイム「数bについて」が開かれ、他のクラスの決議に対する結果が話された。そこでの議論は細かく書かれていないが、3組と4組の結果の所の横に、「平均点制を一緒にして問題提起せよとのこと（数学科を通して平均点制をのべても効果は期待できない。）」と書いてあり、他クラスから意見を聞いてそれをクラス内で話題にしていたことは確かである。

　他クラスの反応は2組にとっては残念であったかもしれないが、そもそもこうした自分のクラスの決議を他のクラスに働きかけることが新たなことであり、働きかけられた各クラスは、討論や票決を行い、多数の生徒が真摯に対応してい

る姿が浮かんでくる。2 組の方も他のクラスの否定的反応に反発するということ
ではなく、4 組の結果の所に矢印で繋げて「説明不足だったかもしれない」と書
いてある。少なくともこの時の高 2 の各クラスはそれぞれ他のクラスの動きに
対して関心をもっていたことは明らかである。

（他クラスの採決の結果）

1 組	白紙		24	
	回収	1 組〜2 組	1	
		3 組〜6 組	14	
	そのまま		3	
	再試験		1	43
3 組	棄権			
4 組	否決（賛成 0）	説明不足だったかもしれない。		
5 組	賛		9	
	反		8	
	棄権		10	27
6 組	賛		13	
	反		20	33

（高 2 の 2「クラス日誌」、1969/11/22）

　高 2 の 3 は 2 組の要請に対して「棄権」とし、独自の決議を出している。決議
はまず、「問題は単に H2 の 2 自体の問題ではなく、全学年に共通する一大問題」
とし、「平均点制ひいては試験制度に対する抜本的改革の一環として把握対処す
べき」と述べている。「棄権」としたのは H2 の 2 の提起を「点取り闘争」と単
純に揶揄、批判するのではなく、次の 2 点の問題提起を含んでいると積極的に理
解し、「根本的改革」への運動の発展を呼びかける。

　1．教師がそれぞれの教え方をしているのに対し、なぜテストが一本でなけ
ればならないのか。
　2．教師の採点の差があらわれるのは当然であるが、それをどうして一本化
しなければならないのか。

　我々はこの（数 b の）問題を単に今回のテストをどう扱うかというにとどめず、これによっても明らかになったテスト制、平均点制の矛盾を認識しつつこの問題がさらに根源的な段階で解決されなければならないと考える。

この点に於いて 2 組の根本的な方向とまったく一致する。しかし我々は"テストを撤回する"という要求が点数に価値を置いたうえでの要求であると誤解されることを恐れ、再採点または撤回という選択そのものを拒否した上に、テスト制度の根本的改革という視点からこの問題が解決されなければならないと考え、テスト制度改革の運動をさらに発展させ進めていくことを決議する。

（高 2 の 3「数 b テストに関する H 2 - 3 クラス決議」、1969/11/20）

　この「2 組の根本的な方向」とは「点取り闘争を越えているのだ」（前掲 11/14 高 2 の 2 有志ビラ）という言葉を指しているのだろう。前に述べた様に、14 日の時点で点取り闘争を越えていたか否かは疑わしいが、そうした意志の表明ではあった。ここに挙げた 3 組の決議はその意志をうけつぎ、点取り闘争をはっきり否定しようとしている。この自分の意志を大切にするという気持が 11 月以来生徒たちのなかに一貫していたものではなかったろうか。この気持こそが数 b の問題や父兄会に関心を高めていく要素となり、そしてさらに父兄会後にも問題が継承され、生徒の多数が同じ方向を向いていった所以ではないだろうか。

3.「本来の教育」論の進展

　父兄会後の一週間（11/17〜11/22）に各クラスは 1 回から 3 回クラスタイムを開いている。そこで話されたことは、ひとつは 2 組からの問題提起による数 b に関することであり、もうひとつはそれと関連する平均点制・定期試験制の矛盾をつくことである。平均点制・定期試験制の矛盾はこの頃になるとだいたい言い尽くされ、だれかが発言する前にすでにその内容は大体見当がつくようになっていた。平均点制や定期試験制に対し生徒の間に共通の認識が生まれたと言ってもいいだろう。しかしその共通の認識は、同時に話の内容が同じことの繰り返しに

なることが多かったということでもある。従って、いくつかのクラスではクラスタイムで"しらけ"が支配するようになってきたり、活発に見えたクラスでもしゃべる人がいない訳ではないというだけの場合だったりであった。

　そうした状況のなか、11 月以来の生徒の運動をさらに進めようとする者は、何とかこの状態からぬけださなくてはならなかった。高執委のメンバーであった山上は高執委のメンバーでない人の高２の３クラスタイムでの発言、「もうみんなだいたい認識できたのだから実際の活動に」を当時の日記に書きとめ、「そうかもしれない」という自分のコメントを書いている。（山上日記、1969/11/21）

　クラスでの話題は文句を言ったり批判したりということから何をどう変えるかという段階に移って行かねばならなかった。そうしなければ、クラスではこれ以上話が進まなかった。

　クラスの雰囲気を反映してか、何をどう変えるかという問題を、クラスとは別に授対委がはやくも 18 日にとり上げている。この週だけでも 20 日と 22 日と合わせて計３回開かれ、運動の方向性について話し合われている。その内容は、父兄会の時に配られたビラに書かれていた「本来の教育」の中味を考えていくことであった。21 日には、「授対委討論資料　個人的意見の発表」のビラを配布している。授対委の議論を見てみよう。

　1969.11.17　H2−1　安井

　私は前々から「真の教育」というものに対する漠然とした考えをもっていた。これをひとつの具体的な体系化された形で表現することはできないが、現在の定期試験制度に見られる弊害を改めていくことによって一歩一歩理想に近づいていくものであり、またこの様な改革はこの先もずっと行っていかなければならないものであると思う。（中略）

　入学試験などのきびしい現実を考えると麻布高校が現在の様な状態になるのも止むおえない、・・・改革なんぞは甘ったるい理想主義でしかないという声も聞かれるが、我々は常に「上」をめざさねばならないと思う。・・・生徒全員が自らの問題としてとらえ、優等制、平均点制、定期試験制を廃止して教育を本来の形に戻そうではありませんか。

　（授対委「討論資料　個人的意見の発表　No.2 」、1969/11/17）

　最初に、現実の教育に対する不満を媒介として、現実とは違った良き状態を設定する。それは“漠然”と自分自身が言っているように一種のあこがれのようなもの、あるはずのものと考えたのであった。次に、その良き状態ではどういう教育が行われているべきかを、山上は以下のように展開していく。

　　H2－3　山上
　　主体的な授業を！
　　（前略）
　　“教育に何を求めるか”
　　これはきわめて大きな問題であるが、あえてまとめると次の2つにまとまると思う。
　　　a．社会に必要な知識（教養）を身につける。
　　　b．我々の人間形成を図る（主体的な思考を通して人間性を昂揚させる）
　　これらのことは、極めて当り前の事であって、根本的には認めてもらえると思うが、
（b）について少し説明すると、我々は勉強によって“知識”を獲るだけでなく、主体的に考える事によって哲学的思考、数学的思考、科学的思考を養い、“考える人”として人間性を高めるという事である。
　　（授対委「討論資料　個人的意見の発表　№3」、1969/11/21）

　こうした“人間性”の追求を教育のなかに求める姿勢は、改革案提示を模索していたこの時期以降の高執委内部討議資料などにも見出せる。こうして本来の教育の目的・意味が捉えられ、そこから導き出される本来の授業・評価が如何にあるべきかが論じられる。

　〔1〕教育　人間が生きるために必要なあらゆる知恵を習得すること
　〔2〕授業　上記の目的を達成する一手段であり、それがクラスを単位として行われるという限り、常に“君と僕”“僕と先生”の関係から保たれていなければならない。つまり、常にお互いの意見交流が行われなければならない。

第1部

第2部

第3部

第4部

第5部

第6部

　（「（高執委内部討議資料　授業・試験制改革案）」、1969/11/26 ころ、三島
作成）

　（授業は）先生が一方的に知識をおしつけてくるという形から、生徒が積極
的にとりくんでいかなければならない。
（授対委前掲「討論資料　No. 2 」）

　授業は本来の教育を「達成するための一手段」と位置づけ、さらに「人間らし
く生きる」ひとつの場所として人間関係の重要性を述べている。その場では、知
識の伝達だけではなく対話が必要であると考えている。
　また、評価に関しても以下のように授業と同様「一手段」と位置づけている。

　〔Ⅲ〕評価　〔Ⅰ〕［生きるための知恵を習得する教育］の目的を達成するため—即
ち各自が自分の理解度を知り、さらに自らの学問を向上させるために行な
う、また、教師が、自らの教育効果を知るためにもある。したがってこれは
社会における評価とは必然的に性格を異にする。
（前掲「（高執委内部討議資料）」）

　以上のように、教育の目的・意味、そしてその一手段として授業・評価を定義
しようと試みた。11 月以来の運動のなかでは、「本来の教育」という像を前面に
押出したということと同時に、教育における諸制度の本来の目的と手段の関係を
定義したことは大きな意味を持った。これによってその後の運動の方向付けがさ
れることになった。
　一方で、この定義だけではいざ何をどう変えるかとなるとなかなかいい考えが
浮んでこないという現実を、その後に経験することになる。それはこの定義は「本
来の○○」を語っており、基本的には良いものであって、誰も否定できないこと
であって受け入れやすい、生徒だけでなくおそらく教師にとっても受入れやすい
ということと関係していた。こうした議論の進め方を「本来論」と呼ぶことにし、
その功罪を次節で見ていくこととしたい。

89

4.「本来論」による高執委改革案

　何をどう変えるかということに関して、クラスではまさに暗中模索であった。前述の通り、その段階に進まなければ話が前に進まない状態も出てきていた。そんな中、週末の 28 日にひとつのクラスから具体的要求が出た。

> 　高 2 の 4 におけるクラス決議
> 　（学校側への要求）
> 　我々は真の教育が欲しい
> 　教育とは先生の個性を生かしていくものでなければならないと思う。
> 　しかし現状ではどうだろう。先生が違うのにテストや配点を全く同じにすることにどういう意義があるのだろうか。
> 　我々を真の高校教育から遠ざけている平均点制のため以外の何ものでもない。我々はここにおいて、真の教育を求める一段階として、先生が違う場合にテストを同じにすることを以後絶対にやめることを要求する。
> 　　（高執委「高 3 の生徒会における議席に関する規約（私案）、高 2 の 4 におけるクラス決議」、1969/11/28。このビラは、高執委「麻布教育に関する改革案」の裏面に書かれている）

　この決議の内容は数 a 数 b に関するクラス決議（高 2 の 3、11/20）が提起した問題点と合致する。両方とも平均点制を弊害としてあげているから内容的な変化はない。しかしそれが疑問点として提起されたのと、要求として出されたこと（高 2 の 4、11/28）との相違はどこから来るのだろうか。ひとつは内容に対しての自信であり、もうひとつは、前節"「本来の教育」論の進展"で述べたように、この時期は何をどう変えるかということが求められていた時期であり、その課題への答えとして具体的な形を求めるという意味があったためと思われる。考え方の基本は「真の教育」であり、現状の制度はそれとは違うものとなっているという立論である。その「真の教育」とは「先生の個性を生かしていくもの」と述べているが、まだ具体的な形を想定できているわけではない。

　この高 2 の 4 のクラス決議と同じ 28 日に高執委から、同日のクラスタイムにむけて、改革案が出された。冒頭に「我々執行委は、現行の麻布の教育（授業、試験制度）の根本的なあり方に疑問をもち、約一ヶ月の討論の末、次の基本姿勢でこの改革試案作成した」と表明し、5 項目の提案をしている。

第1部

第2部

第3部

第4部

第5部

第6部

まず、その「基本姿勢」を見てみよう。

> 　1．現行の麻布の授業は試験中心であり、又、試験制度も各人の能力をさらに伸ばすための評価ではなく、単に点数をつけるだけのものと化している。点数のための試験、試験のための授業を否定し、授業を授業として、試験を試験として、その本来的な意味で行なうべきである。
> 　2．現行の授業は単に教師から生徒への知識の一方的受け渡しとなって、生徒自身の主体的思考が多く無視されている。これを生徒の主体性・自発性を尊重した授業に改革する。これは単に生徒の発表授業やレポートを肯定し、教師が中心に進める授業を否定するものではなく、あくまでもその根底に生徒の主体的思考が存在しなければならないとの意味である。
> 　（高執委「麻布教育に関する改革案」、1969/11/28）

「主体性」「信用」といった書き入れから、この案をめぐって思案する様子がうかがえる。考え方の基本は試験、授業を「本来的な意味で行なうべき」として、現状は試験と点数が自己目的化し「本来の教育」に反していると現状を否定することから始めている。話の進め方は基本的に"本来論"ではあるが、「生徒の主体性・自主性を尊重」したものにすべきと、良きものものとしての"本来"の評価基準を示すなど進化している。そして以下の5項目を提案する。

> ①　　平均点制廃止
> ②　　定期テスト廃止　→　必要に応じたテスト
> ③　　評価　100点制廃止　→　多面的個別的評価
> ④　　実力テストの改革
> ⑤　　先生、生徒の協議機関の設置
> （同上「麻布教育に関する改革案」）

何をどのようにしたいかという視点で見てみると、①と③は点数に縛られている評価を改めて「多面的個別的評価」を目指し、②で点数を付けるための「定期テスト」を「必要に応じたテスト」に変える方向性を提案している。④の実力テストについてはこれまでクラスであまり論じられていなかったためか、問題点を提起するにとどめていると思われる。高2の4のクラス決議に比較すれば、具体

的項目の提案に一歩進めているが、「改革案」というほど現状に取って代わる形の具体化には至っていない。そのために、今後の検討の担い手として"先生、生徒の協議機関の設置"を提案したのであろう。この改革案の文書は、「①②⑤を高生協に提出し、各クラスは十分な討議を経て、結論を出して欲しい。その他のことについても十分討議をして欲しい」と結んでいる。

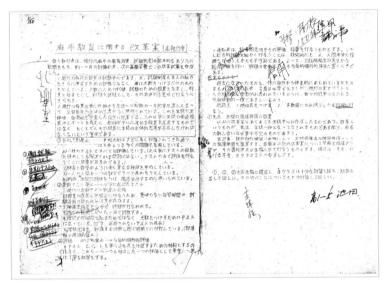

高執委「麻布教育に関する改革案」、1969/11/28　左側の「①何故試験をするのか②定期テストの必要③教師がちがうのに何故同じテストをするのか」という書き込みは、各教師に向けた質問事項であった。

5．高 2 以外の動き

これまで高執委と高 2 の動きを中心に見てきたが、父兄会開催日の臨時休校や平均点不記入などは他の学年にも適用されたので、同じ変化が起きていたことになる。他の学年の 11 月以降の反応を少し見てみよう。

1）高 1 での議論

高 1 の 5 のクラス日誌が資料として残っている。父兄会直前の 1969 年 11 月 13 日に以下の記述がある。

11月13日（木）　はれ　先勝　日直　S、Y

7．ホームルーム　クリ［注：高1の5の担任栗坪教諭］

内容　自主的自由参加？

記・・・容［この日の記述した生徒が自分を称して書いている］

先生：個々人が自由である。全体のまとまり。みんなで話そう。不完全なクラスタイムしかできない。

A：個人のいろいろな考え。一しょにはなりえない。人の意見をきこう。とうろん会をやろう。　←大事

C：きいているだけでためになる。（トウロン会）

B：少ない人数で話しあう方がいい。

D：近藤といっしょ。？

A：異質な意見をいいあおう。　・・中略・・

B：テスト制のかいかくを話そう。

E：授業に対する問題もある。　←こっちを先にすべきだ

K：文化祭のことを考えよう。　　・・中略・・

全体：授業に対することにしよう。　・・中略・・

F：ぼくらの必然せいを考えよう（もちろん授業にかんして）・・中略・・

H：先生と生徒の断絶？　←授業への不満

容：断絶？は生徒の方からうめなくては。生徒からはなそうとしているのをこばむ先生はいない。

容の心：キクチバラとゴトウがいないな。古文へ行ったのかな？

クリ：君たちの授業に対する不満を言え！　・・中略・・

容：テスト問題わざとむずかしく作っている。←先生がおとすために作っている。

E：ノートをとるだけの授業みたいだ。

D：自主性がない！　だせいでさわいでる。　←容：まさしくそのとおり。

先生：根本の意見と同じことを学校も考えている。

G：自分をよく見失ってしまう。

容：先生は物理数学も大事であったと言う。いがいだ！・・・先生はほんとに先生なのかな。友だちみたいだな。

（高1の5「クラス日誌」、1969/11/13）

　高 1 の生徒たちも高校生協の構成員であり、ビラなどを通じてクラス討論を求めていたが、直接的な働きかけがされたのかどうかは不明であるが、上記のような授業や試験、それに関連して大学に行く目的などについて話し合いが定例のクラスタイムで行われていた。この日誌にはクラスタイムは 1 時限以上続いて、少なくとも発言者として 16 人の生徒の名前・発言が 5 頁半にわたって書かれている。1 クラス 50 人であるから、1/3 近い人が発言をしていることになる。この日のクラスタイムは臨時のものであったが、翌日の定例 CT でも議論が行われたが、21 日は開催の記事がない。

　11 月 28 日の日誌には同日昼に出された高執委の改革案に対する討議の結果が書いてある。

> クラスタイム
> ・スポーツ大会：可決
> ・仏教伝道会、サッカー同好会、空手同好会、音楽集団の各同好会を承認
> ・秋休み：否決
> ・文化祭実行委員会のメンバー紹介
> 　　写真部を退部させられた○○も入っている。
> ・高 3 にも議決を：　オレ反対　クラス 28/47 で可決
> ・先生・生徒の協議機関の設置　オレ賛成　クラス 10/47 で否決
> ・平均点制廃止：　オレ賛成　（注：クラスの議決結果は書いていない）
> ・クラス展示：　オレ反対　13/47 の人賛成
> （高 1 の 5「クラス日誌」、1969/11/28）

　高執委の改革案には当日すぐに反応して一部採決をしているが、クラスタイムで行われた 8 項目の採決のうちの 2 項目であり、日誌を書いている日直の生徒の性格・関心にもよるが、あまり大きな議論があったようには思えない。11 月 13 日のクラスタイムは、担任教員の参加によって盛り上がっただけだったのだろうか。28 日は協議会設置案は大差で否決されている。11 月 13 日以降この 28 日までの日誌には平均点や試験授業制度に関する不満や改革などについての記述はない。高 2 のクラス日誌の色々な記述とは温度差がある。

2）高 3 の反応

　高 3 に関しては、それまで設けられていなかった高生協の議席（議決権）を持つべきとの改正案が出ていた。高 3 になるとクラブ活動を引退するのが一般的と思われており、さらに高生協の議席をもっていないという状態に疑問が出ていたのである。高 3 では有志による政治活動に関する職員会議への公開質問状回答（11 月 6 日）などに関しての集会が複数回開かれていて、そのことに関するビラなども配られていたが、それらについて高 2 や高 1 などではあまり反応は見られない。授業改革に関しては、「H3 − 2、H3 − 3、H3 − 6 有志」の名で「試験制度を拒否できるか！」と題したビラが出されている。「1969.11」とあり日付はわからないものの、冒頭に「僕たち H3 はあと 4 か月余でこの学校と別れを告げようとしている」とあり、内容的にも 11 月下旬に出されたものと思われる。一部を引用してみよう。

> 　僕達 H3 は全くばらばらである。授業をサボってもかまわないしきっさてんでタバコを吸ってたり、あるいは受験勉強に○○○んしたり・・・学校に来る事は少なくともぼくにとっては面白くはない。できる事なら来たくない。H3 の授業は殆どきく気がおこらないんだ。問題演習（現国までが）中心の授業なんか聞きたくない。僕（達）は麻布の授業にそんな受験向け教育を期待しない。むしろ拒否。　・・・中略・・・　僕は中間試験（H3　2学期の）を受けなかった。サボった。もううけたくなかった。H3 にもなって M1 の時と同じように丸覚えしそれを忘れないうちに答案用紙にかく事にはがまんがならなかった[判読不明]試験終わってから受けた僕の友達が「試験を受けなくても何にもならなかったけど、うけても何にもならなかった」と僕に言った。
> 　（H3 − 2、H3 − 3、H3 − 6 有志「試験制度を拒否できるか？」、1969/11）

　その時の状況、高 3 である自分の状況をこのように率直にまず述べて、次のように高 2 の問題提起に対して意見を続けている。

> 　H2 の諸君が平均点制の廃止という問題ていきを打ちだしてきた。ぼくは、これは現行の麻布の試験制度さらには教育に対する不満の明確化の第一歩であると思う。

> 　　H3 である僕達　麻布の教育いわば破め
> つ的状況の中にいる僕達 H3 がその事に対
> してさらに問題をふかくほりさげて提起し
> うる立場にある事は 6 年間うけてきたとい
> う点からいって明らかである。
> 　　・・・中略・・・
> 　　僕らは教師を含めて高 3 に限らず麻布生
> 全体でこの問題を話しあっていこうではな
> いか
> 　　以上
> 　　H3−2、H3−3、H3−6 有志
> 　　　　（同上「試験制度を拒否できるか？」）

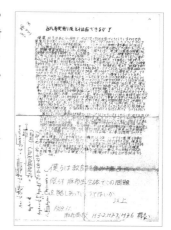

　この H3 有志の関心と考えがどの程度高 3 全体の状態を表しているのかはわからない。また、この率直に「受験向けの教育」という実態を明らかにした発言が、高 2 にどれだけの影響をもたらしたのかも不明である。ただ、11 月に高 2 から提起された諸点は高 2 だけに留まらず高 1 や高 3 にも伝わっているということは確かなようである。他方で高 2 ほどの関心や行動の広がりが見られないのは、高 1 はクラブ活動などの日常があり、高 3 は受験勉強という日常があり、自己や麻布を振り返る狭間にあった高 2 との状況の違いが関係していたのかもしれない。

第 4 章：1969 年 11 月の意味
― 日常を捉え直そうとした生徒たち ―

第 2 部では、1969 年 11 月に開始された高執委の試験制度についての問題提起や行動が、生徒にどのように受け止められ、どのように運動の拡がりを見せてきたのか、11 月末まで時系列で見てきた。この章では、最初の 1 ヶ月の生徒の議論と行動の特徴を探ることで、12 月以降あるいは授業改革運動全体の課題を示したい

1．思い返し作業

　11 月 5 日に運動が始まった大きな理由のひとつは試験と試験とにはさまれた時期であったことが大きく関係していた。特に高 2 の 11 月というのは文化祭、運動会などの大きな行事の活動主体からは離れ、クラブ活動からの引退も始まる時期である。一方で受験はまだ 1 年以上先など麻布高校の生活のなかでもっとものんびりした時期であったのかもしれない。さらにそのなかで父兄会後は、前の試験の答案・点数を気にすることも父兄会で終わり、次の期末試験はまだ３週間ほど先となるので生徒の習慣からすれば期末試験はまだ遠いところにある。定期試験が作る生徒の生活リズムからすれば、「試験に一番遠い狭間」の時期であった。

　高執委の人たちが提起した改革運動の基礎となった考え方は"日常生活が試験制度に圧迫されている"という問題意識である。試験制度を批判することが目的なのか、良い日常生活を求めることが目的なのか優先順位はわからないが、いずれにしても、"日常の自分たちの生活を見直してみる"という考察が背景にあったことは間違いない。高執委内部での議論やクラスでの討論でも自分たちの日常についての話がたくさん出てくる。それは日常を見直す作業――少なくとも数年間続いていた麻布の生活を思い返すことであったはずである。

　ところが、生徒たちが今までしてきたことをふり返ろうとしたとき、はたして何が思い浮かべられるのであろうか。彼らにとって麻布で何かこれを「やってきた」とか、「やっている」といった継続して熱中したという実感のある生徒はどれだけいたのであろうか。ある人はクラブ活動をあげるかもしれない。しかしそれとても割合から言えばそんなに大きな時間を占めているわけではないし、また多くは高 2 の 2 学期で終了する。

　学校の生活のなかで時間的に一番長いものは間違いなく授業時間である。それは通常週単位で回っていくまさに日常生活である。授業を中心とした学校生活は、「つまんねえ」「わかんねえ」「ねむたい」という言葉に代表される。大体、生徒たちはそう感じていた。授業時間は過ぎるものであって、授業として時間を過ごすものではなかった。もし自分でその時間を何らかの形で使う、過ごすということになると、第１部で書かれた日常的な"おふざけ"や"騒ぎ"を起こして"過ぎる時間"を短くするか、全く別なこと、いわゆる内職をこっそりと、あるいは堂々とやって時間が過ぎるのを待つかであった。日常生活は授業時間を見るなら、1日に50分間を6〜7回忍耐しているわけで、「わかんねえ」「つまんねえ」「ねむたい」であり、まさに「倦怠と無為」である。

　それ以外に過去を思い返してみてもこれといってくっきり思い出すものもないのではないだろうか。そんななかで、生徒たちの経験する、確実に何回もやってくるものがある。年5回の定期試験と実力テストである。後者の試験も当然ながら点数をつけられ、各自に総合順位が告げられ、さらに総合点や科目別の上位者の名前が発表されるだけに気になるものであった。試験や点数をつけられるということによって、麻布の生活の数年間の流れに節目がつけられ一定のリズムを持たされていたことは事実である。生徒たちが麻布の生活を思い返す時に、節目たる試験にまず目が行くのは当然なのではないだろうか。少なくとも毎日授業を受けていたというイメージよりは印象が強かったと思われる。

　試験は定期的にやってくるものではあったが、日常的なものではない。日常的なものより非日常的なものの方が、欠陥・問題点に気づきやすいのかもしれない。とにかく試験のことを見直してみると、現行の定期試験制・平均点制は矛盾だらけであり、なぜそういう制度になっているのか、という説明を生徒たちは聞いたことがなかった。ただ"あるもの"として漫然とやっていたのである。過去を思い返し始めた生徒、すなわち自分は今まで何をやってきたのかということを気にかけ始めた生徒にとって、もはやそのような惰性は許されないのである。また、試験・点数を心地よいものとはほとんど思っていなかったから、好き嫌いのような気持に素直になれば、制度に対して発する疑問や批判は当然制度の変革への期待を含むことになる。ましてや、それらの欠陥・問題点が、「わかんねえ」「つまんねえ」「ねむたい」という倦怠と無為に支配された日常生活を圧迫しているとなればなおさらである。

第1部
第2部
第3部
第4部
第5部
第6部

　定期試験制・平均点制に対する問題提起は一週間余りで高 2 の生徒たちに広がっていった。問題意識の根源が圧迫された日常生活であるにも関わらず、最初に取り上げた問題は定期試験制・平均点制という非日常的なものであって問題にしやすかったと思われる。そもそも日常的なことは、問題が気づかれにくいという以上に自分が問題にすべきことの真っ只中にいたら、まず現在自分が何をしているかが問われてくるのでなかなか言い出すのは大変である。それに引き替え、日常を送っている自分を問題にすべき事柄の外にそのまま置いておけるような事柄の方がはるかに問題にしやすい。定期試験制・平均点制の話は多くの生徒が問題にしやすかったのではないだろうか。

　また 11 月という時期は、定期試験から一時的に解放され、かつまだ記憶の生々しい時期である。平均点制に関しても生徒たちが一番平均点を気にして、なんとか点数を上げようとするのは試験期間中である。試験が終わった 11 月は結局結果を待つだけで平均点を上げるために試験勉強などをしているのに比べればどうということはない。自分の行動自体がそう問われるわけではない。

　定期試験制・平均点制といった論点自体も、また 11 月という時期もこうした言いだし易さがあった。また問題提起に対して有力な反対意見もほとんどなかった。言われてみればとても良い制度とは思えない。そして話が繰りかえされるにつれて、生徒たちは定期試験制・平均点制は"問題だ"という意識をクラスタイムなどで共通に感じ取ることができるようになった。それは、自分ひとりだけが授業がわからない、試験のために勉強しているのではなかったのだ、という気づきである。クラスで生徒同士が直に話し合うことによって、学校生活の全体を思い返すことができたのである。

　ところが、11 月も半ばを過ぎると、批判していたものを具体的にどうするのか、日常生活を圧迫しない形にするにはどうしたらいいのか、どうあるべきなのかが問われることになる。批判することはできても、それがその批判したものに代わるものを作ることができるということとは当然別問題であり、その段階に入った時の難しさは生徒たちそれぞれの運動への関わりの濃度の変化となって表れてくる。高執委の改革案が出された 11 月 28 日以降、生徒たちは本格的にこれまでの日常生活と向き合うことが必要になってくる。

2．本来論の功罪

　11 月初め、運動開始時の具体的要求は"テスト制度の改革"であった。

99

　テスト制度が「日常生活を圧迫し」、さらに「試験が手段から目的と化し・・・授業で理解するという正常なあり方」が妨げられ「非人間的な状況」であるからだとした。圧迫された日常生活や正常なあり方というものの具体的内容はここでも、それまでも、語られてはいなかった。そうした状況を11月中旬の父兄会で配布されたビラ以降は、”「本来の教育」「真の教育」とは違うもの”と語るようになってきた。

　11月も第三週を過ぎる頃には、「本来の○○」という言い方、“本来論”は一般的になっていて、主流の論理でもあった。クラスタイムなどの場で何かしゃべりだす生徒は、多かれ少なかれ「本来論」を使って意見を言っていた・・“こんなのは、「本来の教育」ではない”と。しかし、11月末までは、「本来の教育」、「真の教育」とは抽象的一般的な定義にとどまり、具体的な内容や例は出てきていない。

　一般に「本来の○○」という言い方がされる時は大きく分けて二つある。ひとつは、“初めは（あるいは元は）そうであった”という場合。他は“そうであるべき”という当為を言う場合である。運動のなかで使われた「本来の教育」について、歴史的に麻布の教育がどうであったかを生徒たちは知る由もなかった。一方、一般に教育の原理と呼ばれるものが世の中にはあるので、「本来の教育」は後者の当為の意味で使われていたはずである。12月以降も折に触れてこの言葉は使われた。こうした話の進め方がこの運動のなかでどのように機能し、さらに一般的な主張として受け入れられたのかを以下三つの視点で整理してみよう。

　まず、最初の特徴は、現状の批判原理として機能した点。

　生徒たちは現在の学校の生活には多かれ少なかれ不満をもっていた。前に引用した高2の2のクラス日誌にもあるように“授業がわからない”と感じることも多かった。また、どうにも“授業はつまらない”とも感じていた。しかし、“わからない”や“つまらない”を教師たちや周りの大人に直接言って行くことは稀であった。おそらくそのように言えば、“耐えて、努力すべき”という反論になるのが判っていたからではないだろうか。1970年前後の日本社会では、「おもしろい」は娯楽・余暇の世界であり、仕事や勉学に「面白さ」を求める考え方は一般的ではなかった。勉強はまず“耐えて、努力すべきことが大事”という時代であった。それでも、これは何かがおかしいと考えた生徒たちは“つまらない”のは“現状の教育“があるべき姿になっていないからと言うことで、不満を批判へと形を変える

ことができた。父兄会のビラでは、「我々は勉強の楽しみを信じています」と書いている。

「本来の教育」の具体的像があったわけではないので、"現状"と"あるべき姿"の違いを明らかにできたわけではなかったが、「本来の教育」における目的や意味を考えた。その結果、授業・試験・評価という具体的な個々の制度の意味を"教育の目的を達成する一手段"として位置づけた。つまり本来の教育と個々の制度との本来の目的との関係を設定することによって、それらの諸制度がそれ自身だけでは個々に存在することができないと指摘する。もし試験などがそれ自体独立した位置にあり、独立の意味をもっていたとすると、それは試験などが自己目的化しているというように現状の制度を批判する。本来の教育の目的・意味は達成されていないと批判できることになる。

二つ目の特徴は生徒たちのなかに期待感を醸成したことである。

思い返し始めた生徒たちは、多かれ少なかれ不満を持っていた日常がこれまではずっと続いてきたことに改めて気が付いたことだろう。ところが、父兄会までの出来事、特に平均点を成績表に記入しないという一定の変化はその日常がひょっとしたら変わるかもと思わせるには十分な「成果」であった。こうした感覚を代弁し、期待の方向性を示す言葉が"本来の教育""真の教育"であった。この言葉が語られ始めた時、これらの言葉は多くの生徒に心地よい言葉として受け取られたと思われる。現実を改めていくことによって本来の教育に近づくという期待感があった。一方で、それは"根拠のない期待"であると懐疑的に受け取った生徒たちもいたと思われる。

三つ目の特徴は、第一の批判原理として機能しながらも、批判だけで終えることはできず、その具体的内容を埋めることがすぐに求められたこと。

"本来の教育""真の教育"が使われ始めた当初は漠然としたものであって、その目的なり意味を考えていった時でも、"本来の教育""真の教育"が語っていることはあるべき論であった。その時はどのような制度なり仕組みがそのあるべき姿に適っているものであるかを語っていたわけではない。

現状の制度を批判し始めた時に、現状の制度の基となっている考え方が"本来の教育"と違うものであるのか、"本来の教育"を実現しようとした制度設計上の瑕疵なのか、あるいは作られた制度が歴史的に変質してしまったのか、というような分析的視点を持つべきであった。とにかく現状を変えようという切っ掛けとしては反対概念としてのイメージだけで良かったが、話を進めていくにはすぐに

第1部

第2部

第3部

第4部

第5部

第6部

その具体的内容を求められることになる。そして、少なくとも運動全体を通して
ずっとそれに苦労していくことになる。

　ここで挙げた"本来論"はこうした三つの特徴をもちながら、この授業改革運動
の初期の 11 月だけでなく、運動全体を通じて現れてくる。麻布ではこうした教
育の目的が語られたことはそれまでになかったし、それが意識されるような内容
の学校教育でもなかった。教育の目的や意味を意識しその話を展開するものにす
れば、当然それに沿った教育が行われなければならないのだから、それが全然登
場してこない場所では、その教育の目的や意味を言いだすこと自体が現状批判と
なり得る。そして、現状は排斥されるべきもので、本来の教育が実現されるべき
という具合に価値基準の目盛の上では相対する位置に両者は置かれるので批判
原理として、いつも機能するのである。それと同時に二つ目の特徴の期待感はセッ
トとして登場してくる。新たに批判の対象が出てくると、期待感は膨らむ。一
方で、三つ目の特徴の内容を埋める作業もすぐ求められるということになるが、
そこでその難しさに当惑すると期待感は萎んだりする。そうした繰返し、すなわ
ち、個々人の期待感が"膨らむ"・"萎む"ことが、改革運動全体の進展と停滞の雰
囲気を左右することになる。

　11 月 28 日に出された高執委の改革案は、上に述べた"本来論"の三つ目の特徴、
"具体的内容を埋めることがすぐに求められた"ことへの対応のひとつである。ク
ラスでの議論は再び活発化に向かい始めようとしていたが、次の期末試験は 12
月 11 日に予定され 2 週間後に"迫って"きていて、改革案の議論には期末試験を
実施するか否かの問題が加わることになる。

　期末試験までの議論の内容や動きは次章で見ていくことにしよう。

第3部：期末試験中止から協議機関の設置へ

問題提起から1ヶ月経過して現状批判の段階から改革案を提示する段階に入り、高執委は11月28日に改革案を提出し、職員会議は優等制と平均点制の廃止を決定した。他方、12月中旬に予定されていた期末試験の実施をめぐって、これに反対する全闘委が結成され、高2学年集会が開催される。期末試験は中止され、生徒・教師の協議機関を設置し具体的改革へ向け動き出した。本章では12月中の生徒・教師の動き、協議機関とクラスでの討議内容を見ていく。

第1章：期末試験の中止
1. 近づく期末試験：バリ封も辞さない
2. 定期試験廃止決議についての生徒と教師の認識
3. 全闘委の結成
4. 期末試験中止要求と学校の対応
5. 試験実施方針への反発
6. 期末試験中止決定
7. 中止決定後の全闘委

第2章：協議機関による改革の始動
1. 協議会の発足
2. 第1回協議会：問題点の整理
3. 第2回協議会：クラス討論の報告
4. 第3回協議会：実力テスト
5. 初めての教科別協議会

第3章：クラスでの討論
1. まとめられない多様な意見
2. 教育の原点の問題
3. 評価について
4. 授業形態・カリキュラムについて

第1章：期末試験の中止

　　　　　改革案を提示した高執委は、期末試験実施を前提にしていたが、実
　　　　　施に反対する全闘委やクラスでの意見をまえに中止に方向を転換す
　　　　　る。12月4日の高2学年集会を経て中止決定にいたる経緯や議論を
　　　　　見ていく。

1．近づく期末試験：バリ封も辞さない

　11月28日（金）から翌週にかけて高2の各クラスでは高執委の提案5項目の
うち、討議・結論を求められた3項目（①平均点制廃止、②定期テスト廃止、⑤
教員、生徒の協議機関の設置）について議論していくことになった。この議論は
クラスタイムの時間に行われただけではなく、少なくともいくつかのクラスでは
授業時間に教師への“質問”という形での討論も行われた。

　高執委はこの改革案を提示するにあたって、運動の進め方として

　1．平均点制廃止（平均点を通知表に記入しない）

　2．定期テスト制を3学期中に廃止する

　という2点について、2学期中に学校側から約束を取り付けたうえで、2学期
の期末試験は受けることにしよう、ということであった。「定期テスト制」の弊
害はあるが、それに代わる評価の方法が考えられていないから、今回の試験を受
けるのはやむを得ない、と高執委は考えていた。（高執委内部討議資料、
1969/11/26頃、下図）

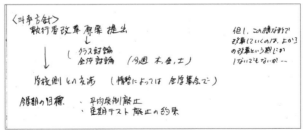

　ところが、各クラスでの討論はこの高執委の“約束を取り付け期末試験は受け
る”という当座の折り合いの付け方を超えるものになっていく。定期テスト制を
自らの主体性を奪うものとして批判し議論してきた生徒たちは、近づいてくる期
末テストにどう対処するのか、それぞれ折り合いを付けていかねばならなかった。

　委員長の新島は、日記に次のように記している。

第 1 部

第 2 部

第 3 部

第 4 部

第 5 部

第 6 部

11.26

　授業対策委はいつも数名で同じような理論の討論をしており、具体策も出ない。ズルズルと期末試験が近づき、いやいやながらいつも通り勉強に打ち込む者、今度の試験はやる気が出ないという者等に分かれてきた。

　そう簡単に改革が出来るものでもない。教育の根本にかかわる問題である。

　（新島日記、1969/11/26）

　いつも、定期試験の 2 週間前になるとクラブ活動が停止され、生徒たちはいよいよ試験勉強に追われる身となる。2 学期の期末試験は 12 月 11 日（木）から一週間の予定であったから、11 月 27 日（木）がちょうど 2 週間前であった。だが、今度の期末試験については、実際に勉強を始めた者とそうでない者の違いこそあれ、「嫌々」であり「やる気が出ない」のであった。そうした気分を反映して"もう定期試験は受けられない"と考えた者も少なからずいた。そうした考えを象徴する動きも同時に出てきていた。

11.28

　昨日 H2 の 20 人位が集まって全闘委なるものを結成。今度の期末シケンフンサイを当面の問題としてバリケード封鎖も辞さないという。

　今日も田山 ［注］ と話したが、彼らにはハッキリと焦りがある。感覚的に期末はもう嫌だという気持、今度の期末が行われればもう絶対に改革はあり得ないという気持。

　授対委は全闘委に半ば刺激され昨日 10 時までかかって改革答申案をまとめて発表した。平均点廃止・定期シケン廃止・協議機関。しかし授対委はすでに数名となってしまっている。無気力、あるいはあせっている生徒。生徒に於る授業改革の限界がそろそろ来たのではないかと考える。この改革には絶対教師が必要である。しかし自覚は遠く、逆に説得に廻る。断絶を感じる生徒。

　僕だって授業改革は、バリ封により、日常性を破壊して教師を自覚させることが、最も早道だと思う。しかしそれができない。処分がこわいからだろうか。

105

> せっかく深く話していた授対委も、全闘委につきあげられたかっこうに
> なった。しかし一般の認識は低い。執行委もこれから一週間がきつい。
> 　（新島日記、1969/11/28）
> ［田山　69年後期執行委員長選挙での新島の対立候補であり、12月中の全闘委の主要メンバー
> 　のひとり。新島とは一緒にテントで東北を旅行したことがあり、クラスも同じ高2の4であった。］

　これまで「改革」を推進してきた高執委は、代替となる具体策が考えられてい
ない状況では今回の試験をうけるのはやむを得ない 、と考えていた。期末試験
を拒否する、というようなことは、全く想像していなかった。それゆえに、日記
にあるように、全闘委に「つきあげられた」と感じ、同時に、教師や生徒の認識
が低いとの焦りを感じていた。

　新島は、　「僕だって授業改革は、バリ封により日常性を破壊して教師を自覚
させることが、最も早道だと思う。しかしそれができない。処分がこわいからだ
ろうか」と書いている。単に新島個人が、処分が怖いというだけではなく、授業
改革運動全体への影響を考えると、バリケード封鎖には以下のようなリスクがあ
った。

　○生徒に対する処分、学校側との対立

　○教師・親に対するマイナスの印象

　・・・その後の運動に対する理解・協力が得られなくなる

　○バリ封をした生徒とそうでない生徒の分裂

　バリケード封鎖以外のやり方、たとえば、クラス、学年全体、生協での決議や
有志の声明を出して試験をボイコットするなどもあったかもしれないが、上記の
ようなリスクは程度の差こそあれ内包されている。執行委員長としては立場上そ
ういうリスクも考えなければならなかったのだろう。

　「バリ封も辞さない」というほど思い詰めていた生徒は一部であったかもしれ
ないが、前述の日記にある「やる気がでない」という生徒は確かに多かった。生
徒にとって試験はいつもいやなものである。しかし「今度の試験」はとくに「や
る気がしない」のであった。そして、生徒たちはこの感情を今度はとくに大切に
したかった、あるいはせねばならなかったのである。少なくとも高2の各クラス
にはそういう気分が広がっていた。その意味では必ずしも「一般の認識は低い」
というわけではなかった。

2．定期試験廃止決議についての生徒と教師の認識

1）「生徒に於る授業改革の限界」

　先の日記に書かれているように、この時期に、高執委委員長新島は「生徒に於る授業改革の限界」を感じていた。「生徒に於る」は、普通は「おける」と読むが、ここでは「生徒による」改革の限界という意味が含まれていたかもしれない。

　高執委は11月5日以来、生徒に対して改革をアピールし、討論の材料を提供してきた。生徒たちの熱心な討論がおこなわれた。と言っても討論が行われたのは主に高2であり、またクラスによって討論の質的なばらつきもあった。こうした議論の結論として、12月3日（水）までには高2の4つのクラス（1，2，5，6組）で定期テスト制廃止決議がなされた（「麻布学園新聞」第92号1面、1969/12/22、個々の決議の内容、票数、決定日は不明）。

　「平均点制」「優等制」「定期試験制」などの具体的な制度の改革は、その具体的手続きとして、生徒会の要求は生徒会指導部の教師を通じて職員会議に諮られ、そこで承認されることが必要である。しかし、窓口にあたる生徒会指導部の教師であっても、まだ11月末の段階では授業改革の意図が伝わっているようには見えなかった。

　最も重要なことは、相も変わらず、退屈な授業が続いていたことである。生徒たちが明確に、具体的に要求していたのは、評価制度の改革であったから、教師が授業を変えなくても当然ではある。しかし、評価制度改革要求の趣旨をくみとって、すこしは変えるよう努力してもよいのではないか、と生徒たちは考えた。現実には生徒の要求に関心すら示さない教師が多数であった。

　一般論として、学校教育の主体が教師と生徒である以上、その改革には教師と生徒の双方の参加が必要である。それ以上に授業改革運動のこの時期に即して言えば、制度改革の手続を進めるうえでも、退屈な授業を変えるという意味でも、そして改革運動における生徒自身の力量不足を補って指導・助言を与えるという意味でも「絶対教師が必要」であった。しかし教師たちにそういう「認識」はまだなかった。

2）教師に対する質問

　生徒たちはすでに「定期試験制廃止（要求）決議」という一応の結論を出した。生徒たちはこのことを教師に伝えたかったのだが、しかしその論理には十分には

自信が持てなかった。そこで教師に「要求」するというよりはむしろ「質問」するという形になった。

また 2 週間後に迫った 2 学期末の試験を生徒たちは受けたくなかった。また受けるべき理由も見出せなかった。この頃の言葉で言えば「納得できない」のであった。しかし、生徒に試験をうけさせようとしている教師には試験を行う理由があるはずであり、生徒が自分のわからないことについて教師に質問するということは、教師と生徒という関係から当たり前のことだと考えた。この「質問」に対する教師の答えはさまざまであったが、次のようにまとめることができる。

　１．なぜ試験をするのか、については、明確な回答はなかった。

　２．「定期テスト」を行うのは、学年で同じ内容のテストを行うためである。

　３．学年で統一したテストを行うのは、各クラス共通の出題により公平な評価を行うためである。

この様な回答に対して、生徒側からは、定期テスト制の弊害についてはどう思うか、公平な評価というよりも、この弊害の方が重要な問題ではないか、という質問が出された。これに対する教師側からの明確な回答はなかった。改革運動を通じての生徒たちの主張である「テストによって生徒の主体性が奪われている」ということは、多くの教師には「納得できなかった（ピンとこなかった）」。保守的な教師は、「試験がなければ生徒は勉強しなくなる」と考えた。他方で、生徒の自主性を重んじるリベラルな教師のなかにも違和感があった。何人かの教師は率直に「君たちは試験によって主体性が奪われている、というがどうしてそんなに試験が気になるのかわからない。試験というのはそんなに重要なことではないと思う」と述べた（山領健二教諭、『麻布組合ニュース』1130 号、1976/02/0１・02、山領健二『学校を閉ざすまい』彩流社、1996 再録）。実際に、現代国語や世界史や日本史の試験は、記述問題が多く、担当教師は、そのような試験が自主的な思考や主体的な学習を阻害しているとは思っていなかった。

生徒たちは、教師の回答に満足できなかった。理由は二つある。

第一は、「（定期)テストの意義」について教師が答えられなかったことである。生徒たちが漫然と授業を受け、漫然と試験をうけていたのと同様、教師たちも漫然と授業や試験を行い、授業や試験、そして教育について考えたことがなかったのであるから、答えられなくても当然であろう。

理由の第二は「定期試験制廃止」の論理、すなわち「（定期)テストによって生徒の主体性が奪われている」という論理を教師に理解してもらえなかったことで

第
1
部

第
2
部

第
3
部

第
4
部

第
5
部

第
6
部

ある。この論理は、生徒自身、内心では自分自身で縛っている面がある、自分で振り切らないといけない、という自問があったのであるから、教師が理解できないとしても当然といえる。

3）高執委の動き

高2のクラスにおいて教師に対する質問がおこなわれていた間、高執委は何をしていたか。新島日記により追ってみよう。

> 11.30
> 　定期試験廃止等高2の授業改革への関心は驚く程高い。田山、飯森等全闘委のグループには特に焦りが見られ、今度の期末シケン中止を何とか早く決議しようとあせっているようだが、多くの生徒にはそういう気がまだないようだ。彼らはバリケード封鎖を本気で考えている。
> 　執行委はさっそく学校と交渉を始めることにした。そして各クラス代表を含めて学校との正式な協議機関を設け、今学期は平均点をなくしたい考えである。
> 　討論はH1にも広がってきた。そのなかで、今迄通りに行なっている授業に疑問に思う。だが生徒会指導部も本格的にこの問題をとりあげようとしているらしい。　（後略）
> 12.2
> 　生徒の不満は思ったより拡大した。毎時間どこかでC・T・が開かれた。しかしH2だけなのだが……。
> 　昨日は高執委と学校が正式な協議機関設置のための予備交渉を行ったが、学校もかなり積極的になった。シケンだけでなく授業、カリキュラムの問題まで改革される。それは一応来年三月までとなった。かなりきびしい感じがした。
> 12.3　［生徒たちの「期末試験中止要求」についてふれた後で］
> 　一方学校は職員会議を開き今月中に平均点制度に決着をつけるという。仲々誠意をみせていると思う。
> 　（新島日記、1969/11/30、12/02、12/03）

109

　このころ高執委は 11 月 28 日の高執委改革案の線にそって、これを実現すべく、生徒会指導部の教師（深木教諭、増島教諭、山田教諭）と何度か話し合いをしていた。また、高 2 生徒たちの改革運動の盛り上がりなどについても話をし、新島委員長はこのままだとバリケード封鎖もおこりうる、というようなことも話した、という（ただ、教師側からはとくに反応はなかったらしい）。かくして生徒会指導部の教師に関しては、改革運動に対し、むしろ積極的になったようである。

3．全闘委の結成

1）結成の経緯

　全闘委は、期末試験を受けたくない、そのためには「バリ封も辞さない」生徒たちが 11 月 27 日に結成した、と述べた。しかし、一般生徒たちがそのことを知ったのは 12 月 3 日、全闘委結成宣言の立て看板が中庭に掲出された時であった。

　結成当時の主要なメンバーのひとりである西田によれば、授業改革運動が「下火」になっていくことへの危機感も結成の動機だったという（高校卒業後の聞き取りによる）。実際、父兄会後の状況はしりつぼみ状態とみえたし、なによりも、生徒たちには試験をうけたらもう立ち直れない、という、危機感があった。

　立て看板の「結成宣言」を引用しよう。

> 　　全闘委結成宣言
> 　日々の倦怠と無為の中で我々の諸々の可能性能力は一片の紙切れと堕し、力の泉は枯渇し、文部権力によって敷かれた教育の能力別再編の中に豚のごとくつみこまれ、屠殺されてきた。多くの者はその意味も解らず、又或る者はその恐るべき現実を知りつつも直視できず、自ら欺きながら、日々の日常性の中に埋もれていったのである。教育は失われ、今や形ガイ化され、真相をおおい隠した"知識"のみが伝授されて、権力によって"期待される人間"が仕立て上げられている。現状にしがみつき、その現状の持つ矛盾に背を向け、何もなさぬ者の群れである。学園には生気なく、「しかたがない」の声が陰湿に響いているに過ぎない。飼いならされた自由すら満足に活用できないのだ。
> 　ここに於いて戦後民主主義＝戦後教育は一大転機（乃至は破局）を迎えた。いまや新しい論理、新しい行動、新しい気力、新しい連帯がその困難な

戦いを押し進めようとしている。新たな能力の開放、新たな教育の論理を我々は戦い取らねばならぬのだ。

　是に於て我々は全学闘争委員会を結成する。我々は無為から訣別し、戦いの中から新たな論理を生んでゆくであろう。我々は最早被害者であってはならず、圧政に抵抗し、決起する人民でなければならない。学友諸君、我々のもつ力を確認しようではないか。今やその力を戦いに投入する時が来たのだ。そしてこみ上げる怒りと憎しみが我々の拳を固くし、闘いの道を照らすであろう。

　学友諸君、カビの生えた自分を捨てて、この変革に身を投じようではないか。

　新たな感性、能力の開放を自らの手で行なおうではないか。

　学園を真の教育の場に変革しようではないか！

　学友諸君、全闘委に結集せよ！

　（全闘委「全闘委結成宣言」立て看板、1969/12/03、手書き元原稿）

　書き出しの「日々の倦怠と無為の中で」は、生徒たちの「つまらない授業」と「没主体的な授業」への不満を見事に表現している。他方この宣言を読むと、全闘委が当時の学生運動の影響下にあり、反権力政治闘争を推進しようとしている、という印象を受けるが、宣言を起草した生徒は活動家ではなく、むしろ高執委に近い人物であった。「全闘委」という名称をつけたのは、『『全共闘』というほどでもないし、『全闘委』にしようやというほんの思い付きであった。」（西田談）ということだった。

　「全闘委」は正式名称は「全学闘争委員会」であるが、結成当時は高2の数名（多くても20名か？）のグループだった。その後、12月4日に中学生がメンバーの「M闘委結成宣言」のビラが出され、また高1生徒がメンバーである「I闘委」が、いずれも12月9日の全闘委の集会に参加しているが、3者の関係はわからない。

　先ほど名前を挙げた結成当時の主要メンバーの西田は、2組の日誌にでてくる「テツマン」をやる西田であり、数a数b問題で校長室に押しかけたケムンパス派の一員であった。

　また、同じく主要メンバーの一人、「バリ封も辞さない」で登場した田山は1969年後期高校執行委員長選挙で新島と競った生徒で、彼の選挙公報からは、政治的・

戦闘的な姿勢はうかがえない。高執委のメンバーに、やる人や成績のよい優等生が多かったのに対し、全闘委のメンバーは、それとは異なっていた。

　全闘委の実態は、高執委とは別に何かやろう、という有志の集まり、とでもいうべきだろうか。

２）高執委と全闘委

　「バリ封も辞さない」と言って高執委委員長新島を困惑させた全闘委であったが、高執委と対立していたのではなかった。

　高執委のひとり、山上の日記から引用しよう。

> 11 月 27 日（木）
> 　麻布全学闘争委結成さる。
> 　中核からベ平連、ノンセクト、ノンポリまでいるが雰囲気は柔らかい。テスト制度についてやるそうだから、僕としてはこのような運動を執行委の限界——すなわち全生徒の最大公約数でしかありえない我々の限界を彼らの運動によって打破し、また我々はその段階でそれらの動きを包含した上でさらにこの闘争を発展させていくべきだ。さらに執行委のイニシアチブで進めるとどうしても起こりがちな「上からの改革」というイメージを解消し、あくまでも全生徒の大衆的な運動として性格付けるために全闘委の果す役割は重要だと思う。セクト色は出しておらず。
> 　（山上日記、1969/11/27）

　高執委は自分たちが＜やる人＞であり、＜やらない人＞＝一般生徒から遊離することを恐れていたので、一緒に運動してくれる仲間が増えたのを喜んだ、ということがわかる。

　実際、高執委の生徒たちと全闘委の生徒たちは、一緒に討論していた。お互いに集会に参加（あるいは見学）したり、ビラ書きや立て看板づくりを一緒の場所でやったりしていたようである。そもそも高執委も、一応生徒会のお墨付きがあるとはいえ、出入り自由のグループ、有志の集まりだった。その点では全闘委と変わらなかった。

全闘委は高執委が主導する生徒協議会の動きとは別に、結成宣言をした 12 月 3 日に、独自に「7 項目要求」を学校側に提出している。（詳細は第 7 節中止決定後の全闘委で後述）

4．期末試験中止要求と学校の対応

1）期末試験中止要求

12 月 3 日昼休みに高校生徒協議会が開かれた。この日の生徒協議会では、重要な提案が 2 件あった。

そのひとつは、高執委の「生徒・学校の授業改革の為の正式な協議機関設置」の提案である（次章参照）。この案は出席 37 名中 26 名の賛成によって可決された。

第二に高 2 の 6 から「期末試験中止要求」の提案がなされ、また「参考資料」として、高 2 の 4 の「期末試験を予定通り行わないことを要求する決議」が紹介されている。違いは「中止」と「予定通り行わない」（延期）にあり、要求理由についてはほとんど同じである。これをうけて、高執委は期末試験中止についてのクラス討論を要請した（高執委「期末テスト中止を提案する＜Ｈ 2 の 6 ＞」、1969/12/04）

ビラに述べられている、「期末試験中止」を求める理由を箇条書きにしてみよう。

1．定期試験制について「不満」「矛盾」がある。

2．いま、期末試験をうけると「不満」「矛盾」が「うやむや」になってしまう。

3．我々は「不満」「矛盾」をうやむやにしたまま、納得のいかない試験というものを甘受することはできない。

1．の「不満」「矛盾」について、このビラでは「定期試験制が悪い」とはいわず、「疑問」「不満」「矛盾」「欠陥」があると言っている。また、「定期試験制の意義が認められれば試験は実施されるべきである」とさえ言っている。定期試験廃止については高執委の 11 月 28 日付ビラ「麻布教育に関する改革案」で提案された。その後、正確な日付は不明だが、高 2 の 4 つのクラスでは「定期試験廃止要求決議」がなされていた。だが、生徒たちは定期試験廃止について確信がもてないでいたのだろう。

113

　二つめのポイントである「うやむや」について、「定期試験」には実際、「不満」「矛盾」をうやむやにする力があった。

　「定期試験」の勉強の間は、生徒は考えることをやめていた。社会問題も、人生の問題も、自分の勉強していることで分からないことであっても、また、それが試験範囲のなかの一つの公式の意味であったとしても、考えてはならなかった。もちろん、試験勉強の是非について考えてはならなかった。定期試験前の勉強は、教師が提示した知識を正解として、暗記し、復習することであった。自分のやりたいこと、遊び（クラブ活動、趣味、友だちとのつきあい）でも、試験範囲以外の勉強でも、してはならなかった。すなわち、自ら考え、判断し、それにもとづきなすべきことをし、なすべきでないことをしない、というのは許されなかった。生徒たちにとって、試験勉強をする、ということは、主体性を放棄する、ということであった。

　こうして生徒たちは試験が来るたびに「不満」「矛盾」「疑問」を捨て去り、試験が終わるとまた最初から考え始めなければならず、いつまでたっても解決はできなかった。だから、三つめのポイント、「甘受することはできない」と意思を表明している。「主体性」を放棄したくない、ということである。「主体性」については次節で詳しく述べる。

2）主体性の危機

　11月初めの改革運動の開始にあたって、「主体性」という概念が重要な役割を果たしたことは、すでに述べた。主体的であれ、主体性を持て、と自分に言い聞かせ、他人にも要求することによって運動を始めることができたのである。

　運動が続いていったのは、多くの生徒が、自分は主体的に参加しているし、また、他の生徒も同じように「主体的」に参加しているのだ、と考えていたからである。もし、このような自己に対する、そして他の生徒に対する信頼、自分は（自分たちは）「主体性」をもっているのだという自信を失ってしまえば、再び元の三無主義と無責任の状態に戻ってしまうのである。

　単に戻るだけならもう一度始める、ということも可能であろう。しかし、生徒たちが「主体的」になれたのは、「今までは主体的でなかったが、これからは主体的にやっていこう」と決意したからなのである。そしてこの決意以外に自分たちが主体的であるということを保証するものはなかった。

運動に主体的に関わり始めた生徒たちにとって、批判してきた定期試験を受入れ、思考を停止することは主体性を自ら放棄することであり、自分たちは「本来」主体性をもっているのだ、だから「決意」によって、主体的になれるのだという前提を揺るがしてしまう。ひとたび自分たちが主体性を失ってしまうと、もう再び主体性をもつことはできないと、生徒たちは感じていた。

もし元のように「主体的」でなくなってしまうと、もはや「これからは主体的にやるんだ」という考え方は成立しない。「これからまた主体的にやろう」と決意したとしても、もはやその決意は自分たちが主体的である、ということの保証とはならず、それゆえつねに自分たちの「主体性」を疑わなくてはならなくなってしまう。

「主体性」がなくなれば運動は終わりであり、しかも今度「主体性」を失えばそれは回復不能であるから、もうふたたび運動を始めることはできない、と生徒たちは感じていた。それゆえ自分たちが一時であれ「主体性」を失うことを非常に恐れていたのである。

運動を開始した生徒たちにとって、すぐやってくる 2 学期末試験は、みずからの主体性の危機だった。

3）12 月 3 日職員会議の決定

12 月 3 日の放課後には、定例職員会議が開催され、以下の 4 項目が決定された。

1．平均点は以後通知表につけない。
2．優等制廃止
3．今回の期末試験実施
4．但し、試験方法・内容は各教科先生と生徒の話し合いで決める。
（高執委「現状報告」、1969/12/05）

平均点は通知表に「記入しない」という表現がとられているのは、教師は平均点を計算し、それを何らかの形で成績評価のために用いる（例えば内申書作成の資料とする）ということはあるかもしれない、という意味である。

この決定は改革運動の成果としてみれば、生徒たちの主張してきた「平均点制」「優等制」の廃止を勝ちとったという意味で、まずまずのものであったと言える

のではないか。しかしすでに、生徒の関心は「平均点制」「優等制」にはなく、定期試験制度であり期末試験中止であった。その意味で生徒側（とりわけ「全闘委」）の満足するものではなかった。

5．試験実施方針への反発

1）学年集会開催の呼びかけ

　高 2 の各クラスの担任教諭は、生徒たちの期末試験中止要求の強さを十分知っていたようである。12 月 4 日に予定されていた期末試験の時間割の発表は行われず、 その午前中に、高 2 の 4 組のクラス担任である近藤啓吾教諭から、高執委委員長新島——彼は高 2 の 4 であった——に、この日の放課後、高 2 の担任教師と高 2 の生徒とで対話集会を開きたいという申し出があったのである。高執委は直ちにビラを作成し、集会への参加を生徒に呼び掛けた。

　　　H2 学年集会について

　　H2 の生徒間に於て定期試験制廃止と共に今回の期末試験中止の声が高まってきた。それに対し、学校は昨日の職員会議に於て期末試験実施を再確認した。

　　この情勢の中で両者の意見を交換し意志の疎通を図る為、本日 H2 担任先生と執行委の共同主催に於て H2 学年集会を開催する。

　　○日　　時：本日　12 月 4 日　3 時より

　　○場　　所：講堂

　　○議　　題：12 月 11 日より実施予定の期末試験について。

　　○議事運営：H2 執行委

　　○権　　限：両者の意見を交換するもので、決定権はない

　　○他学年生徒の傍聴も認める

　　我々の問題である。

　　講堂へ！

　　全員参加せよ!!

　　　（12 月 4 日、高執委「H2 学年集会について」、1969/12/04）

第1部

第2部

第3部

第4部

第5部

第6部

　定期試験の 1 週間前ともなれば、クラブ活動は停止されていることもあり、生徒たちは授業が終わり次第帰宅の途につき、家では試験に備えて勉強をする、というのが通常のパターンであった。従って、はたして何人の生徒が集会に参加するかが危ぶまれた。このビラの最後の 3 行、生徒への呼びかけはこのことを懸念しつつ書かれたのであろう

2）高 2 学年集会

　しかし、学年集会は盛況であった。正確に人数を数えたわけではないが、おそらく学年約 300 人のうち 250 名は参加したであろう。会場の講堂は古く、照明は暗く（蛍光灯ではなかった）、音響効果は悪く、そしてすでに 12 月であり、暖房のない講堂内は寒かった。しかし討論は熱心につづけられ午後 8 時過ぎまで続いた。散会したときにも 200 名は残っていただろう。

　学年集会は午後 3 時 30 分ごろから始まった。

　まず問題になったのは、教師の席についてであった。教師のための席は、最初は講堂の壇上に設けられていた。生徒たちは別に何の疑問も持っていなかったが、及部教諭（高 2 の 2 担任、物理）から異議がでた。「今日の集会は教師と生徒の質問応答というものではなく、意思疎通のためのものであるから、教師が壇上に上がるのはおかしい」ということであった。結局この意見の通り、教師の席は演壇の前、つまり生徒たちの席と同じ高さの床の上に作り直された。

　そのあと、各クラスの代表によるクラス討論状況の報告と、教師側からの 12 月 3 日の職員会議の決定についての説明があり、それから自由な討論に入った。

　マイクロフォンは二つ使われた。教師の席にひとつおかれ、もうひとつは生徒たちの席の中央に立てられた。マイクをもった生徒は、教師からやや離れた所から教師と向き合って発言した。マイクで発言している生徒のまわりには、常に十数人の生徒が、自分の発言の順番を待って立っていた。

　大体において、生徒側が期末試験を中止せよと要求し、それに対して教師側が反論する、という形で討論は進められた。期末試験中止要求に対しては賛成の拍手が、それに反対する意見には不満の声が上がった。生徒側の発言には同じような内容のものの繰り返しが多く、それに対する教師側の反論も繰り返しが多かった。そしてそれら発言のひとつひとつに、拍手や不満の声が繰り返された。しかし、決して険悪な雰囲気ではなかった。

　期末試験中止を要求する生徒たちの発言の内容は、最初のうちは、我々は評価制度、具体的には定期試験制について疑問をもち、生徒間で討論しているが、もしこのまま試験をうけるなら我々の不満や疑問はうやむやになってしまう、疑問を解決するための時間が欲しいから期末試験を中止せよ、というものであった。そして教師側はこれに対して、不満や疑問があることは分かったが、このような問題は期末試験を中止して討論する程度で簡単に解決できるものではないだろう、だから今回の期末試験は受けてほしい、と答えた。生徒側はそれに対して、我々は今までいろいろな理由付けを行なって（例えば試験が近いから、皆が関心をもたないからなど）自分たちの疑問や不満を放置してきたのだ、しかし、もはや我々にはそのようなことはできない、我々は主体的に疑問や不満を解決していこうとしているのだ、疑問のある試験を甘んじて受けることはできない、と反論した。

　生徒があくまでも中止を要求すると、教師たちはそれぞれに、期末試験の実施は職員会議で再確認されたことであるから、高 2 の担任たちだけではどうすることもできない、しかし、昨日（3 日）の職員会議の決定の第４項からすれば、試験の方法、内容は、各教科の担当教師と話し合って決めることができるという趣旨の発言をした。たとえば、及部教諭は試験を延期することにしたし、山田教諭（高 2 の 6 担任、日本史担当）は参考書持込み可の論述式テストを行うことを提案したのである。生徒側はこれに対して、我々が問題としているのは個々の試験の方法、内容よりもむしろ「全体としての定期試験制度」なのである、すなわち定期的に一度に何科目もの試験をやることが問題なのだ、と反論した。

　生徒のなかにも、試験賛成というものも、少数ではあったがいた。たとえば、自分は試験がなければ勉強しないから、試験はある方がいいと思う、というような意見であった。彼らは、自分の意見は少数意見ではあるが、このような意見もあるのだということを、みなに知ってほしい、という意図で発言した。これらの少数意見は全体の討論の流れからは外れ、結果的には無視されたような形になってしまったが、個々の発言に対しては熱心に耳を傾けていた。不満の声があがりこそすれ、ヤジなどでその発言をさえぎる、ということはなかった。

　すなわち、学年集会での討論は、内容的には繰り返しの多い冗長なものではあったが、生徒たちは熱心に話し、かつ聞いたのであった。その意味で画期的なものであった。

　議論が膠着状態になった頃、委員長新島は、「もうこうなったら我々は試験を受けるか、あるいはボイコットするかのどちらかしかない」と発言した。議論の成り行きからすれば当然の発言ではあったが、なぜこういう発言をしたのかは不明である。生徒が一体となってどちらかを選ぶことを呼びかけたのだろうか。

　この発言に講堂内は一瞬静かになった。しかし、すぐに生徒のひとりが「このようなことは執行委員長の言うべきことではない。今我々はそのような事態になるのを避けるために、こうして話し合いをしているのではないか。それなのになぜ教師と生徒の分裂を招くような発言をするのか」と述べ、これに対して場内から賛意を表す熱烈な拍手がおこった。そして教師側もこの意見に賛成の意を表し、討論は続行されたのである。

　集会は午後 8 時まで続けられた。この時まで残っていた生徒は約 200 人であったと思われる。集会を終えるにあたって、「生徒側は自分たちの主体性を守るために担任の先生方に期末試験の中止を要求した。担任はその要求の趣旨を理解したが、職員会議で決定された予定通り実施ということをここで覆すことはできない」という集会のまとめがだされた。そして次の日も集会を開くことを約して解散した。

　集会後 10 数人の生徒が講堂を出て教員室に戻ろうとする右遠、及部、深木、山田の 4 教諭を引き留めて、繰り返し試験中止を要求した、というよりは嘆願した。この 10 数人の生徒は主として高執委や全闘委の生徒たちであった。彼らは、明 5 日に臨時職員会議を開くよう要求し、担任各教師は「職員会議にこの集会の雰囲気を伝えて期末試験中止を再考してもらう」ことを約束した。

6．期末試験中止決定

1）職員会議での中止決定

　翌 12 月 5 日の午前中、高執委は次の二つのビラを緊急配付した。第一は、「現状報告」と題するもので、午前 10 時半現在での高 1 高 2 でのクラス討論の状況を箇条書きにまとめている。定期試験廃止決議（高 2 の 1 、 3 、 5 、 6 組）、期末試験中止決議（高 1 の 6 ，高 2 の 2 、 4 、 6 組）という状況であった。第二は次のビラである。

　　本日（5 日）の臨時職員会議に残された可能性を！

　昨日の学年集会に於いて先生生徒相互の意志疎通は行なわれたと思うが、この場ではそれ以上の事は望めないと思う。何故ならここで発言する各先生の意見はあくまでも各先生個人の意見のみであって、それ以上にはなりえないから。

　その為、執行委は本日予定の学年集会を、明日に延期し、本日臨時職員会議を開催して、そこで学校に何らかの善処をしていただくよう、高二担任先生に申し入れた。

　そこで僕達は本日の職員会議に残された可能性を託し、H2全クラスに次のように提案する。

○本日の職員会議に於て、H2のみ中止あるいは何らか［脱字］をしていただくよう強く要望する。

○高2各担任先生がたに、職員会議に於て僕たちの意見あるいは気持を発表し、先の方向に働きかけていただくよう強く要望する。

○本日のすべての授業時間に於て、その時間の先生と討論を行ない、僕たちの意見・気持を伝える。

　以上を高2各クラスは討論・決議し、実行して欲しい。

　（高執委「本日（5日）の臨時職員会議に残された可能性を！」、1969/12/05）

　この高校執行委員会の呼びかけにこたえて、高2各クラスでは、この日授業をしに教室にやってきた教師すべてに対して、上記のような働きかけを行なった。

　教師への働きかけは、生徒の主張をはっきり伝える、という形式ではなく、再び質問という形式で行なわれた。その質問は、「12月3日の職員会議での決定では試験方法、内容等を生徒との話し合いで決める、となっているが、先生はどうするつもりなのか？」、「今回の期末テスト中止という我々の要求をどう思うか？」「定期テスト廃止ということをどう思うか？」といったようなものであった。

　この日の高 2 における各教師との話し合いは必ずしも授業時間を全部使って行われたわけではなく、10 分から 30 分程度の時間で終わった時には、そのあと普通に授業がおこなわれたと記憶している。

　高 2 担任に対しては改めて質問するということはなく、質問は高 2 の担任でない教師に向けられた。これに対する教師の反応は、無関心か、とまどいか、あるいはどちらかといえば生徒の主張に賛成できない、といったものであった。たとえば宇野教諭（西洋史担当）は高 2 の 5 で「学校の一大事というようなときには私も及ばずながらがんばりますが、定期試験制度などという問題は大したことではないと思います」と発言している。また、西口教諭（数学担当）は高 2 の 2 で、「期末試験を中止せよ、という理由が甘い」と発言している。

　高 2 クラスの担任でない教師には、生徒たちが何故期末試験の中止を要求しているのか、あるいはなぜ定期試験制度を問題としているのか、ということがわからなかった、と思われる。高 2 クラスの担任でさえ、どこまで理解していたかどうか疑問である。彼らは高 2 生徒の主張を他の教師に説明することはできても、それに納得していたわけではなかっただろう。高 2 担任の教師が期末試験の中止を職員会議で主張したのは、高 2 の生徒たちのこの問題に対する真剣さ、あるいは熱心さをくみ取ったからであろう。

　また高 1 の 6 では期末試験中止のクラス決議が賛成 33 反対 18 で可決され、高 1 の 2 でも、同様の決議が賛成 47、保留 6 で可決された。

　臨時職員会議は放課後開かれた。高 2 担任教師が「このままにしておくと、試験ボイコットというような事態になるかもしれない」と言って他の教師を説得したという。そして、高 1、高 2 の期末試験の中止が決定された。このことは翌 6 日高校執行委員会によって高 1、高 2 生徒に略式報告された。正式報告は 8 日（月）に以下の職員会議決定事項が生徒に配布された。

　職員会議決定事項
　一．高校では今学期の期末考査は行わない。
　一．今学期の成績は成績表に記入しない。
　一．学年末までに、授業、試験制度および成績評価の方法等を研究し、改革を行う。それに基づき今学年度の成績評価を行う。

　一．各教科の独自性に基づく考査は、その教科担任に一任する。

　一．なお高校の授業は十六日（火）まで行う。

　　　　　　　ただし、右の決定事項から、高三は除く。

（職員会議「職員会議決定事項」、1969/12/08）

　この決定は職員会議が生徒側の要求を全面的に認めたものである。しかしこれは教師が生徒の主張を正当なものと考えた、ということではない。職員会議の略式報告によれば、中止の理由は「生徒に中止の声が強く、今後改革をともに進めていく中でそのまま実施して生徒との間に断絶を設けたくない」（高執委「昨日の職員会議決定事項略式報告」、1969/12/06）ということであった。すなわち、中止決定の最大の理由は、いわば教育的配慮によるものなのであった。この時の高２担任右遠教諭は、1969 年の麻布での出来事を主題に後に発表した小説のなかで、中止を決断した教師側の理由を次のように描写している。「きみらのテスト中止の要求は、ほぼ全体的な意志としてまとまっていたし、その要求の切実さもぼくには実感できた。・・・あのときテストを強行していれば、ぼくはもう授業が、人間関係の場としては成立しないと思った。」（『長い髪の少年たち』p.206）

　従って、この時点で、定期試験の廃止や期末試験中止の決議等がでていない中学や高３については、期末試験は予定どおり実施となった。12 月 6 日、中２の５では、高校のみの中止決定に不満をもち、「中学生間の活動の不活発を大いに反省し」期末試験を中止し、討論することを学校側に要請する決議を賛成 37、反対９、保留等７で可決した。ビラ（「中２の５決議文」）を作成し、８日に配布する予定であったが、担任に没収されたという。

２）生徒たちの反応

　期末試験中止について、生徒たちはどのように感じたのだろうか。

　常識的には期末試験中止は生徒側の大勝利だろう。なにしろ要求が通ったのだから。いやなテストがなくなって単純にうれしい、と思った生徒たちもいただろう。だが、すべての生徒が手放しで喜んでいたということではなかった。

第1部

第2部

第3部

第4部

第5部

第6部

　期末試験中止を要求した生徒たち、つまりは運動を推進しようとしていた生徒たちはむしろほっとした、という感じだった。

　仮に期末試験が実施された場合、これらの生徒たちは一人一人、期末試験を甘んじてうけるか、ボイコットするか、あるいは実力阻止をするのか、といった困難な決断を迫られることになったのだが、中止によってそうしなくて済んだのである。

　生徒たちの「主体性の危機」はなくなった。と同時に、主体性を保証するものはなにか、どうすれば主体的でありつづけられるのか、という原理的な問いは、先送りされることになった。

　運動のリーダーであった高執委委員長新島はどう感じていたか。

> 12.5
> 今日の臨時職員会議で期末試験は中止となった。H2全体の気持ちを H2担任にぶつけて、その結果彼らが中心となって今日の職員会議で中止と決まった。とにかく、学校側の全面譲歩によって、生徒の側の討論・改革が必要になってきたが、C.T. はだんだん行き詰ってきた段階だった。改革と言っても莫然として、正に路頭に迷い出された、という感じ。
> （新島日記、1969/12/05）

　新島の日記に書かれているように、11月末頃つまり期末試験中止前は「C.T. はだんだん行き詰ってきた段階だった」。それゆえ、生徒たちは運動の消滅をおそれて、期末試験中止を要求した。そして、期末試験が中止されたからといって、「低迷状態」「行き詰り」が改善されたわけではなかった。運動のリーダーである新島はどのようにリードすべきか迷っていた。

　一方「全闘委」——期末試験を中止させるためにはバリ封も辞さないと考えていた生徒たちも期末試験中止に満足してはいなかった。12月10日付の彼らのビラでは期末テスト中止が学校側の「ギマン的乗り切り策動」であると批判した。

7．中止決定後の全闘委

1）7項目要求

　全闘委の独自の活動は、中庭に結成宣言が掲出された12月3日に「7項目要求」を学校側に提出したことである。

123

以下、「七項目要求書」を引用する。（同内容のビラ「七項目要求を提出」を配布した）

七項目要求書
我々麻布学園全学闘争委員会は次の七項目を学校（職員会議）にたいして要求することによって真の教育環境を確立したいと思う

1．平均点制廃止
2．定期試験制廃止
学園生活が定期試験中心に動き、授業そのものも歪曲され、試験を目的化した単なるつめこみ的授業になっている
そして我々の為であるべき試験があくまで評価を目的とした評価に必然的になりつつある
3．授業改革
生徒の主体性を認め、自主カリキュラムとする
（2．3）に於いては生徒と学校との協議による再編を望む
4．生徒心得の全廃（制服制度も含む）
5．すべての自主活動を認めよ
生徒の自主活動を規制せず、校内の集会、掲示、出版などの活動を全面的に認める（いかなる思想を持とうとそれは個人の自由であり、当然それを表現することも自由である）
6．職員会議の公開
7．処分・落第制度の変革
処分落第制度については、処分対象の生徒に関して、学校側と生徒との協議により決定する
我々は以上七項目に対する明確なる回答を 12 月 5 日昼休み　校長室に於いて受領する
12 月 3 日　全学闘争委員会
（全闘委「七項目要求書」、1969/12/03）

　全闘委メンバー西田は、この7項目要求を決めるときに、1から3項目についてはすぐに決まったが、のこりの4項目については、都立大附属高校や都立青山高校の例を参考にした、と言っている。前3項目は広義の授業改革についてであり、あと4項目は授業改革には関係ない。全闘委が当初は授業改革を目的としていた、ということが、この話からもうかがえる。

　7項目のうち最初の2項目については、全闘委が要求を提出したまさにその日の職員会議で、優等制廃止と平均点を通知表につけないことが決定され、ほぼ要求は満たされた。

　そして、12月5日の臨時職員会議で、三つ目の要求項目である授業等の改革について生徒と話し合うことが示された。このため、以後全闘委はのこりの4項目について、生徒にアピールし、学校側と対立していく。

2）学校側の対応

7項目要求に対する学校側の対応を全闘委側のビラにより追ってみよう。

> 学校側は「回答を5日から6日に引き延ばし、しかもその回答たるや「回答するかしないか考えさせてくれ」というものであったそして我々が昨日再度回答を要求すると、始まってもいない職員会議がある、という理由で逃げ出したのだった。
> （全闘委「全学友は本日の全学抗議集会に結集せよ」、1969/12/09）

　9日の放課後、中庭で抗議集会を開催し、初めて学内デモを行った。全闘委のビラによれば「200名」が結集したとあるが、物見を含めても50名程度の集まりだった。

> 12月12日、全闘委（I闘委及びII闘委）20名は7項目要求の回答を求め校長室に結集し、12月3日より回答を延ばし逃げ続けていた校長のギマン的な回答拒否の態度に断固とした抗議を展開した。
> これに対し校長は「全闘委の要求は生徒会を通していないので回答するわけにはゆかない。これは職員会議で決定したことである。」と答えた。
> （I闘委「職員会議七項目要求の回答を拒否！」、1969/12/13）

　学校側が回答を拒否した事実は、1 カ月後、年明けに藤瀬校長が職員会議に提示した資料にもその理由とともに記されている（§4.1.3 参照）。

> 全闘委なるものは全校生徒によって選出されたものでなく、従って全校生徒を代表する資格を持たないからである。学校としては、生徒諸君の学校全体に関するような要求は、生徒協議会を通してなされるべきものと考える。
> （職員会議「（内部討議資料　全闘委および改革問題について）」、1970/01/12〜14）

これに対して I 闘委は次のように反論している。

> いったい彼らの言う生徒会とはいったい何なのか！学校長のみとめる範囲内での自治活動である生徒会。そういった現状の生徒会にいったい我々の正当な権利を訴える事ができるのだろうか。現在の生徒会は文部省指ド要領が規定している所の教育の一環として位置づいているのである。
> （同上 I 闘委「職員会議七項目要求の回答を拒否！」）

これも学校側の資料によって補足しよう。

> ・・・全闘委の諸君は、七項目要求は全生徒の潜在的要求を代表するものであると称し、また生徒協議会は学校側の作った機関で、そこでの決議は学校の認めた場合にのみ効力を発生するもので、一定の限度があり、現在、生徒を代表する力を失っているのであえて無視するのだと言っている。・・・
> （同上「（内部討議資料　全闘委および改革問題について）」）

　確かに生徒会会則では「われわれは学校長によって認められた範囲内において校内の民主的な秩序の確立を目指し」（前文）とあり、具体的には「生徒協議会に於いて議決された事項については、議長は学校側に了解を求めねばならない」（15 条第 1 項）、「生徒協議会に於いて議決された事項を話合によっても学校側が了解しない場合にはこの議決は効力を発しない」（同 3 項）となっている。これを理由として、全闘委は、7 項目要求について、あえて生徒会（生徒協議会）

第 1 部

第 2 部

第 3 部

第 4 部

第 5 部

第 6 部

での審議を求めず、また、学校側の生徒会活動の窓口である生徒会指導部を通さずに、直接校長から回答を求めていた。

　この条項については、以前からも生徒会や執行委員会が、生徒の自主活動や生徒会活動の自由に関わる問題として、問題を提起していた。といっても実際に、生徒協議会の議決が学校側によって拒否された事例が起きていたわけではない。また、生徒協議会委員についての 75 点制の廃止や高校生徒会執行委員長の直接選挙制といった事項は、学校側との協議と了承をえて、実現していた（但し、生徒会側が要求した執行委員の指名選出は、学校側が保留とした）。また高執委は、70 年 2 月 25 日に、「生徒、学校側の立場を対等にするために」、前文と第 15 条の廃止の会則改正を提案した。

　12 月 16 日には、B4 判両面の長文のビラ「全学友諸君に訴える！」と B5 判の「全闘委からの提言―学校側の対応におどらされている諸君」が発行されている。前者は、「第一章教育とは何か」「第二章麻布学園における教育」「第三章闘争過程」の 3 章構成で、運動の方向について総括している。まず、教育の目的（諸個人や人類の能力をどこまで伸ばすか）が社会によって制限され歪められていること、次に麻布の教育が大学受験を目的とし「黙々と受験勉強を行わせるだけになっている」こと、定期試験廃止運動のなかで、「我々の不満が定期テスト制及び体制内的授業に止まっている事象を把え」「問題の本質が学生生活並びに体制内的教育にあると確信し」、全闘委を結成し、7 項目要求を提起した、と述べている。後者では、7 項目要求のひとつである「処分制」に焦点をしぼり、成績不振による落第や、不都合な行為をしたものを処分する制度は、一方的な「教育を無視した姿であり」「学校は処分という刀をふりかざして、・・・愚劣な責任逃れをしている」と批判している。ビラの標題「学校側の対応におどらされている諸君」からは、全闘委に対する学校側の対応に生徒の多くが関心を示していない状況が読みとれる。

3）一般生徒と全闘委

　一般生徒は全闘委を、とりわけ「7 項目要求」をどのようにみていたのだろうか。

　新聞委員会が教育改革に関するアンケートを実施した（実施時期詳細不明）。アンケートは高校生と中学生とそれぞれ別の質問を用意し、高校生に対する質問のなかに「8．全闘委の 7 項目要求を知っていますか。知っている人はどう思い

ますか」というものがある。回答結果については、高1についてのみ、翌年1970年3月の教育改革の特集に以下のような記述がある。

> もう一つの高1の、特徴は全闘委に対する理解の点である。（8）で知らないと答えたものが35㌫もあり、知っている中でも全闘委に同意的な意見を示しているのは9㌫にすぎず、反対、無視の意志を示している者が30㌫もみられた。しかし、あえて7項目要求などを知ろうとしたりすることは無く、一般に全闘委無視の風潮がある。
> （「麻布学園新聞」第93号4面、1970/03/12）

つまり、高1では全闘委の7項目要求について認知度も支持率も低かったが、高2はそれほどでもなかった、ということがわかる。

多くの生徒は、全闘委というグループ名や「7項目要求」という単語は知っていても、4～7番目の要求（職員会議、自主活動、生徒心得、処分制度）の内容や理由付けは、ピンとくるものではなかった。自主活動一般については、特段の規制はなされていなかったし、問題となっていたのは、藤瀬校長が高校生には好ましくないと述べている「政治活動」であった。それについても、学外でデモなどの政治活動に参加する生徒はいたが、学校側がそれを理由にした処分を行うことはなかった。生徒心得は、入学時に配付されただけで、制帽を被らない生徒は年々増えていたが、教員が注意することはなかった。落第については、定期試験で基準となる60点未満の点をとる生徒は相当数いたが、ゲタを履かせるなどの

措置がとられたため、実際に落第となるケースは稀であった。すなわち、これら
の制度によって不利益をうける可能性がある生徒は少数であり、大多数の生徒に
は、切実な問題としては感じられなかった。他方、全闘委は、対象者の多寡や現
実の適用例の問題ではなく、学校側が生徒に対して、権力（権限）をもっている
ことを、教育に反するものとして、批判していた。

　12 月時点で、全闘委の存在は目立つものではなかった。クラス討論で、ある
いは高2学年集会などの討論の場で、彼らは「全闘委」と名乗ることは無かった
ので、誰が全闘委メンバーなのか分からなかった。期末試験中止にいたる過程で
は、一般生徒の要求と全闘委の要求は共通していた。授業改革の協議会にも、全
闘委メンバーは個々に参加していた。教室では、一般生徒と同じく、制服を着て
いたし、中庭で全闘委が開催した集会でも制服を着て、ヘルメットを被ることも
なかった。

　一般生徒は、期末試験中止や授業改革のためには立ち上がったが、7 項目要求
の残り4項目「4.生徒心得／5.自治活動／6.職員会議／7.処分落第制度」への関
心や反応は低く、全闘委の行動に結集することもなかった。ただ、全闘委に対す
る共感のようなものがあった。「日々の倦怠と無為」は全闘委も一般生徒も共有
していた。

第2章：生徒・教師の協議機関による改革の始動

12月8日、授業・試験・評価制度の改革を生徒と教師によって行うことが表明され、そのための協議機関が設置された。協議会は、全体会を3回、教科別分科会を1回開催し、クラスでの討論が報告された。堰を切った議論をどう整理・集約するのか、終業式までの動きをみていく。

1．協議会の発足

　12月8日、高校生徒に対し配布された「職員会議決定事項」では、「学年末までに、授業、試験制度及び成績評価の方法等を研究し、改革を行う」と記され、教員側も授業・試験制度の改革に着手することが正式に表明された。改革を進める具体的な手順としては、生徒側はすでに12月3日の高生協において「生徒・学校の授業改革の為の正式な協議機関設置」を決定していた。その前日、高執委は生徒会指導部との折衝において、協議機関の設置について、学校側もこれに前向きであることを確認していた。職員会議決定事項には、直接協議会の設置についての言及はないが、8日には学校側も同意していたのであろう。生徒側は、高執委の呼びかけに応じて、各クラス2名の協議会委員を選出し、12月10日午後に第1回協議会が開催された。1969年3月に卒業生が答辞で提案した「（生徒と教師が）授業を改善するための機関」の設置が、9ヶ月後に実現したのである。協議機関の設置というアイデアが生徒・教師の双方で短期日のうちにスムーズに合意できたのは、どちらも1969年3月の答辞の提言が頭のどこかに残っていたと考えてよいだろう。

　高生協と職員会議の決定によって、麻布学園全体が、すべての生徒と教員が参加して、改革について議論を始めることになった。設置されたばかりの協議会は、さまざまな意見を汲み取りながら、具体的な改革案を学年末までの3ヶ月の間につくっていくという重責を担うことになった。なお、改革は、中高全体に関わる問題であったが、中学では期末試験を予定どおり実施することとしており、中学生の改革への参加は、後日協議会において議論される。

２．第１回協議会：問題点の整理

１）協議会の招集

　12月10日放課後、第１回協議会が高２の３の教室で開催された。この機関の正式名称は特に定められず、「協議会」あるいは「授業改革協議会」と呼ばれていた（以下協議会と呼ぶ）。

　高執委はこの日「協議機関について」「今学期は授業改革から！」の二つのビラを作成・配布している。

　「協議機関について」では、「協議会」の組織案を提示している。

> 　１．協議機関は全体会議を中心に分科会を設置する。
> 　２．全体会議はクラス代表各２名、学校代表、執行委員会、各教科教師代表で構成し執行委員会が議事運営事務を行なう。
> 　３．分科会は各教科別に各クラス代表、執行委員会、各教科代表で構成し各教科別に討論を行なう。
> 　尚、分科委員会の人数、教科分けに関しては現協議機関にて協議する。
> 　（高執委「協議機関について」、1969/12/10）

　各クラスから選出された委員（クラス代表）の名簿が、協議会議事録に記されている。高１のクラス代表が高生協や文化祭の委員などでお馴染みの生徒が多いのに対し、高２のクラス代表は「関心派・やる人」は少数である。これは、高執委メンバーが議事運営担当として別途委員として参加していたこともあるが、クラスでの選出にあたって、自ら名乗りをあげる生徒がいたことも特徴的であった。そういう選び方が本人も周囲も主体的であると考えたのである。全闘委のメンバーも代表になっていた。他方で、改革に反対していた生徒が選出されるというクラスもあった。このクラス（高２の１）では、全員が改革に参加する、という方針をとっており、その方針の反映ともみられる。学校（教員）側の委員は特定されていないが、12月は生徒会指導部の教員（深木、増島教諭ら）が出席していた。

２）議論すべき問題の整理

　もうひとつの「今学期は授業改革から！」と題するビラでは、今後議論すべき問題を整理し、そのなかでの優先順位等、討論の方向性を示している。冒頭では、「今後の教育改革に於ける問題点」として、次のような現状認識が示されている。

> 　現在われわれは期末テスト中止という状況の中で従来の"テスト勉強"という"目的"を失い、またそれに代る勉強の方法がはっきりしない段階で、当面の目的のないまま、低迷状態に陥ってしまっている。
>
> 　（高執委「今学期は授業改革から！」、1969/12/10）

　次に問題を「１．教育の原点の問題」「２．評価について」「３．授業形態について」「４．カリキュラムについて」の４つに分けている。評価についてはすでに議論がなされていることから「本来の教育評価に向かう方向で改善しよう」と方向を確認する形になっている。カリキュラムについては、一貫性に欠ける現状の問題を指摘するが、来年度にむけた課題と位置づけている。

> 　１．「教育の原点の問題」
> ○学校に何の為に来ているのか。
> ○（高校）教育は何の為にあるのか
> ○各科についてそれを学ぶ意味は何か
> ○"教育"に於て自分自身はどのような態度を取らねばならないか
> 上記のような問題に関してはすぐに答を出すのは容易ではない。むしろ安易な即答は最早許されない。形式論の枠を乗り越えて、本当に severe な態度で自分自身をみつめていこう。
> ☆1 の問題を踏まえた上に以下今後の具体的問題点を提起する。
> 　（中略）
> 　３．授業形態について
> 与えられるだけであった今までの授業、教師の講義でしかなかった授業、その中に我々の主体的な立場を追求し、日々の授業を自分のものとしていこう。
> この問題はむしろ教師よりも我々自身に問われるものであって今までの我々の態度を真剣に反省し、今後どのような方法で何を学んでいくのかを

第1部

第2部

第3部

第4部

第5部

第6部

はっきりさせる必要がある。現在我々は受身一方の授業を否定しつつも、ま
だそれに代る新しい方法を見出すに至っていない。その為現在の低迷状態
に陥ってしまっていると云うこの状況を打破し、新たなる意欲をもって学
習にあたっていくためにこのことを早急に解決する必要がある。
今すぐこの問題について話し合うことを求める！
（高執委「今学期は授業改革から！」）

　ここで注目されることは、生徒自身が、教育に、各教科に、個々の授業に何を
どう学びたいのかを問いかけている点である。その答えをだせないでいることた
めに、「低迷状態に陥って」いると現状を分析した。そして「各クラスは今学期
は、原点の考察を踏まえつつ、授業形態の改革について話し合って欲しい」と述
べ、進め方として「現状の不満→改革案、全体の方向性→教科別」という方向で
議論を集約しようと呼びかける。期末テスト中止後も、日々授業は続いていた。
それを変えるには、生徒自身が不満をぶつけ、こうして欲しいと希望を出してい
く必要があった。正解がでるまで立ち止まるのではなく、できることからやって
いこう、という考え方であった。
　このビラは、その他の問題点として「課外自主講座、選択制」をあげたうえで、
最後に「但し、今回の改革は次の法律の枠内とする。何故なら、この枠を超える
改革は一つの学校内では解決できない問題だからである」と記している。具体的
には、学校教育法施行細則に定める単位制（85単位）、出席簿や内申書の作成と
いったことを挙げる。これもまた、身近で実現可能なことからやろうという高執
委の姿勢を表していた。

3）第1回協議会の内容

　協議会の各回の概要は、議事録に記録されている。
　まず議題1として、協議会の構成（メンバー）について、高執委の原案が承認
された。議題2では、高執委が運営を担当することが承認され、以後、資料の準
備、司会、報告（協議会速報）の作成・配布を担当した。
　議題3では、各クラスの討論状況を高執委に連絡することが承認され、この場
でもクラスごとに口頭報告がなされた。議事録によれば、高1では、5つのクラ
スで授業時間をつかって担当教師へ質問が行われ（教育理念、授業の意義や方法
など）、また放課後には評価や各授業への不満や要望が話し合われている。これ

は、高 2 が期末テストを前にした 11 月 4 週から行ってきたことである。高 2 で
は、1 組が「クラス全員を授業改革に参加させる」という方針を示し、具体的に
は、生徒を科目別に振り分けてグループをつくり、アンケートを行い、「土曜日
までに教育の本質及び各科目の具体案を作成し、先生と交渉にあたる」と報告し
ている。授業に関するアンケート調査は、3 組、4 組、6 組でも取り上げられて
いる。他方、5 組と 6 組では、科目別の検討とともに、「我々の学校生活の根源的
問いかけ」「学校生活を主体的につくりあげていこう（という原点）」の議論を平
行させている。

　以上のクラスの討論状況を踏まえて、議題 4 として「今後の改革の討論形態、
内容について」検討された。まず、教員側から増島教諭が、法的な枠について（85
単位、5 段階評価の指導要録の作成、出席簿の作成、大学受験の場合の内申書＝
5 段階評価）説明を行った。討論形態としては、教員側は授業中の討論について
生徒の意向に沿うように協力すること、中学生の改革への参加は高執委が案をつ
くることとされた。検討のスケジュールについては、教務から、実力テストにつ
いては 1 月 9 日までに、評価の方法（とくに百点法）については 1 月中に結論を
だしてほしい、との要請があった。

　問題点の整理や討論の方向性については、各教員、各教科で話しあって決めら
れることと、学校全体で決めることの 3 種類があり、各クラスは討論状況を協議
会に報告し、協議会ではそれを取捨選択・整理し、この往復によって具体的な改
革案を作成していくことが確認された。また、高執委が整理した三つの問題（試
験・評価、授業、カリキュラム）のいずれから扱っていくかについて意見が交わ
されたが、結論は次回に持ち越された。

　最後に議題 5 として、教科別の分科会の設置については、必要なときに設ける
ことが確認された。

　翌 11 日に高執委が発行した「9+1 日の協議機関における確認事項」では、次
のように改革における協議会の役割が説明されている

　　1．各クラス間、教師―生徒間の情報・意見交換の場としての役割。
　　2．問題の整理・取捨選択を通じて改革の進め方、スケジュールの原案を作
　　成する役割
　　3．改革の具体案の原案を作成する役割
　　　（中略）

6．協議会の討議から出された案の決定は、生徒側は生徒協議会で、学校は職員会議に於いて決定することを確認した。

（高執委「9+1日の協議機関に於ける確認事項」、1969/12/11）

3．第2回協議会：クラス討論の報告

1）クラス討論レポート

　第2回協議会は、12日の15時45分から高3の6の教室で開催された。

　この日の主な議題は前回審議未了となった「問題点の整理」であった。すなわち、授業改革に関する諸問題をどのように整理し、どれから優先的に討議してゆくべきか、という問題である。この議論をするために、各クラス（全12クラス）から提出された「討論レポート」が印刷・配布された。B4判で12ページ、高執委とクラス代表が大急ぎで分担して原紙をきって印刷したようで、筆跡もインクの色もさまざまである。内容は、高執委が整理した4つの問題にそって報告されている。協議会では、このレポートをもとに、討論状況の報告が口頭で行われた。討論レポートと議事録から、クラスの討論の状況を読み取ってみよう。

　第一に、高1の改革についての議論が加速化している。高1の1のレポートには中間試験以降のクラスタイムの開催が時系列で記されている。11月14日（父兄会前日）の定例クラスタイムで初めて平均点制の意義について問題提起があり、以後毎週定例のクラスタイムで2時間から3時間の討議が行われた。11月28日には高執委の改革案が説明され、担任（池田教諭）も議論に参加している。12月5日には、期末試験中止決議が賛成25（出席49）で可決された。期末試験中止決定後は、12月6、8、9日に授業中の教師との話し合いとともに、放課後にもグループ別・学科別に討論が行われた。10日は休養のため中止した。今後の議論の方向として「科目別に現状から矛盾と適当な評価方法、授業形態を考える」とある。

　高1の他の5クラスのレポートでは、4つの論題別に議論の内容が詳細に報告されている。試験・評価についての矛盾や各科目の授業のやり方についての不満が噴出していたことがわかる。授業への要望としては、古文や英語（読本）では、文法や解釈だけでなく、鑑賞にもウエイトをおき、短いテキストだけではなくいろいろな作品を読みたい。現代国語や歴史（日本史、世界史）では、生徒の発表授業を取り入れること。英語では、ヒアリングやスピーキングに欠陥がある

第1部
第2部
第3部
第4部
第5部
第6部

こと、また、時事問題など身近な話題をとりあげること。なお数学や理科についての意見はわずかである。

　他方で、改革には、教育の原点や本質についての議論、「熟考」が必要であることが指摘されている。高1の5のレポートは次のように述べる。

> 　今回の問題は、非常に簡単に中止要求を出した生徒側と、この要求を簡単に受け入れた先生側の軽率さが気にかかる。・・・現在の改革方針は、生徒が問題点を出して教師がそれについてその改革を行っていくという形でしかなく、当然麻布に於いての教育改革なのであるから、それは教師と生徒が一体となって考え、悪い点、矛盾した点を見つけ出して改革を行っていくべきで、今のような生徒の不満を解決するだけの改革を疑問視する者がいる。また先生側に改革を行おうという体勢がみられず、先生側が現行の授業を反省していないのに改革をしようとするのなら、それは真の改革ではない。・・・このような真の改革を行う体勢がみられない教師に対しては、信頼を失い失望しかけている生徒がいることは、否定できない事実だ。
>
> 　（高1の5「クラス討論状況及びアンケートの集約」、1969/12/12）

　高1の4のレポートでは、「ここ数日、生徒のほうがだれてしまって行く末を気にする意見がでている。・・・何の為に期末考査を中止したんだ!! みんなもっと授業改善に意欲を燃やせ、先生のほうで意欲を見せたのにあれは何だ。・・・これでは勉強したくないから期末考査を中止してといわれてもしようがない。自分たちの授業だろ、もう一度反省してみよう」。原点の議論は、教師や生徒の授業や改革への姿勢そのものを問うことになった。

　高2のクラス討論レポートは、高1の詳細さや熱にくらべると、むしろあっさりしている（半ページのクラスもある）。1、3、4、6組ではクラス生徒全員にアンケートが行われ、1、2、3、4組では、教科別グループ（分科会）をつくり生徒全員が（希望によって）参加し議論する方式を開始していた。2組の代表は協議会で「抽象的な話し合いでは進まない。早く分科委員会をつくってやっていくべきである」と発言している。逆に5組のレポートでは「我々高2－5では、今まで我々がどのような生活をおくってきたかという事の認識なしには真の改革はあり得ない、との立場から討論を進めてきたので、細かい具体的な事まではまだあまり話していない」と記している。6組では、カリキュラムについての議

第1部

第2部

第3部

第4部

第5部

第6部

論が焦点となっている。現状では、科目数が多いこと、内容が高度でそれを希望しない生徒もいる、という理由から、選択制が俎上にあがった。レポートの結びでは「生徒一人一人の受ける授業の全体をとりあげて問題にしようとしている」と述べる。学校やクラスという集合からではなく、生徒個々人から授業やカリキュラムを見直す新しい視点を提示するものである。他方で、5組のレポートでは、「クラスタイムに40名出席する事がまれになってきた。授業もかなりサボっている様である。学生生活を築き、真に主体的に勉強していこうという当初の目的はどこへ行ってしまったのか！！　我々は現状を自己批判すると共に、真の持続性が必要な今、各組が自分達の内なる改革の熱意を確認してほしい」とある。各クラスの授業や討論への出席状況は同様のものだったと思われる。グループや教科別の討論に活路を見出そうとしていたが、全員参加の改革の難しさが現れていたといえる。

　本題（問題点の整理）に入る前に、進路指導部長大賀教諭から「特別質問」として実力テストをどうするか、という問題提起がなされた。前回の協議会で教務から、例年3学期初めに実力テストを実施しており、もし予定通り行うならどのような形式でおこなうか、ということを早急に決めてほしい、という要請があったが、今回は、進路指導部として、実力試験の意味と今後の改革案（検討点）について説明がなされた。目的は「どれだけ力が蓄積されているかを見る」ためであり、「みな大学を受けるのだから、大学入試のことを考えて出題し、総合点で順位をつけている」と述べた。生徒は初めて実力テストの目的を知らされたことになるが、学校側が試験の目的を示したということは、改革運動での批判に答える一歩といえる。

2）教科別分科会設置の提案

　次に、増島教諭らから教科別の分科委員会設置の提案がなされた。前回の協議会では、分科会を設置することは大筋で合意されてはいたものの、より具体的に編成や進め方について説明がなされた。まず、各クラスに教科別に分科委員会をつくり、現行カリキュラムを資料として討論を進め、冬休みに分科会の全体会議を開催する。分科会の場で、授業になにを求めるかという討論を具体性をもって進め、そこにおいて、単位制（選択制、時間数など）、評価、受験に対する対応の仕方などの案をつくっていく、と提案した。教科別の分科委員会の設置を決定

し、16 日（授業最終日）に、英数国理社芸術体育の 7 教科の教科別協議会を開催することとした。

　ここで、分科会の設置の提案がなされた背景には、この頃のクラス討論の状況が反映されている。すでに半数以上のクラスでは、生徒がグループ別に分かれて討論を行ない、また、科目別に具体的な改革を討議していた。教科（科目）別に、グループ別に討論することによって、生徒の発言機会が増える、という効用がある。教員側は、協議会のレポートから、各クラスで科目別に不満や要望がだされていることを知って、機が熟したと判断して提案したと思われる。

　協議会速報では、「教科協議会の設置」について、次のように報告している。

> ・教科別に、その性格、目的を明らかにしながら、授業内容、方法等を決定していく。但し、全体会議で決定した枠内で行う。
> ・構成は、各クラスから 1 － 2 名、各科先生、執行委から 1 － 2 名（運営、連絡）
> ・数学、社会、国語、理科、英語、芸術、体育の教科別協議会をまず最初につくり、後に必要に応じて細かく分かれる。
> ・協議会としては、16 日（火）に第 1 回教科別協議会の会議を開く事を要望する。
> （高執委「協議会速報」、1969/12/13）

　最後に、問題点の整理と議論の進め方の審議に入った。「協議会速報」では、「〇評価（成績表、試験制度等）について話そう　各クラスの討論状況、教務からの日程、授業の方の討論との兼ね合いを考え、まず、評価について討論していきたいと思います」と記している。12 月 10 日の高執委ビラ「今学期は授業改革から！」とは異なる方針が決定されたのである。

　協議会議事録には、「選択制」7 名と「評価」15 名、棄権 2 名、と記され生徒委員（クラス代表）側の票決で決めたことがわかるが、討論の過程、決定の理由は記されていない。

　高執委（議長団）として協議会に参加していた三島は、授業の問題よりも評価制度の問題を先に議論することをこの場で主張した。

　〇授業を歪めているのは試験・評価制度だから、その束縛がとれれば、生徒は自主的に学べるようになり、授業はおのずと改善されるだろう。

　○授業の改革はこれからだが、評価制度についてはすでに優等制、平均点制廃止等が決まっており、定期試験制度についても、すでに2学期末試験は中止された以上、その改革に大きな抵抗はないだろう。

　すなわち、評価制度の改革は比較的容易で早く決着がつけられる、と考えていたからである。クラスでの討論や協議会での教師の発言からも、教師側は依然として今回の改革における生徒側の主張、「試験制度が生徒の主体性を奪っている」ということを理解していない、と映った。それが評価制度の議論を優先させるべき、と強く主張した動機だった。

　教師側には、「定期テスト制の廃止と授業での主体性の問題はやや切り離して考えたほうがよい」という第1回協議会での深木教諭の発言に示されるように、試験制度を改革すれば生徒が主体的に学ぶという主張が納得できないでいた。しかし、教師側は生徒の意向を尊重して異議を唱えなかったのだろう。また、教科別協議会の設置を決定し、授業そのものの改革について議論する場は用意されることになったので、評価改革か授業改革かという二者択一ではなくなっていた。

4．第3回協議会：実力テスト

　第3回協議会は12月15日（月）、高2の4教室で開かれた。当日、高執委は「討論資料"評価"について」「実力テストに関する討論資料」「授業形態に関する討論資料」（B4判両面刷り）を各クラスに配布した。

　第1議題は「実力テスト」。第1回協議会（12/10）で教務側から「1月9日まで」というタイムリミットが示されていたから、この審議を最優先した。第2回協議会（12/12）ではすでに、進路指導部長から下記のような見解が示されていた。

　　・実力テストの意義は、どれだけ力が蓄積されているか見るという事であるが、大学入試と無関係とは言えず、大学入試の事も考えて出題されている。
　　・実力テストの成績は、進路指導の資料として使う。
　　・大学入試は総合点で決まるものであるから、総合点で順位をつけている。
　　・順位表は奨励の意味で作っている。その弊害は余りないと思う。
　　・今後の方向としては、授業時間を使って行うということは問題があるので、休日、放課後を使って、自由参加で行う事を考えている。
　　（高執委「協議会速報」、1969/12/13）

　この速報で、「進路指導部の見解」は、討議資料と銘打ってあり、各クラスで
は、13日および15日に急遽本件を討議した。第3回協議会に提出・配布された
クラス討論レポート（第2回）によれば、12クラス中11クラスで実力テストに
ついての議論が報告されている。

　まず、高執委が作成した「討論資料（個人的見解）」から見ていこう。議論は、
進路指導部の見解に対応するように、目的→現状分析→改革案、という構成をと
っている

　△何の為に
　○大学入試の為
　　・生徒が自分がどの科目範囲に不得手か、どの程度覚えているかを知る
　　・どの程度の点数なら、どの程度の大学に入れるかと云う目安にする事
　が出来る
　○応用力を知る試す為
　　だが、もし実力テストが大学入試の為丈であるとわかったならば、我々
　はすぐさまこのテストをやめなければならない。大学入試一辺倒による学
　校教育の矛盾、欠陥、歪みは余りにも明かだからである。では、肯定的な意
　味での実力テストの意義は応用力を知る為丈であろうか。
　○かなり以前に教えた（教わった事が現在どの程度理解されているかを知
　る為）
　　いわゆる授業効果、学習効果を教師、生徒が知って、今後の授業、勉強
　の参考にしようとするものである。そういう意味では実力テストは定期試
　験 etc の評価と全く異ならない。抑も試験は二種類あると考えられる。一つ
　は定期試験 etc のような極最近学習したものについての効果を知る為の試
　験。もう一つはかなり以前に学習したものについて、現在はどの程度理解し
　ているかを知る為の試験である。この際の出題は、こまかな暗記事項ではな
　く、全体的なものを問うようでなければならない。［図あり、省略］
　　この二つの試験の為す意味の違いは、右の授業形態についての討論資料
　中の学習効果の違いをみれば明かなると思う。
　　（高執委「実力テストに関する討論資料」、1969/12/15）

　この討論資料の筆者（新島）は、高執委が改革案（11/28）や表面の「"評価"について」で主張してきた「教育評価」の観点から、実力テストの意義を検討し、日常の授業に対応した定期テストや小テストとは別に、長期スパンで学習の効果を測るものとして位置づけ直している。文中で言及される「授業形態に関する討論資料」では、参考文献（大西誠一郎『中学生の心理と教育』）を引用し、教師中心の「講義法」と生徒の相互学習を重視した「単元学習法」を比較し、後者が長期スパンでは、進歩量や永続的効果が高いことを述べている。

　続いて「現状分析」としては、進路指導部が主管し、順位表を発表し、点数と受験結果との関係を示したプリントを（高 3 の時点で）配る、といった点からみて、現行の実力テストは大学入試中心のものであると総括する。

　改革の方向としては、進路指導部長が示した「授業外に自由参加で実施」案に対して、成績の良いもの丈が受けることになり、「教師が今後の授業の参考として使うことは出来ず、単なる入試対策の為の試験」となると批判する。そして、「（出題）内容は復習的、個々の暗記ではなく、全体の流れをつかむようなもの、3 科目に限定することはない、順位表は廃止、解答はきちんと授業時間に行う、教師は結果を今後の授業の参考にする」ことを求め、「これらの改革が不可能なら、実力テストはやめるべきである」と結んでいる。

　クラスでの討論では、実力テスト廃止というような意見は少なかった。実力テストはいわば「校内模試」であり、大学受験を目的としたテストである。それに対して、麻布の教育を歪めている受験教育を排すべきという意味で実力テストは廃止という意見と、生徒の大多数が大学を受験するという現状を考慮すれば、実力テスト実施もやむなし、という意見があった。

　そういう議論はさておいて、生徒の実力テストに対する嫌悪感や抵抗感は――たとえば定期テストに対するような――少なかった。「実力テストはゲーム」（高 2 の 1）「ゲームとしておもしろい」（高 2 の 3）というような意見まであった。総合得点および各教科の得点の上位者の名前を記した「番付」には、定期試験（平均点）の上位者（優等生）とは異なる顔ぶれが登場する意外性があった。実力テスト実施についての票決の結果は 2 クラスで残っているが、「やる 35、保留 15、反対 0/50」（高 1 の 4）、「実施賛成 35、反対 1/39」（高 2 の 6）であった。実際高 2 の実力テストの結果をみると、英数国の平均点はいずれも 3〜4 割程度、一位は 200 点前後、順位表に名前がのる 80 位が 4 割程度の得点であった。定期テストとはちがって新作の問題が出題され、生徒は通常の授業や試験以外の学習を

していなかったし、そういうテストに弱かったことを示している。大多数は低い得点層にあり、これでは、高執委資料が指摘するように、その結果を教師や生徒が今後の授業や学習に生かすことは難しかった。

　協議会の議論では、まず「現在の実力テストの目的は大学受験」にあるという意見が大勢を占めた。そのうえで、入試目的の試験として評価体制の別枠（授業時間外に自由参加）で実施するか、それとも「本来の意味で実力を測れるもの」（深木、大賀教諭など）「過去の自分の実力の蓄積をみるもの」に変えて評価体制のなかに含むものとしていくのか、両論がだされた。しかし、麻布全体の評価体制の問題を考えている最中であること、生徒内でも意見が分かれ、討論が十分でないことを考慮し、結論を「一時保留し、来学期の実力テストは行なわず、今後継続審議とする」（「協議会速報」12/17＝正しくは 12/16）こととした。但し、高 3 の実力テストは予定どおり実施となった

　第 2 議題は「試験休み、冬休みの使い方」であった。当日高執委が配布した「評価について」「授業形態について」については、どちらも議論されず、先送りとなった。

　「試験休み」は期末テスト終了後、終業式までの間の休講期間である。教師がテストの採点を行い、成績表を記入する等の作業をするための期間だった。生徒はこの期間にクラブ活動を集中的に行うことができた。

　この 2 学期の予定では、10 日から 16 日まで試験を行ない、17 日から 21 日までが試験休み、22 日が終業式、23 日より 1 月 9 日までが冬休みとなっていた。高 1、高 2 の定期テストは中止されたが、試験休みは予定通りであった。もっとも、高 3 と中学は予定通り期末試験が実施されていた。

> 　確認事項は以下の通り。
> 　冬休み及び試験休みは各クラス、各教科別協議会ごとに自由に討論し、学校全体としては登校しない。
> 　○各クラスとも 22 日までの予定をはっきりさせる。
> 　○クラスごとの連絡センターをつくる。
> 　○生協室の使用は H2-4、新島へ。
> 　○執行委への連絡も同じく新島へ。
> 　（高執委「協議会報告」、1969/12/16）

　今後の予定として、1月10日までにクラス討論レポートを提出し、12日に協議会（全体会議）を開催することとし、今後の討論は、評価・試験制度を中心に行うことが要請された。最後に終業式のある12月22日に協議会を開催するかの票決を行ったところ、賛成7、反対14、棄権4で否決された。この試験休み、冬休みの間は23日間である。改革の論題の多数が未決である状況を考えれば、高執委としては、この間に各クラスあるいは教科別協議会ごとに自主的に討論が行われることを期待していたであろう。しかし、授業最終日の16日に教科別協議会が開かれたあとは、何も開催されなかったようである。終業式の協議会開催が否決されたことに示されるように、生徒は連日の討論にいささか疲れ、休養や充電を望んでいたのである。高執委のメンバーも特に会合をもたなかった。他方で、教員側は、この冬休み期間に、教科ごとに会合をもち、評価や試験のやり方について話し合いを行っていた。また全闘委も、組織や1月以降の戦術について会議を開いていた。

5．初めての教科別協議会

　12月16日（火）12時40分より、教科別協議会が開催された。12日の協議会の決定通り、数学、英語、国語、社会、理科、体育、芸術の7教科に分かれ、各クラスの代表2名ずつと各科の専任教諭が出席し、これに司会進行役として、執行委からの数名が加わった。クラス代表以外で参加（傍聴）するものもいた。

　高執委は各教科別協議会の議長にB5判のビラを配布している。それによれば、「議題、進め方、終了時間すべて各科に任せます」としつつも、「原点の問題、授業、評価、カリキュラム」のうち、「評価は全体的な方向性を全体会議で審議中。カリキュラムは、来年度以降の分について話すが、今年度は年度の初めからの計画でもうすで進められているので、変更はほとんどできないと思う。授業は、来学期からの授業にも関係することなので、すぐに討論を始めてほしい」と方向性を示している。各教科では、現行のカリキュラムについての説明がなされた。

　教科別協議会の内容は、後日 B4 判両面のビラで報告された。それによれば、いずれの教科でも、教員側からカリキュラムや教育目的について説明がなされ、生徒はクラスの意見を報告した。授業形態についての具体的な要望（理科での実験や観察、国語での発表授業やグループ学習）も出された。社会では、「社会の授業の意味、必要・・の問題を前面に押し出し、それに基づいて授業形態、授業内容、カリキュラムを互いに関連させて討論を進めていく」という方向が示され

ている。また、実施されたかどうかの記録が残っていないが、12月22日に歴史についての分科会を開催するとして、科目ごとの具体的に検討に入ろうとしている。（「分科会報告」、1969/12/22）

英語については、高2の1で作成した「アンケート中心によるクラス討論のまとめ」という小冊子のなかに、英語の教科別協議会の報告があり、その場の雰囲気がよく出ている。

「英会話」に関する議論は次のようなものであった。報告を書いたのは落語研究会のメンバーであった。

次に問題となったのは、我が組に於いても指摘がなされていた"英会話を授業に取り入れてくれ"ということであった。生徒側の主張としては、英語を音声として捉えられねばならない。これを無視して訳読だけに明け暮れるというのは間違っているというものであった。

これに対して教師からかなり熱心ないけんがだされ、場内は活気を帯びた。

［注：発言者不明の個所に、発言者*を挿入］

教師側の言に日く。「諸君の言うのはなんですか、あの高校において会話をとりいれろというんですか？」

生徒「いや学校教育の一環にも必要と考えるのであります。」

教師某「会話、つまり発音とかイントネーションということは中1、
　　　　中2の段階でやるべきことでありましてぜひともと言われなく
　　　　とも必要なことは重々ごもっとであります。しかし麻布の現行に
　　　　於いては1クラス60人以上もおりますので、ここで会話の勉強
　　　　ということができると思います？テープで外人の話をきくぐら
　　　　いなもんですよ。これで効果を求められます？どうです？」

生徒「ハア…なんです、ですから、すると問題は生徒の多いことです
　　　　か・・・」

教師*「それもありますし、設備に関しても一朝一夕にはいかんとも
　　　　しがたいですね」

教師某「いまね、高校における話をしてみますとね。高1高2高3の
　　　　段階において英会話をやることはさほど意味がないと思うんです
　　　　よ。君たちは実用英語という事を主張しますね。実用のための英語
　　　　はですね、なんといっても基礎ですよ。基礎力これがしっかりして

第1部

第2部

第3部

第4部

第5部

第6部

いたら、今までの卒業生等の話を総合しますと会話などは比較的た
やすく身につくということですよ」

生徒*「しかし音声として英語をとらえるという姿勢をもつとすれば
　　…」

教師某*「わかります。しかしそれを求められてもできませんね。残
　　念ですが。」

教師某某「実用英語に走りすぎるとまずい面がでてくると思いますよ。
　　僕なんか"どうしゃべるより、何をしゃべるかが問題"だと思ってい
　　ますよ。」

教師某某某「それからね、正統の英語をしっかりやってしかるのち、
　　くずれた形にはいっていくようなことはわけないが、その逆はでき
　　ませんよ。英語をやるからには単語、イディオム等をギリギリ暗記
　　することは絶対必要です。まあ生徒の主体的努力を希望します。」

（高2の1「アンケート中心によるクラス討論のまとめ」、1969/12/14～
22）

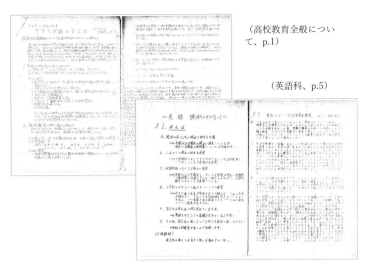

（高校教育全般につい
て、p.1）

（英語科、p.5）

高2の1「アンケート中心によるクラス討論のまとめ」抜粋、1969/12/14～22

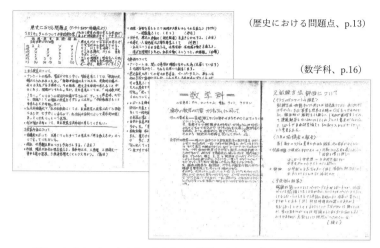

（歴史における問題点、p.13）

（数学科、p.16）

高2の1「アンケート中心によるクラス討論のまとめ」抜粋、1969/12/14～22

　ほかにも、評価にレポートをとりいれてはどうかとの生徒側の提案に対して「まともに見るとなったら肉体的にかなわんです」、教材についてある程度生徒に選択の自由を与えてくれという意見に対しては「諸君より僕らの方が英語に関しては先輩である、いろいろしっている。だから我々の選択力を信じてほしい」とある。

　当時の常套句でいえば、生徒たちはカンペキにフンサイされたのであった。他の教科では、これほどではなかったとは思うが、議論が具体的になればなるほど、教師に「有利」だった、といえるだろう。

第３章：クラスでの討論

これまで、12 月中の協議会とそこに報告されたクラスに討論の経過について時系列で述べてきたが、ここからは、クラス討論の内容について、問題別に詳しくみていこう。

１．まとめられない多様な意見

各クラスは、高執委が提唱し、協議会で採用した問題の整理方法、すなわち「１．教育の原点の問題」「２．評価の問題」「３.授業形態の問題」「４.カリキュラム」の４つに分けて報告しているから、その分類を採用しよう。

この時期のクラス討論の内容は協議会へ報告され、それが資料として残っている（12/12、および 12/15）。これを仮に「クラス討論レポート」しておこう。高２の１「クラス討論レポート」では以下の報告がされている。

> １．教育の原点の問題
> まだアンケートを回収しておらず話し合いはなされていない。
> ２．３の問題については
> クラス全員が各教科を担当しアンケートの作成、授業の改善策を話し合っている。
> （協議会「クラス討論レポート」高２の１、1969/12/12）

この時期、いくつかのクラスでアンケートが実施された（高２の１，２の４、２の６は資料が残っている）。これは、生徒ひとりひとりの意見をできるだけ正確に汲み上げ、そしてそれらをまとめ、さらに改革案作成に役立てようという試みだったと思われる。

「クラス討論レポート」と「高２の１アンケート中心によるクラス討論のまとめ」にもとづいて、当時のクラス討論を記述したいのだが、これがけっこう難しい。

資料が少ないのではない。「クラス討論レポート」は２回作成されており、そのうちの 2 回目は主として実力テストと冬休みについてであるから 1 回目（12/12）のものが主となるが、Ｂ４判両面印刷（一部片面だが）で 7 枚ある。高２の１の「アンケート中心によるクラス討論のまとめ」は同じくＢ４判両面印刷で計 17 枚、教育全般 4 枚、教科別（英語、芸術、体育、理科、社会、国語、数学）13 枚である。教科別の報告は、教科ごとにクラス・アンケートを実施し、

それをもとに 12 月 16 日の教科別分科会で、教員と各教科の目的・授業形態・試験評価などについて議論し、その結果を報告するものとなっている。二つの報告冊子は、内容は詳細だが、様々な意見が並べられているのでそれを要約することが難しい。当時のクラス代表や高執委も同様の問題に直面していたのである。

２．教育の原点の問題

　高執委のビラ「今学期は授業改革から!!」では、「教育の原点の問題」は、具体的には「○学校に何の為に来ているか　○（高校）教育は何のためにあるか　○教育において自分自身はどのような態度をとらねばならないか」としている。
　生徒たちが「教育の原点の問題」は重要な問題であると考えていたことは、クラス討論レポートにも表れている。

> 　教育根本という面からの熟考が必要である事を確認した。学校の目標をどこにおいているのか（予備校化或いは真の教育・・・）が我々に明らかでない。（高１の２）
> 　一時間ほど話し合って「今後すべての問題のもとに成るもの」として考えていくことにした（高２の１）
> 　（協議会「クラス討論レポート」、1969/12/12）

　生徒たちの意見はどのようなものであったか、高２の１のアンケートをみてみよう。

> 　１．学校に何の為に来ているのか
> ａ．勉強　19　ｂ．ただ何となく 15　ｃ．弁当、トランプ　1　ｄ．クラブ活動　4…この多くはａにも丸をつけている
> その他の意見
> ○他に行くところもない。今考えられる生活形態は学校へ通うこと以外考えられない。
> ○本来はａだが、実際はｂ。時による。
> 　　○日常生活では意識していない。問いに答えるだけのものだ。
> 　　○そんな問いは無理だ。
> 　　○社会性、人間性教育の為。

○クラスという集団の中にいると安らぎを覚える。

○習慣的にそうなっている。

○友を得る為。

… （中略） …

2．高校教育の何の為にあるか

自分にとってなのか社会にとってなのか、又、現状か、本来の姿かはっきり
させなかったため、雑然とした答えが帰ってきた。

a．人格を作る　15　b．教養を深める　21

c．さらに高度の学問への準備　26　d．大学受験　16

［筆者注…２２名が複数回答をしている］

（高２の１「アンケート中心によるクラス討論のまとめ」、1969/12/14〜22）

項目の選択式の回答よりは、自由回答その他の意見が多く記載されているが、
議論のまとめとはなされていない。

アンケートを取りまとめた生徒の言うとおり、質問のしかたがわるかったかも
しれないが、上記アンケートの自由回答に「日常生活では意識していない、問い
に答えるだけのものだ」とあるように、アンケート形式でまとめていくこと自体
に無理があった。他方で、「クラスという集団の中にいると安らぎを覚える」と
いう答えは、生徒の日常的な感覚を反映している。

生徒たちは「原点の問題」が重要であると認識してはいたが、この問題は正面
きって議論するには難問だったようである。

我々は討論開始以来、教育改革を
着実に進めるために、まず「教育」の
本質を話合うことにしていた。がこ
の問題は特に結論を出すことは甚だ
困難であるという意見から教育の原
点の問題は他の問題と討論と関連し
てたえず話合うことにした。（高１の
３）

（協議会「クラス討論レポート」高１の３、1969/12/12）

　他方で、教師に「自分の科目を通して何を生徒に教えたいのか」を質問し、「先生の教育理念をつかみとっていこう、先生の解答をもとに教育の原点を明らかにする」という方針を決定している。教育の原点の問題を評価や授業の議論と平行させるという方針は、協議会での方向付けも同じであり、他のクラスでも同様であったと思われる。

３．評価について

　12月15日に高執委は討論資料「評価について」を配布した。まず次のように述べる。

> 　○改革の方向性
> 　我々は、現在の授業を試験中心のものとして告発し、主体的な授業を求めて討論してきた。・・・今まで我々に単に点数を通告するものという傾向の強かった評価を、まさに我々自身のもの、我々の主体的学習に生かすものにしていかなければならない。・・・我々の考えるべき問題は、"定期テストだけでは、運・不運がある"とか"我々の成績が１点きざみで表せるものか"と言ったテストの回数や百点法か十点法かという様な矮小な問題ではないはずである。如何に"評価"というものを自分自身のものへと作り変えていくかという点にある。また、どの様な評価方法を行うとしても、各人がそれを自分自身で受けとめ、自らの学習に生かしていこうとしない限り、無意味であろう。
> 　　（高執委「討論資料"評価"について」、1969/12/15）

　以上の基本姿勢を示したうえで、評価には、「（生徒の）学習の指標となり、教師の指導の指標となる教育評価」と「各人の社会的にみた能力を測る社会的評価」があると二つに大別し、教育内部で必要とされるのは、学習の指標となる「教育評価」であり、選別のための社会的評価ではないと主張する。具体的な「教育評価の方法（形態）」として、①各教科別、②個別的評価（テスト、レポート）、③総合的評価（通知表）、④授業の内容・進度に応じた評価の４つを提示している。
　評価については、これまでに述べてきた定期テスト廃止のほかに、各クラスでどのような議論がされたかを述べよう。

<評価の意義>

　人が人を評価することは不可能、だから評価そのものが無意味、というような極端な意見、あるいは芸術などは、評価は不要、などという意見もあったが、評価を全く否定するというような意見は少なく、評価の意義を見出して、教育のなかに位置づけようとする意見が一般的だった。

　そのなかで、次のような意見が出された。

> 　評価とは、我々が教育の要求される水準に達したか否かを確認し、それまでの勉強を反省することによって、以後の勉強の指標となるものである。
> 　全科目を統一してワクにはめた評価（現在では 100 点制）を行なう必要はない。科目の特徴を生かした科目毎の独自の評価方法が有って然るべきだ。
> （協議会「クラス討論レポート」高 2 の 5 、1969/12/12）

<定期試験制>

　定期試験制の弊害についてはこれまで述べられてきたので繰り返さないが、それにかわるものとして、「小テスト制」が提案された。各クラスで単元が終わるごとにテストを実施し、試験期間を設けないものである。

<評価の手段の多様化>

　従来のいわゆるペーパーテスト以外に、レポート、論文をとりいれることが提案された。

<評価の結果の利用について>

　それまでのテストではその後のアフターケアが十分でなかった。中間試験の場合は、生徒に答案を返却し、教師が正解を示して解説をしていたが、期末考査の場合にはそういうことはなかった。したがって、必ず答案返却・説明を行う、場合によっては補習授業を行う、教師は採点するだけでなく添削・批評等も行う等が提案された

<評価の表記方法>

　百点法ではなく、10 段階、5 段階、3 段階でよい、あるいは解答があっているかまちがっているかチェックするだけで十分で、数字や段階で表す必要はない。という意見が出た。

<評価の客観性>

　たとえばレポート・論文などによる評価では教師の主観的評価になってしまうという問題点が指摘されたが、一方ではそもそも各教師が教える内容が違うのだから、評価自体が主観的でもかまわない、というような意見も出てきた。

　概していえば、既成の評価諸制度の枠がなくなったため、様々な評価方法を提案することが可能となった、といえるだろう。そして、これらの考え方は、１月の協議会で議論される高執委あるいは教員有志の評価制度改革案にとりいれられた。

４．授業形態・カリキュラムについて

　高執委の 12 月 10 日付ビラ「今学期は授業改革から！」では、授業形態について「与えられるだけであった今までの授業、教師の講義でしかなかった授業、その中に我々の主体的な立場を追求し、日々の授業を自分のものとしていこう」と書かれている。

　それに呼応するような形でクラスでの討論は進められた。12 月 12 日のクラス討論レポート（高２の５）から引用する。

　　次の様な方向で改革していこうという事が確認された。
　　◎我々と先生が一緒になって授業を作っていく。もちろん我々も授業に関して責任を負う。
　　（このような姿勢から真の信頼関係が生まれると信ずる。）
　　現在の授業の欠点は以下のことに集約される。
　　我々は常に受身である。そして授業は我々が理解したかどうかの確認を経ないで進んでいってしまう。
　　これを改革する方法として、次のような意見が出た。
　　○カリキュラム作成に生徒も参加させてほしい。
　　○生徒の意見発表が必要（特に社会科など）。
　　○選択制をとりいれたい。
　　○参考図書の紹介などをどんどん行ない自主的な勉強を促進させてほしい。
　　（協議会「クラス討論レポート」高２の５、1969/12/12）

　上記の報告は、授業に関する現状の問題点と改革の方向をよくまとめている。これをもって各クラスの討論を代表させると、誤解を招くかもしれない。まとまりすぎているという感があるからである。

　12月15日（第3回協議会の開催日）に高執委が発行した「授業形態に関する討論資料」では、新島委員長が授業形態について議論を展開している。冒頭で、現在、「教師中心と生徒による発表授業、自主授業」の二つの授業形態が討論されていると述べたうえで、これを、「リーダー中心（講義法）と集団中心（単元学習法）」に対応させ、参考文献（大西誠一郎『中学生の心理と教育』金子書房、1954）を引用し、学習成果の点では、短期的には講義法が、長期的は単元学習法が優れていることを示す。また、両者の学習の動機づけの違いとして、前者は「受動的、教師依存的、個人的学習そのものに対する興味より、自己中心的な競争意識により促進」、後者は「能動的、自発的、協力的、興味関心は学習課題そのもの」に特徴があると整理する。単に生徒が発表するのではなく、生徒が、学習課題そのものに関心をもち、「生徒相互間の交渉が出来る丈自由にかつひんぱんに行われる」単元学習法を採り入れることに大きな関心を示している。「与えられるだけであった今までの授業、教師の講義でしかなかった授業」を変えていく方向を、単元学習法（グループ学習）に見出している。他方で、生徒の自主的学習をとりいれる場合に、「予習が絶対必要だが、その予習時間によって生活が圧迫されないか。生徒にやる気がなければ、返って現行の授業よりひどい結果にならないだろうか。カリキュラム全部を消化できるか」といった問題点も指摘している。

　クラス討論において、「生徒の意見発表」の具体策としては、他のクラスで「自主ゼミ」「グループ討論」「発表授業」等が挙がっている。高2の1や高2の3（13日）、4（16日）では、西洋史や日本史で生徒の発表授業が試行されていた。高1の5では、古文の授業について、生徒から一つの書物を長い時間をかけてやりたいという希望がだされ、教師との話し合いの結果、古文の委員を選出して、グループ学習もとりいれて3学期から実施する目途がたったと報告している。発表授業については、生徒個々人の学習深度のばらつきを生ずる、あるいは生徒の負担が大きいなどの懸念が指摘された。主体的な授業を実現することにはこれらの困難が伴うことが予想された。

　カリキュラムについては、第2回協議会などで現行のカリキュラム（単位制）の説明がなされた。高1の2では「6年制を利用したカリキュラムを、もっと個

性を重視しろ、カリキュラム作成に参加したい」という意見がだされ、高２の６などで選択制を取り入れることが議論されていたが、生徒の手に余ったのだろうか、具体的な提案には至っていなかった。

　以上のように、協議会やクラスでの討論は、多岐の問題に拡散し、まさに百家争鳴の状態で、高執委やクラスのリーダーたちが早々にまとめきれる状況ではなかった。他方で、協議会の速報や「クラス討論レポート」など迅速で大量の印刷物の作成・配付は生徒の熱量を示している。教師側は、協議会の議事運営や生徒への伝達・広報は高執委に任せていて、特にチェックをしなかった。組織のガバナンスを重要視する昨今の日本の論調からすれば、教師・学校側の態度は驚くほど緩やかである。それだけ生徒を信用していたのであり、生徒もそれを感じて精一杯やっていたといえよう。

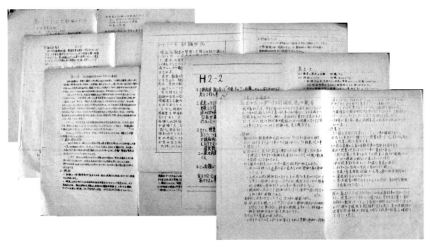

　　　　協議会「クラス討論レポート」、1969/12/12
　　　報告書は B4 のプリント計 12 ページ。高１と高２の各６クラスが１クラス
　平均１ページのプリントを作成し、協議会で報告した。
　　12/15 にも別のテーマで同様に各クラスからレポートが出されている。

第4部：年明けの運動
― 対立と沈滞 ―

年が明けた 1970（昭和 45）年、改革が生徒の日常の一部となる。全闘委は、学校側の対応や協議会による改革を「誤魔化し」「欺瞞的」と批判し、教育の本質的問題を議論することを求めた。他方 1 月下旬以降、クラス討論の参加者が減り、試験・評価・授業の具体的改革案を議論する協議会は 1 月 31 日に流会となり、運動の「沈滞」が表面化する。いざ改革というこのときに、生徒に何が起こったのか、1 月の運動の表層と深層を見ていこう。

第1章：全闘委の変貌
1．始業式の中止
2．全闘委の変化
3．全闘委の行動と学校側の対応
4．全闘委の論理
5．体制内改革の批判

第2章：試験・評価の改革案
1．高執委「評価・成績表の改革案」
2．教員・職員会議の討議資料
3．数学と理科の討議資料
4．教員有志 5 名による試案

第3章：運動の沈滞
1．クラスの沈滞
2．協議会の沈滞
3．クラスタイムの状況
4．授業停止提案
5．全闘委をめぐる内ゲバ
6．高執委の沈滞
7．沈滞が意味するもの：その原因

第１章：全闘委の変貌

３学期は、始業式を「無意味」と批判するヘルメット姿の全闘委の新たな動きによって幕を開けた。本章では、変貌した全闘委の１月の行動と論理について見ていく。

１．始業式の中止

1970年、３学期の始業式は１月10日（土）、高校は午前９時、中学は午前10時から、講堂で行われる予定となっていた。

当日は、７時半ごろから、校門で白いヘルメットをかぶった全闘委のメンバー数人と、反戦高協系（中核派）の他校生数人がビラを配っていた。全闘委のビラは「無意味な始業式を画期的な討論集会に転化せよ!!」と呼びかけるもので、次のように書かれていた。

　総ての麻布学園の学友諸君！
　二学期末の定期試験廃止・期末試験中止の要求に対して、学校側は一方的且つ露骨に上野高校型の教育体制にしようとする回答をもって答えてきた。それは一定の譲歩――即ち試験はやめるがその代りレポート・小テスト等に切り換え教師に生徒と話し合う様なポーズをとらせ、より過酷で没主体的な受験体制へはめ込む事だった。その何よりの証拠として、協議機関なるものは"教育とは何か？"という事から個々の授業のうちに問題を転化してしまい、その上更に文部省の規定・内申書があって自由ではない。つまりその実態は限られた枠の中でどう誤魔化そうかということでしかないのだ！（中略）

　学校側は二学期終了日がくると何一つ解決しないままに形だけ整えて終業式を行ない、出鱈目で埋めたビラを各家庭に配り我々生徒だけでなく親までだまして我々の要求を枠内に押えつけようとした。しかも今又形ばかりの始業式を行い、平静をよそおっている。だが、

> "本質的な問題はまったく討論されていない"のだ!!
> 　ここにおいて我々のなしうる具体的抵抗は我々を聾桟敷においた協議機関内で問題を曖昧に処理しようとする学校側を糾弾し形式主義に陥った無意味な始業式を画期的な討論集会に切り換えることによって既成教育の鎖を断ち切り主体性を復活させることではないのか!!
> 　（全闘委「無意味な始業式を画期的な討論集会に転化せよ!!」、1970/01/10）

　全闘委の「始業式を討論集会に」という提案は、この日登校した生徒にとっても、教職員にとっても予期せぬ突然の話であり、ヘルメットをかぶり校門でビラをまくという行動は全闘委にとっても初めてのことであった。

　高執委も、この日は「70 年へのアピール」と題する立て看板を出したが、通常どおりに始業式を行うことになんら疑問を感じてはいなかった。

　正門でのビラまきと生徒の登校が続いた。9 時ごろに、正門を通った反戦高連（革マル派）系の生徒と反戦高協系の生徒との間でトラブルが起こった。このような事態に対し、藤瀬校長は、生徒は教室に入るように放送で通告させ、臨時職員会議を開き、「ヘルメットをかぶった他校生がいて、始業式を強行すると混乱するおそれがある」との理由で、講堂での始業式を中止し、各教室でクラス毎に始業式を行うことを決定した。ほとんどのクラスでは担任教諭が生徒の出欠をチェックした後、解散した。午前 10 時から始業式を予定していた中学も同様の措置がとられた（「麻布学園新聞」第 93 号 2 面、1970/03/12）。

　始業式を否定した全闘委の主張も行動も、「混乱を避ける」という学校側の対応によって、いわば肩すかしをくらってしまった。全闘委としては学校側が始業式を強行すれば「実力で阻止し」、同時にそれを討論集会に切り換えるための手はずも用意していた。しかし「クラス別の始業式」という学校側の対応により、そのような事態には至らず、全闘委のメンバーが討論を行おうとして教室にはいったころには、生徒は解散していた。

2．全闘委の変化

　この日全闘委がビラで主張したことは、単に始業式の形式性を問題にしたのではなく、期末試験中止以降の、高執委や協議会を中心に進められてきた改革の流れを批判・否定するものであった。ビラでは、「教育とは何か？という・・・本質的な問題はまったく討論されていない」のに、「協議機関内で問題を曖昧に処

理しようとする学校側」への抵抗を呼びかけている。ここでは、協議会の議長団としてそれを主導している高執委は批判していないし、また全闘委を結成したメンバーは、個人のレベルでは協議会のクラス代表となったりしていた。しかし、冬休み中になにかが変わったのである。

そのヒントとなるものが、B5判2枚の「第1回全闘委活動者会議議事録」という手書きのメモである。入手経路は不明であるが全闘委のメンバーの筆跡であり、6項目の合意事項が記されている。

これによれば、全闘委は、活動の組織化を図った。具体的には「伝達・まとめ機関」としての書記局を設定し、ビラ・看板作成主任、会計担当者、あるいは各クラスオルグ責任者など役割分担、定例会議や学習会を開催することなどを決めている。

本文書に記されている個人名を数えると10名で、全員高2である。全闘委結成以来のメンバーとしては西田の名前が見られるが、田山の名前はない。注目すべきは書記局のメンバーのなかに「河越」の名前が見られることである。彼は、前期高執委委員長に選出されながら、学外での政治活動（反戦高協＝中核派）にのめり込み、12月上旬の期末試験中止までは授業改革運動にも全闘委にも直接関わっていなかった。しかし1月以降の全闘委の活動のリーダーとなる。全闘委の変貌は河越の影響によるものと考えられるが、全闘委という団体が中核派の指揮下に入ったということではない。議事録には「IV革マル派について　革マル派はナンセンス（河越君）　知りません（瀬野君）」という記述がある。1月中の全闘委は革マル派と対立するが、メンバーの多くはこのような認識だった。

7項目要求について討論し、「（参加者）全員7項目要求の正当性は認めている様子」とある。そして議事録の最後に「VI　1・10について　＊極秘です」とある。始業式を討論集会に「転化」しよう、ということはこの時に決められたと考えられる。

3．全闘委の行動と学校側の対応

始業式を討論集会に切り換えることに失敗した全闘委は、1月12日月曜日——授業開始第一日目——に「全学討論集会への結集」を呼びかけた。1月12日のビラでは、クラス別の始業式という学校側の対応を批判し、「全闘委の論理の一切を明らかにし、諸君たちの問いに解答するため、全学討論集会を本日1時限

より」中庭において開催する、とある。また、B5判7ページにわたって全闘委の要求や主張を綴った冊子が配布された（内容は後述）。

　注目すべき点は、授業時間中に集会を開催したことである。11〜12月までの授業改革運動のなかでは、授業中にクラスタイムを開催する場合はクラスの生徒と教員の了承をとってから行われ、クラスをこえる集会は、昼休みか放課後をつかって開催されていた。1時限からの集会開催は、このような生徒と教員の暗黙の了解をあえて破るものであった。学校側の資料では「討論集会呼びかけにはこれに応じる生徒はなく、授業は実施された」とある（「職員会議（内部討議資料全闘委および改革問題について）」）。多くの生徒に自分たちの主張を伝えたいのであれば、昼休みや放課後に開催するほうがよい。月曜日、それも登校してすぐの1時限を選んだのは、生徒を集めるということよりは、学校側への抗議の意思表示であり、あるいは意識的な挑発行為と考えられる。

　全闘委は、始業式の当日に教員某が全闘委の立て看板と旗を勝手に持ち去ったとして抗議し、また13日には中3の4の教室において生徒と討論していた全闘委の河越を、授業にやってきた近藤啓吾教諭が教室から排除したとして教諭の「暴力行為を糾弾する」というビラを配布している。他にもビラで、教員の個人名を記しその発言等を批判した。

　学校側は、全闘委のこのような行動に関して、12日から14日に臨時職員会議を開催している（『100年史』年表）。そのときに配付されたと考えられる内部討議資料（「同上「（内部討議資料　全闘委および改革問題について）」」）には次のように記されている。

　この資料はB4判2枚半で「1.　全学闘争委員会の7項目要求について」「2.始業式および授業第一日の全学討論集会の呼びかけについて」「3.　その他の全闘委の行動について」「4.　学校の改革問題について」の四つの部分からなっている。1は主として12月の全闘委の7項目要求に関する活動について書かれ、前章で述べた。2では始業式当日および授業第一日の活動について、3では全闘委の某君の複数の教師に対する暴言について書かれていて事実関係の記述は、全闘委のビラとほぼ一致する。

　本文書で重要なことは、生徒会活動や授業改革について、次のような基本的な姿勢が語られていることである。

　・・・生徒協議会には一定の枠がある事は否定できないが、およそいかなる組織であっても組織である以上、そこに一定の枠があるのは当然であり、まして学校という一つの組織の中における生徒協議会に一定の枠があるのは当然である。ただその枠を極めて狭くするか、比較的ゆるやかにするかは、生徒協議会の中から学校に提案しうる問題である。しかし、この枠を無視していかなる要求をも押し通すならば、それは徒に混乱を招くのみである。

　全闘委はこのような一切の現在の手続きや秩序を無視し、一方的に全生徒を代表すると称して行動しているが、学校としてはこのような秩序を乱す行為を全然受け容れることは出来ない。

　学校としては勿論、現状において改革すべき点がないとは云わないが、その改革は、順序を踏んで行われるべきである。現に学校と生徒協議会との間に今後の改革について協議するパイプが作られているのに、これを無視する全闘委の目的は、改革を口実として学校に紛争を起こすことにあるとしか考えられない。

　（職員会議「（内部討議資料　全闘委および改革問題について）」、1970/01/12〜14）

　学校側はこのような理由で、全闘委や後に登場する統実委の要求に対し、直接回答することをしなかった。12日から14日に開催された職員会議で上記の文書がどの程度合意され、何が決定されたかは不明であるが、全闘委やそのメンバーに対して、処分が行われることはなかった。

　全闘委はその後、1 月 19 日と 22 日にビラを発行し「全闘委に結集せよ」と呼びかけているが、集会を開催したり、学校側に直接の行動をとったりはしていない。学校側が挑発に乗らず、生徒の同調を得ることもできない、いわば手詰まりの状態にあった。

4.　全闘委の論理

1）7 項目要求の継承

　ここでは、1 月に全闘委が配付したビラをもとに、彼らの主張、とくに 12 月との異同について検討してみよう。

　まず、先に紹介した始業式当日に配布されたビラは、12 月以降の協議会を中心にして進められる改革への批判である。協議会は、①教育の本質的問題を議論せず、②文部省指導要領などの外的規制を問題とせず、③その枠内で授業やテストを変えることは、「誤魔化し」であり、「より過酷で没主体的な受験体制にはめ込む」ことであり、なすべきことは④「既成教育の鎖を断ち切り主体性を復活させること」である、と主張する。

　次に、1 月 12 日に（集会で）配付された冊子は、「『7 項目要求』に関して」「『現在の教育』について」「『一貫してとっている学校の戦術』について」の 3 部構成となっている。

　1 月以降の全闘委の行動は大きく変化したが、7 項目要求は継承して、これを実現するべく全闘委に結集するよう、生徒たちに呼びかけている。

　7 項目とは「1.平均点制廃止」「2.定期試験制廃止」「3.授業改革」「4.生徒心得の全廃」「5.全ての自主活動を認めよ」「6.職員会議の公開」「7.処分・落第制度の変革」である。このうち 1 から 3 については高執委の主導した広義の「授業改革」と同じものであり、残り 4 項目が全闘委独自のものである。つまり、この 4 項目が全闘委の独自な存在意義といえた。

　だがこの 4 項目は、前述したように（§3.1.7）、他の高校で採り上げられているものからもってきたもので、前の 3 項目と異質なものであることは全闘委も気づいていた。このため、次のように整理しなおし、7 項目はセットであり「どれか一つを欠いても意味がない」と訴えている。

　　この 7 項目要求は 3 つに分けられる。即ち〔1、2、3〕〔4、5〕〔6、7〕である。つまり第三グループによって学校側の非教育的・管理的対応か

ら我々の権利を防衛し、第二グループによって我々の日常活動における主体性と個性・人格を保障し、この大前提の条件に踏まえて教育を行うにあたって我々が学校文部省によって犯されないための最低の条件を作り出すのが第一のグループなのである。故に、7 項目要求は、どれか一つだけ実現するという性質のものではないのである。どれか一つを欠いても意味がないし、又われわれの権利も生活も保障されないのだ。

　（全闘委「『7 項目要求』に関して」、1970/01/12）

２）「本質的な問題」

　「『現在の教育』について」は、全闘委のいう「本質的な問題」を述べ、日本および麻布における教育の現状を批判している。

　全闘委は「我々は何故疎外を感じるか」という問いから始める。現在の教育は社会の要請する人間をつくることを目的としている。その大半は労働者＝労働を売って対価（給料・賃金）を得、それで生活している人たちである。社会の中の教育機関＝学校は社会の要請に応じて、労働者を「生産」している。社会の要請によって学校の行う教育が、教育を受ける側の人間＝生徒の要求に合致しないのは当然である、としている。

　そして、学校によって作りだされる人間は、「保守的であり、改革の意欲が全くなくなってしまう。そして、ただ食うために毎日を疎外感に浸りながら暮らし、型にはまった様なマイホームを夢見て生きるのだ。そして自分のちっぽけな財産のみを守り、必死に下層階級に没落しない様に、人を蹴落とすことのみを考える標準的サラリーマンを作っていくのである」。さらに続けて、学校における教師は「自分とその家族が生活するのに必要なだけの給料をもらって働いている特殊技術労働者」であり聖職者ではない。麻布の教育は「大学に入り知識を身につけた」、技術者、学者、高級官僚等の「高級労働者」をつくることを社会から要請されている、としている。

　12 月までに高執委・協議会・クラス討論などで教育の本質を話さなかったのではない。教育の意義などについて「教育の原点の問題」として話し合われていた。全闘委も 12 月 16 日付のビラで「教育とは、諸個人の能力をどこまで伸ばすか、ということを目的として行なわれるのではないだろうか。諸個人の能力とは、

まず人間の感性を豊かにするという作業から始められ、適性に沿って行われるべきなのである」と言っている。

　12 月以前に論じられていたのは、主として教育の個人にとっての一般的な意義であったのに対し、全闘委が上記ビラの後半で論じたのは、現在の教育が、個人よりも社会の要請によってなされているという問題であり、これは確かに「全く話されていな」かった。

　教育が社会の要請によって行われる、とは、いいかえれば、教育とは社会の役に立つ人間をつくりだすこと、となるが、教育にはそういう要素がある。労働者が自らの労働を売って対価を得ている、というのも、一般的な真実だろう。ゆえに生徒たちにもわかりやすかった。

3）疎外と大学受験

　1 月の全闘委の理論のもうひとつの新しさは生徒たちの抱いている「疎外感」を上記の教育の社会的要請と結びつけて説明したことである。

　疎外という難しい言葉が使われているが、ここでは生徒たちの感じていた「日々の倦怠と無為」とほぼ同じものといえよう。全闘委の 1 月 19 日付ビラで、この「疎外」について詳しく述べられている。

　　我々は毎日の授業の中で極度の疎外感をいだいている。何故か？多くの学友は"知識を得る"という名目の下に大学へ進学することを半ば前提として考えている。もしこの進学という事を本当に感性的にも欲し、その中で受験勉強に主体的に取り組んでいるなら、我々は疎外を感じる余地すら持たないであろう。幼い頃からの生活の結果、我々の中には環境から得た大前提として"大学受験"が刻みこまれている。それは我々の感性が要求したものではなく、あくまでも環境によって規定されたものである。そして、社会的に名門と認められ麻布は、社会的要求と生徒の大前提を結合されることになり、授業を入試向きにし、それを定期試験・実力テスト等を通して模擬試験への授業という性格をつけ加えているのだ。結局、我々は大学進学を大前提としてとらえることによって自己を没主体的な日常性のうちに埋没させ、どうしようもない疎外感を味わっているのではないだろうか？　　（後略）

　（全闘委「全麻布の学友に！」、1970/01/19）

163

　社会の要請と生徒個々人の欲求とが合致しないから疎外を感じるのだ、という
このビラの主旨は、12 日付の冊子と同じ論理であるが、ここでは大学受験とむ
すびつけて語られている。当時の学生運動のなかでさかんに用いられていたマル
クス主義哲学の「自己疎外」論を援用したものだった。ここでは、当時の高校生
徒の大学受験の受けとめ方を検討する。

　今から 50 年前、高校 2 年の時に、自らが大学に進学する理由を本気できちん
と考えている生徒はどれだけいただろうか。麻布学園では、そうでない生徒たち
がほとんどではなかったか。多くは幼い頃からの環境、いいかえれば親や周囲の
期待に従って大学に進学しようとしていた。経済的にもそれが許される環境にあ
ったため、深く理由を考える必要はなかったのである。

　大学受験を一年後に控えた高 2 の生徒たちは、この全闘委の「疎外・大学受験
論」には共感せざるを得なかったのではないか。社会的にも、「学歴社会」や「受
験地獄」が語られ、「受験生ブルース」（高石友也）という歌がはやっていた。

　いくら社会の要請があるからといって、個人にそれを拒否できない理由はない。
大学に進学しなければ疎外の問題はなくなる。だが、生徒たちにとっては、そう
もいかなかった。

　当時の日本の高校生の大学進学率（短大を含む）は、男性 27%、女性 16%で
全体では 21%だった（1968 年学校基本調査による、2022 年は男性 58%、女性
61%）。大学卒は社会のエリートと思われていた。なかでも東大卒や私立の早慶
卒はエリート中のエリートだった。当時麻布から東大、早慶に進学する者は半数
を越えていた。

　そういう社会的なアドヴァンテージを自ら手ばなすこともあるまい、と思った
のだろう。特に将来どういう職業につきたい、という明確なイメージを持ってい
ない生徒たちにとって。親も大学進学を期待していた。その期待を裏切るのは逆
に面倒な作業であった。

　大学受験を約 1 年後に控えた高 2 の冬に、自分は大学に行きたいのか自問自
答することになった。そして別に行きたいわけでもないことを発見した。では何
のために麻布にいたのだろうか。確かに定期試験前と試験期間中は勉強した。そ
れ以外の期間は授業をうけ、自由に好きなことをした。ただし「自由に」と言っ
ても、成績が落ちない程度に、であった。結局麻布での 4 年半何をしたかという
と、試験のために勉強しただけだった。そしてその勉強がなんの役に立つのか、
というと、「大学受験」くらいしか思い浮かばなかった。

　この点で、全闘委の大学受験を自己疎外の理由とする主張は、多くの生徒たちの大学受験への思いと重なっていた。全闘委のメンバーの多くは、成績優秀者（優等生）ではなかったが、やはり大学受験や成績にしばられていると感じていたがゆえに、このような論理をたて、学友に同調（自らを解放すること、共に戦うこと）を求めたのであろう。

　このような状況は、有名校といわれる他校でも共通するものであった。日本女子大学附属高の新聞でも、次のような呼びかけがある。「ともすれば大きな日常にのみこまれ　空しさの中に埋没して行く自分に　今こそ訣別しなければならない」「私たちをとり囲んでいる社会、資本制社会を乗りこえよう。とっぱらおう、経済的に自立できるために」（日本女子大学附属高校新聞部『いくた』第 90 号、1971/10/31）

　では、次のように言われたら全闘委は何と答えただろうか。

　「だが「疎外」を我慢すればいいじゃないか、親の期待に応えることの何が悪い、大学に行くこと自体が良くないことなのか」

　全闘委は、共に戦おうといったが、大学に進学するな、とは言わなかった。大学受験にどう対処するのかという問題が表面化するのはもう少し先のことであった。

5．体制内改革の批判

　1 月 19 日と 22 日のビラの内容は、12 日のビラや冊子と同じ論理で同じことを主張しているが、一般生徒を意識した、ソフトな呼びかけになっている。19 日のビラ「全麻布の学友に！」の冒頭は次のように始まっている。

　　　総ての麻布生諸君、我々は日々の授業の中に蓄積している疎外感を打破するため定期試験制廃止・期末試験中止のクラス決議を、我々のすべての不満をぶつけるかのようにとってきた。しかし、我々はこのクラス決議を現実化してゆくためにも、再度原点に立ち返って考察を開始すべきではないだろうか。

　　　（同上「全麻布の学友に！」）

　この時点では、協議会で評価制度をどうするかということについて、17 日に教員側のまとめと高執委の評価案が提示されたところであった。他方で、「2 学

165

期と全く変わらない授業・テストが行われ、生徒の不満、不信が強い」（「協議会速報　No4」、1970/01/19）ことも指摘されていた。

そこで、全闘委は次のように言う。「この（廃止）決議を現実化するには非常に困難な状態に置かれている」。なぜなら学校側は「必然的に我々を管理・運営する」。具体的には、「生徒心得」で生徒の日常を規制し、処分・落第で生徒を脅すことが可能、学校側の決定は職員会議で行われるが、その内容は生徒たちには非公開、生徒の代表である生徒会の活動は「学校長のみとめる範囲内」でしか行えないからである。「我々の疎外感は定期試験廃止によって完全に解放されるのであろうか？ NO！カリキュラムの編成は総て学校側、これはまったく解放とはいえない」。疎外からの真の解放のためには、7 項目の要求すべての実現が必要だという。

10 日のビラでは、現在の高校教育を規制する権力として、文部省の規程（指導要領）や内申書を、12 日のビラや冊子では、資本主義社会の要請（労働力商品の生産）を挙げていた。このような社会体制を問題としなければ、「限られた枠のなかでの・・・誤魔化」しとなる、と批判する。全闘委の批判は、当時の語でいえば、「体制内改革」となることへの批判だった（試験・評価制度改革についての具体的な批判点は、2 月 5 日のビラで示される）。19 日と 22 日のビラでは、資本主義や文部省といった社会体制のことは言及されていない。意図的に外したのかどうかはわからない。他方で、次のような呼びかけがなされている。

> ・・・我が全闘委は諸君たちの組織である。諸君たちと同じ麻布生が、高校生が、そして中学生がつくった組織である。
> 諸君は 7 項目要求に反対ではないだろう。全闘委も諸君たちと同じように今の麻布の状タイが不満であり、その中から自分自身を解放しようとしているのだ。
> （全闘委「全闘委より全麻布生に訴える！」、1970/01/22）

このような全闘委の主張や呼びかけに対する生徒の直接の反応はみられなかった。ビラの字は細かく読みづらいものだったが、労働力商品論や疎外論は、高 1 や中学生を含めて、ある程度生徒の知るところとなった。

では、高執委は教育に対する社会の要請についてはどのように考えていたのか。高執委のメンバーは、当初から、試験制度や授業の改革を生徒の主体性に関わる

問題として提起し、その問題が社会や政治の問題と関わっていることも認識していた。しかし、社会の要請や政治の問題を前面で語らなかったのは、社会の壁で生徒があきらめたり、逆に政治課題に突入したりすることを避け、改革を積み重ね、「改革のいけるところまでいこう」という考え方をとっていた。その裏には、麻布が私学であり、文部省や教育委員会の指導や規制から比較的自由であり、独自な教育も可能であろうという見通しもあった。このため、12月の協議会において、高執委は、協議会での改革案は、現行の法律の枠の範囲内でのものとする方針を示し、生徒側からも教師側からも異論は出なかった。このような改革運動の考え方は、始業式当日に掲げられた立て看板「70年へのアピール」からも読み取ることができる。

> 　我々は、この70年を、新たなる可能性と、それに伴う重いくびき［傍点あり］をもって迎えた。教育改革の運動は、まさにその出発点に立ったにすぎず、我々は、これから始まる永い運動を着実に進めていく為に、生徒諸君、教師諸君、共に連帯し、我々をとりまくこの歪められた教育状況に、執拗に、かつ責任をもってたち向かって行かねばならない。さらに我々は、この激動
> の70年代を迎えるに当り、常に醒めた意識を持って、我々をとり巻く、この反動化の嵐に、敢然と向かっていこう。
> 　　　（高執委「70年へのアピール」立て看板手書き原稿、1970/01/10）

　激動の「70年」とは、安保（日米安全保障条約）の延長・改定をさしており、「反動化」とは、建国記念日(紀元節復活)に象徴される動きを指している。教育（授業）改革の運動は、「永い運動」の出発点であり、その先には、社会や政治の改革が必要となってくることを予想していた。2月11日の建国記念日をめぐる問題のなかで、政治・社会の問題とどう関わるかということが表面化する。

第２章：試験・評価の改革案

　　　　協議会を中心にした改革の進め方に対し、全闘委は、代議制と生徒
　　　　会の限界という観点から、これを批判した。一方、協議会の目的は、
　　　　生徒と教師が自由に意見を交換し、改革の具体案をつくるというもの
　　　　ので、開かれた自由な討論の場としてこれを位置づけている。協議
　　　　会に出席するクラス代表も教員も、それぞれの組織の代表という形
　　　　にせず、自由に発言できるという考え方をとっていた。また、傍聴
　　　　自由とし、中学生や全闘委のメンバーも参加し、発言も認められて
　　　　いた。本章では、1月の協議会に提出された生徒と教員の双方の改革
　　　　案とその討議を追いながら、両者の意識のずれを考察する。

１．高執委「評価・成績表の改革案」

　協議会が発足した12月の時点では、今回の改革は主体性を求めての改革であ
り、生徒も教員も、自主的主体的に討論に参加し、それで十分にうまくいくと(生
徒側は)楽天的に考えていた。

　第４回協議会は、1月12日開催と決められていたが、実際に開催されたのは
17日であった。12日は、全闘委が授業開始時から討論集会を開催しており、そ
の関係での延期と考えられる。他方、同日高執委は、中学生向けに「試験制度に
関する討論資料」を配付した。そこでは、生徒が「試験前にしか勉強しない」「テ
ストが返されても点数にしか関心を示さない」「横行するカンニング」、教師は
「［定期試験にあわせ］中途半端な所で試験をする」「期末試験の答案は返されな
い」といった現象を例に挙げ、こうした状況では「一人一人がしっかりすること
も大切だが、制度自体も変えていかなければならない」と呼びかけた。余白には、
当時はやっていた赤塚不二夫の「ニャロメ」の挿画があり、「いい事書いてある
ニャー」とつぶやいている。

　17日の協議会冒頭に高執委は、討論資料「評価・成績表の改革案」を提出し
た。改革案は「定期テスト及び成績表を全廃し、評価はすべて各教科が生徒と協
議の上、個別的多面的に行う」とし、その提案理由として、

　　１評価とは何か、
　　２個別評価と総合評価、
　　３総合評価(成績表)を廃止する理由、
　　４疑問に対する回答、反論に対する再反論

第
1
部

第
2
部

第
3
部

第
4
部

第
5
部

第
6
部

　という章立てで、議論を展開している。12 月 15 日付高執委討論資料「評価について」で示した基本姿勢（「我々に単位点数を通告するものという傾向の強かった評価を、まさに我々自身のもの、我々の主体的学習に生かすものにしてい」く）に立ち、岩波小辞典『教育』から、「教育評価」の考え方を紹介する。「教育評価」とは「教育目標（価値）に対する生徒の到達度を示すもので、生徒にとっては新たなる学習の手掛かりとなると同時に、教師にとっては、自己の教育力の評価として新たなる教育指導の資料となるのである」。

　この教育評価と対立するものが、総合評価や社会的評価であり、これらは、抽象的・数量的であり、選別・差別に役だっても、教育には無意味で弊害をもたらすだけであるとの立場から、「成績表の廃止」を打ち出している。この点は、11 月 28 日の改革案では「３段階程度の大まかな評価」とされていたものを改定している。その理由として次のように述べる。

> 総合評価（成績表）を廃止する理由
> a. テストやレポートが評価の材料ではなく、それ自身が個別評価として重視されるなら、それを再集計する必要が無い。
> b. 百点法や五・十段階評価等の方法によらず、数量化記号化された総合評価は、抽象的な良さ悪さを示すのみで、新たな学習の手がかりとしての評価本来の意味を持たない。又、そればかりではなく、評価が「通告」的なものとなり、生徒に学力を固定的に考えさせ、学習意欲を失わせる。
> c. 成績表があると、それに記入する必要から旧制度のように試験が定期化し、点数を出すための試験となる危険が大きい。
> （高執委「評価・成績表の改革案」、1970/01/17）

　このビラでは、ab において、成績表が教育評価としては無意味であり、bc において、その弊害を指摘している。しかし、成績表は、親に対する通知表でもあった。これについては次のように述べる。

> a. 親に対する成績通知はどうするか。
> 　抽象的な数字・記号を書き並べた成績表を親が見ても、それに満足するか、「勉強しなさい」の一言をくり返すのみであろう。必要ならば、テスト、レ

ポート等の個別評価を見せても良いだろうが、高校生なら自分の勉強に自分で責任を持つべきである。又、父兄、教師の三者懇談会を開いても良い。

b. 指導要録・内申書は五段階評価でつけねばならぬのに、それをどうするか。

個別評価の一部を材料に、教師が（良い意味で）適当につければよい。ここで社会的評価につながり、評価に価値が付与するのは、体制内改革としての限界である。

（同上「評価・成績表の改革案」）

高執委の主張は、「無意味な」成績表を廃止しても不都合は生じない、というものであったが、大学受験の有名校に入学させた親の期待に対し、それを説得できる十分な議論ではなかった。また、無意味な平均点に生徒が縛られていたのは、よい大学、よい就職という親の期待のもとで生徒自身の身に付いた価値観や欲求があったからではないか。このような欲求は、成績表を廃止すれば自然になくなるものではなかった。生徒は、高執委は、自分の内なる価値観や親の期待ともっと格闘する必要があった。

２．教員・職員会議の討議資料

17 日の第4回協議会において、教員側（職員会議）から「考査及び成績評価に関する討議資料」が提出され、教務担当教諭から口頭で経過説明があった。それによれば、12 月に、まず教務（分掌教員）を中心に、各教科代表教員を加え、改革について検討すべき問題点をピックアップし、次に各科ごとに、試験・評価制度について、冬休み中に討議をした。3 学期に入り、協議会に向けて各教科別の改革案を持ちよったがひとつにはまとまらず、討議資料という形で、問題点と意見を整理して提出する形とした。今後も議論を続けていく。

『100 年史』の年表には、「12 月 29 日　授業改革に関する教務・各科代表の会合．各科代表より，定期試験制度・評価・及第・単位制・カリキュラムについての意見発表．全て決定に至らず．1 月 9 日　職員会議．授業改革について，12 月 29 日の会合・各教科会での討論状況の報告」とあり、上記の説明と一致している。他方、1 月 12 日から 14 日および 16 日に連日職員会議が開かれているが、討議事項は記されていない。全闘委および協議会への対応が議論されていたと考えられる。

第 1 部

第 2 部

第 3 部

第 4 部

第 5 部

第 6 部

討議資料は次のように始まっている。

　　今学期末の考査及び今学年度の成績評価のあり方について早急に方針を決めなければならない。

　　以下は考査及び成績評価に関して、各教科会、職員会議等で提案され討議されたものを整理したものである。

　（Ⅰ）学習の結果をまとめ、確かめることは必要である。そのための手段の一つとして考査、レポート提出等の方法をとる。

　（Ⅱ）1 年間に何回か考査が行える期間がある方がよい。この期間に考査を行うか否か等については、各教科或いは各教科担当に一任する。

　（Ⅲ）考査期間の設け方について　　（考査期間後の授業の有無）

　（Ⅳ）一年間に考査期間を何回設けるかについて　　（1 年間に五回か三回）

　（Ⅴ）答案の取り扱いについて　　（点数をつけるか否か）

　（Ⅵ）成績評価の方法について　　（百点法、五段階法など）

　（Ⅶ）成績評価の方法を全教科で統一したものにすべきか否かについて

　（職員会議「考査及び成績評価に関する討議資料」、1970/01/17）

　（Ⅲ）以下では様々な案が併記されているが、（Ⅱ）はそうなっていない。考査期間（定期テスト）があるほうがいいということで、教員側の意見は一致していたことになる。（Ⅶ）については、教員・教科間で意見の隔たりがみられる。「全教科統一した評価方法をとる」ではその理由として「a 教科間の比較に便利であ

る（進路決定に役立つ）ｂ統計的処理に便利である　ｃ生徒にとって分かりやすい。生徒の希望も多いと思う。ｄ総合学力を知りやすい」としている。他方、「各教科ごとに評価方法を定める」案については、「各教科は内容的にも質的にも異なっている、点数第一主義的な生徒の学習観や人間観を変える」とある。なお、付記として「指導要録には五段階評価を記入しなければならいことになっている。上の諸案は、このことを一応切りはなして考えている」とある。

　この討議資料は生徒側の出席者には不評であり、種々の質問が投げかけられた。とくに、高２の４つのクラスで廃止決議がなされた定期テストの問題を、「何回か考査が行える期間がある方がよい」と、理由も示さずに必要だと結論づけている点に疑問が集中した。これに対しては、協議会の場で教員側は「考査を行う期間がある事は仕方がないという意味である」と答えている。また、生徒たちは、「何のための教育か、授業か、評価か」という目的を問いかけたのに対して、定期試験や成績評価について、教員側が「便利だ」「分かりやすい」といったレベルで答えていることも、「問題の本質」が伝わっていない、分かっていないと感じられた。高執委の改革案が「評価とは何か」という問いから出発し、「教育評価」という概念を用いて改革案を提示しているのに対し、教員側の「討議資料」にはそういう姿勢や論理が見られない。漫然と今まで通り、定期的にテストをやった方がいいのではないか、という程度の認識しかなかったように見えた。

　そこで協議会は、「評価のあり方、評価とは何かといったいわば教育の本質にもふれる問題について全く言及せず、末梢的な試験（ペーパーテスト）の方にばっかりとらわれているという意見が強かったので」（「協議会速報　No4」）、次のような形で次回までに職員会議の見解を問うこととした。

　　・平均点、優等制廃止の理由
　　・高２－１，２，５，６組で出された定期テスト廃止決議をどの様に考え、期末テストを中止したのか？
　　上の二つの事に答える事に依って、評価とは何か、評価の在り方と云った本質的な問題に言及する
　　・各教科別にしろ、なぜテストをやるのか？
　　（高執委「協議会速報　No4」、1970/01/19）

第１部

第２部

第３部

第４部

第５部

第６部

当日の教員側の出席者は、高１高２の担任各３名計６名、これ以外の教員６名がオブザーバーとして参加している（教科では、国語３，数学１，英語１，理科３，社会２，体育１，芸術１）。13 時 15 分に開始され、終了したのは 16 時 30 分であった。

３．数学と理科の討議資料

１月 17 日の職員会議資料から、この時期、教科や教員によって、試験・成績評価について、意見の隔たりがあることがわかるが、数学と理科については、当該教科の検討資料が残されている。

数学の１月 21 日付「討議資料」は「§１．カリキュラムについて」「§２．演習について　など」の「§３、評価・試験について」の三つの部分からなっている。理科の資料（１月 22 日）は、「理科の授業に関する改革案」と題しているが、評価について述べられているだけで、授業に関する記述はない。

「評価」の部分で一致している点は、高執委の提唱した「教育評価」の考え方、評価は「学習の効果を確かめるため」という考え方をとり、評価方法を全教科で統一することは好ましくない、ないしは不可能と考えていることである。

それぞれの教科について見てみよう。

数学科の資料では「§１．カリキュラムについて」が約 2/3 を占めている。そこでは、文部省指導要領や教科書の体系には学習上不合理な点があり、麻布の中高一貫教育のメリットを生かして独自カリキュラムを組んでいる、と説明している。そして、微積分・線形代数（ベクトル）・確率の３分野を重視しており、その理由は「他の自然・社会諸科学の中で数学を用いる場合にも、最も基本的なものであること」「それだけでなく、自然や社会に対する体系的な認識―世界観を自分の手で作り上げる土台として欠かせないものであること」と述べている。

カリキュラムの説明に重点が置かれている背景には、次のような事情があったと思われる。

改革運動の始まりの時期に「数 a 数 b 問題」があった。この問題はテストの出題・採点上の問題ではあったが、その背景には日ごろの「わからない」授業に対する不満があった。そして、生徒たちとの討論のなかで、数学の授業が「わからない」原因は「高度な内容を教える独自カリキュラム」ではないか、と問われていたので、教師たちは独自カリキュラムをとる理由を説明する必要がある、と考えたのではないか。

　理科の資料では、理科としては、「ペーパーテストが最も効果的」「100 点法が妥当」「(試験は) 期末ごとに 1 回ずつは最小限必要」と記している。「期末試験の終了後に、一定期間の授業日を設け、答案についての公評、授業の締めくくりや補充、休暇中の宿題の説明などを行う」、「答案には教師の批評、感想、助言などを記入して生徒に返却する」としている部分は教育評価の考えにもとづいた改革案といえる。

　他方で、「理科としては通知箋に各自の得点のほかに学年の平均点を記入し、更に、できれば学年全体に於ける得点の分布状態を示す表を記して父兄の参考に供することが良いと思う」と述べ、高執委の「個別評価」だけで良い、という考え方はとっていない。

　他の教科については、この時期に意見を取りまとめた資料は残っていない。このことからも教科によって改革に対する関心 (意欲・危機感) の度合いが違うことがうかがえる。また、関心の度合いは、教員個人の年齢や経験、教育への関わり方によっても異なっていた。

4．教員有志 5 名による試案

　1 月 22 日の第 5 回協議会では、教員側は、「宿題」となっていた職員会議にだされた質問については、「教育及び評価の本質論は、単なる抽象論に陥らないように常に具体案をつくりながら考えてゆく」「今回には、職員会議としての具体案はまだ出来ない状態であった」ので、教員有志 5 名による「試験および教育評価についての試案」を提出し、質疑応答した。(「協議会速報　No5」、1970/01/23)

　教員有志の試案の日付は 1 月 21 日となっており、当日職員会議が開かれている。このとき、有志案を協議会に提出することが了承されたと思われる。有志とは、及部 (物理)、神崎 (数学)、増島 (数学)、山之内 (英語)、山領 (世界史) の 5 名である。複数の教科にまたがっているが、国語、体育、芸術担当の教師はいない。

　この試案は「§ 1．試案提出の意図」に始まるが、この部分が、全体の 4 割を占めている。改革の進め方についての基本的な姿勢と現状認識を示すものであり、全文を引用する。

§1　試案提出の意図

1　私たちはこの試案を授業改革に関する教師と生徒の協議会と職員会議の討論の素材として提出する。

2　「協議会」にこの試案を提出するのは、次のような役割と機能を持っている「協議会」のためにこれを役立てたいからである。

(a)「協議会」は生徒・教師が協力して改革のための原案を作る機関」である。

(b) 教師・生徒両者の代表が一致して作られた原案は、それぞれ職員会議、生徒協議会に持ち帰って討議した上で決定される。（したがって「協議会」は決定機関ではない。）

(c) 上記のような「協議会」の性格からいって、原案作成の過程では教師・生徒がたがいに対立して交渉するだけでなく、両者が入りまじって率直に意見をたたかわせながら討議の共通の基盤をきずいて行くことが重要となる。

(d) しかし、そうした教師と生徒との協力を実現するためには、ただ、協力の心構えを説くだけでなく、実際に両者が討論に当って、共通の素材としうるような具体的な、改革の提案が積極的に行われる必要がある。

3　去る1月17日（土）の「協議会」には生徒会高校執行委員会の作った改革案（以下「高執委案」と呼ぶ）が提出された。私たちは、この「高執委案」にいくつかの批判を持ちながらも、この案が全体としてよく考えて作られたものであると認め、今後の討論の土台として生かしたいと考える。後出の§2，§3での検討において、私たちは、高執委案と論点がかみ合うように工夫した。

4　1月17日（土）の協議会では、討議継続中の意見をまとめ整理した資料が教師側から出されたが、それに対し、当面の対策のみあって基本的な問題を忘れ或いは回避しているという趣旨の批判的意見が多かったが、この試案を作成するに当って、私たちは先ず、改革の基本的方向・内容を考え、"この3月に定期試験をやるかやらないか"といったさし当っての対策は、基本的な方向が定まってのち、それを目ざしての過渡的な処置として考えるべきだという立場をとった。

5　基本的な問題の扱い方は慎重でなければならず、討議には多くの時間がほしい。しかし、時間的制限なしに考えることはできない。私たちは、

2月の中旬〜下旬には、生徒・教師一致した原案を作り上げ、学校全体としての案を決定したい。教師側がまだ討議の途上にあり職員会議で一つの成案を得ていない段階で、敢て、この試案を早急にまとめ、少数の教師の責任で提出・公表したのは、少しでも早く実質的討議を開始する必要を痛感しているからでもある。一応のまとまり［傍点あり］をもった案の提出は、「協議会」が成果を挙げるために積極的な意義をもつと思う。

　　6　基本的な問題から取り組むことによって、私たちは従来の試験制度・教育評価のあり方に対して批判的検討を行なわないわけには行かなかった。1月17日の協議会での生徒側の意見の中にあった従来のあり方への反省的自覚ないし批判的検討を改革の出発点とせよという趣旨の発言に応えることによって、私たちの改革案の土台を強固にしたい。

　　7　この試案は、私たちが以前から考えたり討論してきたりしたことの上に立ってまとめられた。その意味でこの試案は、今回の改革のために即席で作り上げたものではない。けれども、まとめ方はいま直面している問題にできるだけ密着するように工夫した。

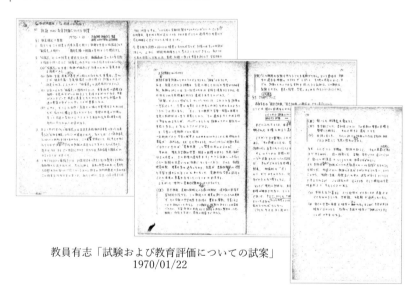

教員有志「試験および教育評価についての試案」
1970/01/22

つづいて、試験・評価についての現状と改革案を示している。

第1部

第2部

第3部

第4部

第5部

第6部

§2　試験について

1　定期試験

　従来の年５回の定期試験制は、半世紀以上続いて来た間に慣習化し、事実上、点数で成績を付けるために行われてきた。

　無論、個々の教師は、試験実施に当って、自らの教育的意図をそこに盛り込み、定期試験を教育に役立てるための努力を行ってきたであろう。けれども、そうした意図や努力は、定期試験制を慣習化・形式化から救い出し、そこに新たな生命を与えるほどの成果は挙げていない。

2　教育評価とペーパーテスト

　試験が教育評価のためのものだとするなら、"評価"とはなにか。

　本来、教育における評価は、生徒に対しては次の学習のための資料、教師に対してはつぎの教授のための資料を提供するために、一定の明示された目標に対する達成を示すものである。

　「試験」とふつう呼ばれるペーパーテストは、このような評価の一手段として、学習の成果をまとめたしかめるためのものとなりうるかと問うなら、「もし、その期間の学習・教育の目標を生徒と教師がはっきり自覚しており、その達成をたしかめる形でおこなわれるならば、ペーパーテストは、評価のための有効な一手段となる」と答えることができる。

3　学習の一定期間ごとの総括

　一定期間ごとに学習の成果をまとめ、たしかめることには積極的な意義が認められ、また、２でみたように、ペーパーテストが問題の焦点でないとすれば、「定期試験」の弊害は何によるのか？

　それは、現在、各学期の学習・教育の目標に対する生徒・教師双方の自覚と、その目標の達成度をたしかめる評価の一手段としての試験の位置づけが明確でなくなっており、その上、科目数、授業数、授業内容の過多のために、生徒が定期試験直前に過重な学習を課せられることとあいまって、定期的な学習の総括としての本来の意義を失っていることに由来する。

　したがって、現行の定期試験制は改革し、次のようにする。

　（I）　各学期末、長期の休暇に入る前の時期に、一定日数の総括学習期間を設ける。この期間には、授業は新しいところへは進めず、その学期の学習内容を総括し、重点を復習し、定着させることを目的として行う。この期間

に、教師が試験を行うことは義務づけない。学習総括の手段として試験を行う科目は、この期間に試験を実施し、事後の指導まで行う。

（Ⅱ）「この期間に試験を行なうことを義務づけない」という意味は、学期中の適当な時期の小テストやレポートその他の手段によって、すでに評価のための十分な資料をもっている教師は、この期間は試験をせずに重点の復習、学習のまとめを行なうということである。

§3　評価と成績表について

高執委案の「個別評価」「総合評価」の概念はやや混乱している。ここでは、

個々の目標に対する達成の評価＝個別評価

いくつかの側面についての個別評価を操作（平均するなど）した抽象的評価＝抽象的評価

と呼ぶことにする。

すでにふれたように、本来、教育評価は、次の学習の資料を提供するために、一定の明示された目標に対する達成を示すものである。

したがって上の整理にしたがえば、教育評価は、個別評価又はその集合であるべきである。その前提としては、学習の目標が示され、かつそれが生徒に（教師にも）自覚されていることが必要である。

もしいくつかの目標に対する個別の評価を操作（平均するなどして）して一つの点数または一つの段階になおし、それだけを示したとすれば、それがどのような目標に対してのものであるかが見失われる結果、抽象的な“良し”“悪し”を示す（“できる”とか“できない”とか）だけのものとなり、次の学習・教育のための具体的な資料・手がかりとなり得なくなる。この点で高執委案の指摘は全く正しい。

ところで、現行の評価は、各科目の評価が一つの点数で示され、かつ目標が明示されない、というように、まさに上の意味での抽象的評価であって、今まで少なくとも制度としては、そうした抽象的評価をもとに“できる”“できない”といった区分が、教師・生徒間に通用していたことを認めなければならない。

こうした考えを推し進めて、次のように改革する。

（Ⅲ）統一した成績表を廃止する。

　（IV）各学期ごとに、各科目ごとに、その学期の学習の目標を整理して明示し、それに対する達成を示す。

　（V）　目標の示し方、それに対する教育評価の方法は、各教科、科目ごとに研究して、生徒と話しあってきめる。

　なお、ここでいう目標は、教材に即してそれに密着しての目標であるのであるから、同一科目でも、学期・学年ごとに違ってくるので、統一した成績表をつくることは非常に難しい。

　また、各科目共通の評価が一つの点数（または一つの段階）で示されるとは限らず、科目ごとに評価がちがうかもしれないということから、教師・生徒・両親などの中に混乱がおこるということも考えられるが、この混乱には次のような、むしろ積極的な意味があると考えるべきである。

　（a）平均点を計算するという処理ができないため、点数ですべてをはかるような学習観、生徒観が通用しなくなる。

　（b）自己の学習の成果を順位で見られなくなるので、生徒が自らを順位ではかったり、教師が生徒を順位で「評価」したりすることができなくなる。

　（教員有志「試験および教育評価についての試案」、1970/01/22、

　　22日協議会で配付、23日生徒全員に配付）

　この「教員有志提案」は、生徒や高執委の問題提起と改革案を踏まえ、議論をさらに進めるものであった。その特徴や意義を整理する。

（1）協議会の位置づけ：

　　「教師・生徒の自由な討論の場」と位置づけた。当時の議論は「生徒ｖｓ教師」という図式に陥る傾向があり、「入りまじって率直に意見とたたかわせる」という文言は新鮮だった。

（2）改革のスケジュールを提示したこと：

　　2月下旬までに、改革の「基本的な原案」をつくり、それをもとに、3学期の「過渡的な」処置をすべきとした。

（3）改革案の「実質的な討議」を開始したこと：

　　11月下旬以降の生徒や高執委からの試験・評価制度の批判や改革案に対して、学校・教師側は「優等制の廃止」「平均点制の廃止」といった個別の回答を示してはいたが、試験や評価の意味や役割といった基本的な問題には、まだ答えていなかった。教員有志提案は、高執委案（1/17およ

179

び12/15）を全体として「よく考えて作られたもの」と評価し、自らの試
案もそれにかみ合うように作成されている。

(4) 従来の試験・評価のあり方について、教師としての反省を明示：
「定期試験制は・・・慣習化し・・・その点数＝抽象的評価をもとに、"で
きる""できない"といった区分が教師・生徒に通用していたこと」を認め
ている。

(5) 高執委の「教育評価」論にたち、問題を掘り下げ、新たな改革案を提示：
まず、教育評価の前提として「各学期の目標に対する生徒・教師双方の自
覚」の必要性を説いているが、当時の授業ではこれが全くなされていなか
った（有志5名自身の授業においても）。また、高執委の個別評価と総合
評価の定義の混乱を指摘し、これにかえて、個別評価（目標別評価）と抽
象的評価、の二つを定義した。教育評価の考え方から、定期試験にかわる
「総括期間」、および、統一した成績表の廃止（教科別学期別の成績表）
を提案した。

(6) 混乱には積極的な意味があると評価：
抽象的評価や統一した成績表を廃止することで、教師・生徒・親の間で混
乱がおこるとしても、点数ですべてをはかるというような生徒や教師の
学習観が通用しなくなり、生徒を順位で評価することができなくなる、と
いう「積極的な意味」があると結んでいる。生徒は、制度の改革によって
自己の価値観や生活が（一挙に）変わるように期待し、混乱を含めて新た
な状況や自己と格闘することは想定していなかった。教師の多くは、混乱
をなにより恐れていた。この試案は、全体として、根本的な問題を把握し
たうえで、改革を積み重ねていくこと、それが「主体性」であることを、
生徒・教師に喚起している。

この試案は、現行の試験・評価制度への反省と高執委の教育評価の考え方にた
ち、また、定期テスト制に代って提示した総括学習期間ではテストをすることを
義務づけず、抽象的評価や統一した成績表を廃止するなど、生徒側の主張を認め
ている点で、生徒たちが満足できる内容だった。高執委や協議会での率直な反応
は、「よくできている」「よく作ってくれた」というものであった。

高執委はこの教員有志試案を歓迎し、翌23日には定例クラスタイムにむけて
一夜でガリ版を切り直し印刷した第2刷が生徒全員に配布された。教員側から

みても、具体的な試験・評価方法は各教科に任されており、受け入れ易いものであった。

　ところが、26 日（月）の第 6 回協議会の、第 1 議題は「協議会方式及び現在の沈滞ムードの原因」であった。議題 3 として「教員有志試案に対する質問・意見」が挙げられているものの、議事録には内容が記載されていない。翌日付の高執委の協議会速報では議題 3 について「落第のことがはっきりしていない」と書かれているだけであり、そのあと「この試案について討論していないクラスは早く討論してください!!」とある。前週金曜日の定例クラスタイムで、あまり議論がなされなかったことがわかる。高 1 の 6 のクラス日誌をみると、23 日は議事の記録がなく、翌週の 30 日は部活の議題のみである。そして、1 月 31 日、2 月 17 日の協議会は流会となってしまった（後述）。

　他方で全闘委は、2 月 5 日に「期[欺]瞞的改革案粉砕のために」という教員有志試案を批判するビラを発行している。

　それは、1 月始業式から全闘委の主張の延長線上にあり、現在の教育は、資本主義社会の労働力商品養成のものであり、その問題を回避した試案はより効率的な詰め込み教育を行う欺瞞的改革にすぎない、という。

　この立場にたち、教育評価も選別のためのものにすぎないとする。すなわち「『明示された目標』

全闘委「期[欺]瞞的改革案粉砕のために」
1970/02/05

とは何であるかと考えると、それは労働者としての能力をどれだけ良く獲得したか示すものである。・・・この評価は単に達成度を示すものとして存在しているのではなく、この評価が少し良いか、悪いかによって人間の人生は大きく変わってしまうのである」。「この“総括学習期間”なるものは、我々が一年中評価につぐ評価で追い回され、それでも不充分なときは、試験、又我々の能力別編成が終了しているならば更に精度を高めるために重点的に復習や学習のまとめをやらせる期間なのである」。では、全闘委は何を求めるのか？　このビラは次のように結んでいる。

> 　・・・この試案は、我々の不満・要求に応えるポーズをとりながら、その
> 実は、我々に苦痛しか与えない授業内容をより効果的に積め込む事を目的
> としたものを言えるだろう。我々は断乎としてこの試案を拒否し、我々の手
> で我々の学園を創設するための [ママ] 戦おうではないか。・・・
> 　（全闘委「欺瞞的改革案粉砕のために」、1970/02/05）

　2 月中旬以降は、建国記念日（紀元節復活）反対のデモをめぐる問題が焦眉と
なり、協議会やクラスタイム等で、教員有志提案など試験・評価制度の議論はな
されなかった。他方、3 月下旬の全校集会で学校（教師）側が提示した改革案は、
この試案を基調とするものであった。

第3章：運動の沈滞

　1月22日の第5回協議会で、教員有志が、生徒側の主張を組み入れた改革の試案を提出した。

　ここまでの授業改革運動は、生徒たちが先行して不満や問題点、さらには改革案を示し、教師たちが、それに応じる形で進んでいた。生徒たちが先行し、教師たちは数歩遅れていた。この教員有志の試案によって、教員たちは生徒たちに追いついた。ようやく、生徒と教師による改革の歩調が揃ったのである。

　ところが次の第6回協議会ではこの試案の実質的な討議は行われず、1月31日、2月17日の協議会は流会となった。全闘委は、協議会そのものも教員有志提案も「欺瞞的改革」と批判した。

　なぜ、突然改革運動は沈滞してしまったのだろうか。生徒に何が起こっていたのだろうか。本章では、運動の状況を記述し、生徒の沈滞の原因を探ってみたい。

1．クラスの沈滞

　生徒の改革運動に沈滞の傾向が表れたのは、冬休みが明け、3学期に入ってからであった。具体的な数字で示すことはできないが、クラス討論の回数や出席者が減り、協議会への参加者も減ってきたのである。17日の協議会速報には、協議会方式の問題として、「協議員はクラスの多数派の意見の代表でしかなく・・・全員の意志を伝えることは不可能である」「討論の過程が全学的に明らかにされない」という意見が出された、と記されている。

　また1月17日の協議会速報には、「"3学期になって2学期と全く変わらない授業・テストが行われ、生徒の不満、不信が強い"との意見が出され、"過渡期である3学期の授業をどうするか？"」ということについて職員会議、CT で 話すことになった」と記されている。このような各クラスの状況を把握していた高執委は1月22日のビラで、以下のように呼び掛けている。

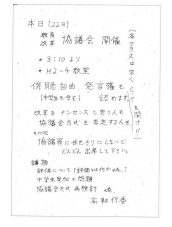

　本日教育改革協議会開催
　傍聴自由　発言権もみとめます〔中学生も含む〕。

> 改革をナンセンスと思う人も、協議会方式を否定する人も、その他協議員に
> 任せきりにしないでどんどん出席してください。
> 各クラスは早く C.T.を開け!!
> （高執委「本日教育改革協議会開催」、1970/01/22）

　23 日付の協議会速報では、「3 学期の授業をどのようにやっていくか？という
事について生徒と話し合う事を要望する」「生徒が討論を要望した時は、各先生
は生徒の意見を尊重してほしい」と教員に要望している。1 月 27 日付の協議会
報告には、教員有志の「試案について討論していないクラスは早く討論してくだ
さい!!」と呼びかけている。

　これらから、3 学期に入って、以前と変わらない授業、日常に戻り、このため、
生徒の間に、改革に対するある種の失望が生まれつつあったことがわかる。高 1
の 6 のクラス日誌をみると、1 月 12 日（月）から 31 日（土）までの 3 週間にお
いて、クラスタイムが開催されたのは定例の 3 回のうち 2 回のみで、それも部活
動などの生協からの議題名が記されるだけで、試験・授業改革についての討議の
記録はない。授業中に教員と議論した形跡はなく、淡々と平常の授業が行われて
いた。他方で、日本史、化学、数学 b については、レポート提出が課され、これ
は新しい試みであった。高 2 では、生徒による発表授業が試験的に行われていた。

　協議会方式は、クラスでの議論の結果を協議会に持ち寄って教員側と討論する
ことになっていたのだから、クラスで討論が行われなくなってしまっては、協議
会方式が成り立たない。この時点で、改革のシステムとしての協議会方式が危う
くなっていたのである。

2．協議会の沈滞

　高執委案、教員有志による試案の二つの改革案の出そろった 1 月 26 日の第 6
回協議会は、高 2 の 4 の教室で午後 3 時半すぎから開始された。

　本来なら、両案の審議に入るべきところ、議事録では議題 1 は「協議会方式及
び沈滞ムード」となっている。この時の、協議会報告には「現在の沈滞ムードの
原因」として次の四つの原因が挙げられている。

> 1．協議会方式のために、全生徒に改革の主体としての意識が希薄である。

2．討論の場が 1 週に 1 時間のクラスタイムのみしか保証されていないため、授業を潰したり、放課後に討論をしているが長期的に無理である。

→これについて、水曜日の定例職員会議で討論し、善処する。

3．問題が拡がりすぎて、相互の連関や全体の位置づけが不明確で、討論しにくい。

→「問題の全体像、全改革の展望」について、教師有志、執行委員会、生徒有志がリポートする。

4．生徒の疲れ・事なかれ主義

（高執委「第 6 回協議会報告」、1970/01/27）

ここに挙げられた 4 つの原因を検討してみよう

1 で指摘しているのは、協議会方式が生徒の改革への参加意識を希薄にしている、ということである。間接民主制の抱える問題とでもいえる。そして、この問題は運動の始まり以前から生徒会が抱えていた「やる人とやらない人」の問題でもあった。

また、協議会での議事進行や討論にも問題があった。高 2 の 1 のある協議会委員は、協議会の「ダラダラムード（クラス報告だけで一日が終わってしまう）に失望し、早く対策を立てるように提案した」と述べている（文集『像』第 2 号 p.6、1971/11/01）。

たしかに協議会の討議時間は長かった。麻布学園の『100 年史』年表によれば、第 1 回は午後 3 時半より 6 時まで、第 2 回 12 日午後 3 時より 8 時まで、第 3 回午後 3 時半より 7 時までと記録されている。これでは委員たちの責務が過大となり、出席したくなくなる、あるいはできなくなるだろう。

2 のクラス討論の時間が週 1 時間しか保証されていない、という指摘は、高 2 の場合には当てはまらなかった。これまでのカリキュラムは停止したとして、授業時間を討論にあててよいとする教師もいて、授業を教師との討論やクラスタイムに切り換えることが行われていた。たとえば高 2 の 5 では、授業を潰したり、放課後に開いたりして、1 月に 9 回のクラス討論をしている。

　高２は、２学期後半にはクラブ活動から引退していたから放課後に討論ができたが、高１の場合は、クラブ活動もあり、それは難しかった。中高一緒のクラブで高１は最上級生であり、クラブを統率する役割があった。

　「３．問題が拡がりすぎて、相互の連関や全体の位置づけが不明確で、討論しにくい」という指摘は当たっている。高執委は問題を「教育の原点」「評価」「授業」「カリキュラム」に整理し、クラス討論ではこれらの問題をすべて一応討議し、意見は出されたのだが、具体案はまとまらず、次に何をどう討議すればいいのかわからなくなっていた。

　「４．生徒の疲れ・事なかれ主義」も当たっているだろう。高執委のメンバーや高２の生徒たちは確かに疲れていた。クラスや協議会の場で、相当の時間を費やしてひと通りの議論はした。だが改革の具体案はまだできていなかった。そして、以前と変わらない授業と日常が続いていた。生徒たちが改革運動を始める前の「事なかれ主義」に戻ってしまったとすれば、それは何が原因だったのか。

3．クラスタイムの状況

　３学期の高２のクラスタイムの状況を、対照的な１組と５組を例に見てみよう。

１）高２の１：クラスタイムの崩壊

　１組は、12 月に、教科別の担当者も設け、アンケート方式によるクラス討論のまとめを試みたクラスである。以下に引用するのは、当該学年が卒業直後に発行した文集に掲載された投稿である。

> 　・・・それは、あの授業改革が進んでいた高２の三学期のことであった。１組では、クラスタイムを開いても参加する者が少なく、流会になることが続いたので、全員が集まっている、朝礼の時間にクラスタイムを行ない、「クラスタイムは原則として全員参加、定足数は定めず」という決議を採択した。しかし、その際の議論は、普段、クラスタイムに積極的に参加しているものが「さぼる者がいる為に、クラスタイムが流会になり、自分達「やる気のあるもの」の権利がおびやかされている。だからクラスタイムは全員参加とし、定足数は定めないことにしよう」と主張すると、それまではほとんどクラスタイムに出席しようとしなかったものは、「クラスタイムはやりたいものだけでやればよい。すべての者に出席を強制するべきではない」とやり返す。

という具合でまったくかみあっていなかった。そして、両者の主張を適当に組み合わせて作られたのが、例の決議であったのだ。

しかし、この後の 1 組のクラスタイムは惨たんたるものであった。以前からよくサボっていた連中はもちろん、消極的ではあったがとにかく参加していたものまで、決議文中の「原則として」を盾にしてクラスタイムをサボるようになってしまった。一方積極的に参加してきた者達は、同様に「定足数を定めず」を利用して、クラスタイムを続けたが、それはクラスタイムとは名ばかりの「5 人で議案が成立する」クラスタイムにすぎなかった。ここに於て、 1 組のクラスタイムはほぼ崩壊してしまったのだ。

(1971 年卒業生「文集『像』」第 1 号 pp.62-63、1971/04/20)

匿名投稿者 (中里) はこの後に続けて、クラスタイムをサボった生徒たちは「クラスの現実の問題を正面から取り上げることをサボった「卑怯者の怠惰」であるが、他方は欠けているクラスの盛り上がりを喚起しようとする地道な努力を無視した「なまけ者の怠惰」であった」と批判し、「今、あらためて、麻布での 6 年間を振り返ってみると、この様な経験が実に多かったとつくづく感じる」と述懐する。そこには、「ねころんでいればころばない」という知恵が働いていたことを指摘する。中里は＜やらない人＞が怠惰であっただけでなく、＜やる人＞も怠惰であったと指摘している。

この「怠惰」については、麻布における自由はやらない自由＝怠惰であった、と 1969 年 3 月卒業式の「答辞」において指摘されているものと同じものだろう。

このクラスタイムの崩壊という現象の根っこには、改革が始まる以前から麻布にあった＜やる人とやらない人の分裂・相互不干渉＞という問題があった。このクラスでは、この問題がこの時期に顕在化した、といえる。

高 2 の 1 は運動の 11 月中旬に、平均点制抗議署名運動を始めたクラスで、53名中 39 名がこれに署名した。生徒たちは改革に無関心であったわけではない。12 月中旬には生徒たちのさまざまな意見を改革に反映しようとして「アンケート形式によるクラス討論のまとめ」を作成した。他方で、改革に消極的であった生徒をあえて協議会の委員に選出するという行き過ぎもあった。「定足数を定めず」というクラス決議が行われた日にちは不明である。なおこれによって、クラス内の討論が全くなくなったわけではなく、上記の投稿では、「個人が「怠惰」の思想ににげこむ事を許さない、クラス全員の積極的な「怠惰」への戦いがみの

って、担任教師［右遠教諭］との"おわかれ会"を気持ちよく成功させた」とも記している。

2）高2の5のクラス討論

高2の5のクラス討論については、クラスタイム議事録のほか討論経過についての個人資料もいくつか残されている。

高2の5の1月のクラスタイムの開催状況をまず追ってみよう。

5日冬休み中の開催。ただし内容不明。

x日 <u>全闘委7項目要求</u>に関して。ただし開催日不明。

14日 <u>評価制度について　成績表は科目別に</u>等を決議

<u>自主活動の自由</u>について

17日 <u>生徒心得</u>に関して

19日 協議会方式について

<u>授業停止</u>・クラス討論切り替えの提案(否決)

20日 <u>協議会廃止</u>　全学集会開催提案

中学生の協議会参加について

23日 協議会報告（教員有志による提案）

28日 西洋史の授業について

<u>生徒心得</u>について

30日 改革の目的に関する意思疎通

（下線は1月以降全闘委が
提起した問題）

1月は計9回のクラスタイムが開かれている。

定例クラスタイムが週1回だったので、臨時クラスタイムも週1回開かれていることになる。当時は教師の都合で授業がなくなり「自習時間」になることが結構多く、この「自習時間」をクラス討論にあてていた。

12月中は、「旧来の守るべき学校のスケジュール、カリキュラムは、なくなった」今は生徒自身がきちんと改革の議論を進めることが大事だとして、授業時間のすべてをクラスタイムや教師との討論に使う形にしていた深木、山之内両教諭もいたが、1月途中からは従来の授業を再開していた。

出席者数に関する正確な記録はないが、1月19日は35名、20日は28名、28日32名と大体30名前後（常時15〜20名の欠席）であった。12月12日のクラ

ス討論レポートで「我が高2の5では、クラスタイムに40名出席する事がまれになってきた」と報告しているのと比べれば、さらなる減少は明らかである。

議題については、一見して1月以降全闘委が提起した問題（上記開催状況では下線で示した）が多くなっていることがわかる。クラス内に全闘委ないしそれにシンパシーをもつメンバーが4、5人いて、彼らが第2回のクラスタイムで7項目要求について、議題としてとりあげることを要求し、クラスの生徒たちがそれに同意したからである。ただし、全闘委の要求だから、という訳ではなく、同じクラスの人間が提起している問題には答えるべきだという考えからであった。7項目のうち、これまでクラスで討論してきた授業改革に関する3要求を除く残りの4項目について、順次話していくことになった。

また、協議会に関する議題も全闘委の提案であったと思われる。協議会方式は第6回協議会でも沈滞の原因として検討されていた。ただ、協議会廃止、全校集会開催まで踏み込んで提案したのは全闘委である。

19日の「授業停止・クラス討論切り替えの提案(否決)」も全闘委メンバーの提出した議題であった。これについては、あとで詳しく述べる

この間、評価、授業改革についてはほとんど話し合われていない。このようなクラスタイムの進め方に対する疑問の声も挙がった。1月23日のクラスタイムにおいては、副議長荒巻より「試験制度、カリキュラム、授業改革など現在われわれが取り組んでいる問題を生徒心得より先にするべき」という提案があり、議長辻井はこの「提案を拒否するが頭脳混乱を訴え」閉会動議がだされ、可決解散という珍事が起こっている。荒巻には、改革の討論がいっこうに進まないことへの焦りがあった。7項目要求は、全闘委にとっては「切実な、正当な、最小限の要求」であったかもしれないが、一般生徒にはそうは思われなかった。

28日には辻井議長が「以後有志の話し合いにすると宣言し、稲越、佐山氏が興奮した辻井議長をなだめ出席者にアピールする」（議事録）という事件があった。議事録によれば、ここで

> 辻井氏「何とかやっていこうね。もうしょうがないもんね。毎日やっていこうよ。ね。ダメ!?」
> 大村氏「ダメなわけないよ。」数名パチパチ。
> 大村氏「個々人が改革の全体的展望を考えていこうよ」
> （高2の5「クラスタイム議事録」）

と記録されている。

　これにより翌々日（30 日）には、「改革の目的に関する意思疎通」が議題とされたが、以後、2 月 12 日までクラスタイムは開かれないままとなってしまう。この間 2 月 1 〜 3 日は中学の入学試験による休みであったこと、協議会自体が流会となり、クラスの代表が協議会から議題を持ちかえることがなかったことも関係している。

　2 月 12 日のクラスタイムは、開始当初の出席者は 20 名と記録されている。全闘委の要求に応じて授業改革に直接関係のない問題を議論したために議論が拡散し関心が低下したのかもしれないが、議論のテーマがあったからこそ、1 月末までクラス討論を続けられた、といえるかもしれない。

　これまで、高 2 の 1 と高 2 の 5 のクラスタイムの状況を見てきた。他の高 2 のクラス、高 1 のクラスについてはわからないが、この二つのクラスは全クラスのうちの両端の事例ではないかと思う。一方は、やる人とやらない人がお互いの自由を認めて分裂し、クラスタイムが崩壊した例であり、他方は、クラスの共同性（みんな）を維持しようとしたがかえって関心が拡散・低下した例である。

4．授業停止提案

1）高 2 の 5 最初の授業停止提案

　前節で触れた高 2 の 5 クラスタイムでの 1 月 19 日の授業停止提案について詳しく見てみよう。森崎から「明日からの授業をつぶしてすべて討論に切り換えよう」という案が提出された。森崎は自ら全闘委のメンバーと名乗ったわけではないが、その活動に加わっていた。

　提案の趣旨は「現状の授業は教育の本筋からはずれている。これを中止し、新たな認識をもって原点から真の授業を考え直す必要がある」というものであった。

　提案に対し、「授業をつぶして討論を行なっても本質的にどれほど今までと異なった討論が行えるか？」、「すべての授業が無意味ではなく、我々は有効な授業とそうでないものを区別して考えるべきではないか」との疑問が出された。

　この提案は 3 学期に入りしだいに元の日常に戻りつつあること、原点の討論が欠けてきていたことを指摘はしたが、授業を停止してまで討論すべきなのか、急いで討論すべきテーマがあるのか、という点が明らかでなく、生徒の賛成が得られなかった。森崎提案は賛成 3、反対 26、棄権 6 で否決された。この提案は、授

第1部

第2部

第3部

第4部

第5部

第6部

業が無意味だからボイコットしようということだったのか。討論において「すべての授業が無意味ではなく、我々は有効な授業とそうでないものを区別して考えるべきではないか」との疑問が出され、現状の授業のボイコットなのか、ボイコットする正当性が我々にあるのか、提案者は明確には答えられなかった。

　授業停止提案は否決されたが、以後の討論の方針としては「従来通り自習時間、放課後を用いて授業改革を進めて行く。しかし森崎氏の意見が通らずとも、常に学校、教育、授業問題などに関する原点から出発する気持ちで討論を進める必要がある」（高2の5「クラスタイム議事録」）ことがクラスで確認された。

2）全闘委の授業停止提案

　高2の5クラスタイムでの提案に呼応するように、全闘委は22日、24日と立て続けに生徒たちに向けたビラを配布している。このころ協議会では試験・評価制度の改革案を討議している最中で、また運動の沈滞が現れ始めた時期でもあった。

　22日付ビラの冒頭を引用する。

> 　我々が2学期末に取っていったクラス決議―期末試験中止・定期試験廃止―の要求は、我々が今までの様な無味乾燥な学園生活、疎外感のみ味わい虚無の中に埋没している生活、そしてそれを作り出している環境に対する変革の意志表示ではなかったろうか。ところが今我々が行っていることは、元通りの日常性の中に埋没し、自らを［が？］困難を打破し変革していくことを、大学進学・知識を得るなどという〔論理〕によって放棄し、安易な授業の中に自己を埋没させてしまっているのではないだろうか。
> 　（全闘委「全闘委より全麻布生に訴える！」、1970/01/22）

　全闘委の運動の沈滞への危機感が表れている。彼らは、沈滞の原因は高2の生徒たちが大学受験準備を意識しだしたからだと考えた。

　24日のビラの表題は「全闘委より」で副題が「ただもくもくと勉強にはげむ諸君！麻雀に、トランプにはげむ諸君！」となっている。この時期、教室内の光景は、一見すると11月以前のように戻っていたのであろう。ビラは次のように呼びかける。

191

　我々は、ただの知識詰込工場＝麻布に於いて一体何を目的とし、毎日勉強しているのであろう。大学受験のため？　それでは大学に行って何をするのか。・・・真の人間らしい学生生活とは何であるのか。現在の麻布に於いては、そのような根本の問いかけは忘れ去られ、ただ何だかワケのわからないものに向かって、一本のレールの上を走り続けているのだ。そのレールは、我々をいつの間にか体制に組み入れてしまう。国民の 0.7％のブルジョワジーは、このことを既成概念として我々に押し付け現体制維持をはかっている。

しかし今までただレールの上をヤミからヤミへと走り続けた我々は、ここで一度立ち止まり、レールをはずれて新たな視点より、根本の問いかけにもどろうではないか。そして原点から、現状を認識し、その上で我々自らの手により一歩一歩道を築き始めようではないか。

　我々全闘委は、麻布全構成員に提唱する。直ちに既成概念の中でレール化した一つの形態＝授業を中止し、根本の問いかけを各自認識し、それにもとづいてクラス討論を開始しようではないか。現行の授業は二次元空間に於けるサクに等しい。その中のブタは外にでることもできないし、サク全体を一度に見ることはできない。しかし、我々が三次元空間という新たな視点からみればブタはサクをとびこえ外にでられるし、高いところからサク全体を見ることもできる。二次元空間とはこの場合既成観念をさす。つまり既成概念を離れ新たな視点より現状を認識することにより既成秩序に埋没していたものを認識することができるのだ。

　我々は、単に生徒のみでなく教育者としての教師も討論に参加し、生徒と教師が一体となって、新たな教育の場としての麻布を築き上げることを希望する。その第一歩として、授業を中止し、討論にはいろうではないか。

　　（全闘委「全闘委より」、1970/01/24）

　授業に代表される日常の生活＝既成のレールのうえにいる限り、自らが既成概念に埋没していることを認識できないし、新たな視点による根本的な問いかけも

第1部　第2部　第3部　第4部　第5部　第6部

湧いてこない。したがって、授業という既成のレールを下りることによってそれが可能になる、言い換えれば授業という日常性に埋没している現状では、改革は無理だ、ということである。期末テスト中止のときの主張とも通じている。

　この理由付けは、当時全闘委に背を向けていた生徒にとっても説得力があった。ひとつには「二次元空間のブタ」の比喩が巧みだったからだろう。また、たとえば旅という非日常にいるとき（例えば旅行中）に、新たな発見や発想がある、というのは常識だろう。だが、この理由が説得力を持ったのは、麻布における授業が生徒たちの主体性を奪ってしまうという事実だった。麻布の授業においては、生徒たちは主体的に考える、ということはなかったからである。

5．全闘委をめぐる内ゲバ

　第1章で見たように、1月に入って全闘委は変貌していたが、そのひとつの特徴は学外政治セクト（反戦高協＝中核系）と関係していた生徒が主導するようになったことである。そのことも影響して、その外部セクトと対立する他の外部セクト（反戦高連＝革マル系）と関係を持っている生徒たちが対立する動きを見せた。当時、いわゆる新左翼のなかで、中核派と革マル派は対立し、「内ゲバ」といわれる衝突が起こっていた。それらの動きはこの改革運動の主たる流れではないが、簡単に見ておきたい。

　1月22日に、反戦高連の影響をうけた生徒が、麻布学園自治権獲得闘争委員会の名で「学園闘争の新たなる質をかちとり1月2月卒闘へむけ更なる進撃を」というビラを配布した。組織名は27日に全学中央闘争委員会（全中闘）に変わった。

　この日以降、全闘委とのいざこざが激化し、お互いにビラで相手の行為を（個人名をあげて）非難した。学外のセクトの人間が学内に入って関与する事件も起こった。

　ところが1月29日と30日に、全闘委と全中闘が討論集会を開催し、和解（妥協）が成立した。全闘委の31日付のビラには、「お互いに暴力的な事態が生じたことは認めるが、その後冷静な話し合いが行われ『暴力的な事態をお互いに回避しよう』という確認まで取っている」と記している（全闘委「全闘委より再度のアピール！」、1970/01/31）。この後両者は、紀元節反対の統一行動をとるために、共に2.11闘争統一実行委員会のメンバーとなる（後述）。

6．高執委の沈滞

1）紀元節復活反対自主登校提案

1月28日、高執委は「"主体的な教育を！" "2.11紀元節復活反対自主登校を！"」という表題のB4判両面のビラを出している。

「その1　我々は何を求めてきたのか？」

「その2　What for？　何の為に？」

「その3　我々の主体性と国家（文部省）による教育の統制」

「その4　麻布では？」

「その5　何をすべきか？」という構成になっている。

このビラは、1月26日の協議会で沈滞への対応として「問題の全体像、全改革の展望」を教師側、高執委、生徒有志がリポートすることになったので、これについて高執委としてまとめようとしたものである。

ビラの冒頭は次のように始まっている。

> 昨年11月以来続いてきた我々の麻布の教育改革の運動は、今、具体的な改革案の作成を前に、疲労とその問題の大きさにいささか沈滞している。そこで、いままでの運動の若干の総括をすると共に、来たるべき紀元節へのアプローチを通じて今後の方向を考えてみたい。
> 　（高執委「"主体的な教育を！" "2.11 紀元節復活反対自主登校を！"」、1970/01/28）

まず、運動の中間総括をして、今後の方向を考えてみたい、という側面を中心に見ていこう。

このビラの筆者は、その1において、「没主体的な生活からの脱却を目指す我々は、その様な生活の象徴である平均点、優等制、定期テスト制の廃止を叫んだ。こうして我々は、我々自身の生活を自らの力で築いていこうとしたのである」と総括する。しかし、その2において現状は、「何のために学校に来るのか？・・・といった素朴且つ遠大な問いかけを考えることなく、元の没主体的生活に埋没し、個別の授業の改革のみに終始している」と分析し、「こういった問いかけに答えていこうとしない限り、日々の倦怠・・・受身の倦怠は続くであろう」と警告を発している。

第1部

第2部

第3部

第4部

第5部

第6部

　この「元の没主体的な生活に埋没している」という現状認識は、全闘委のそれと同じである。そしてそういう状況から脱出するためには「何のために」という問いに答えることが必要である、としている。しかしその答えは示されないままに、その3では、文部省などの権力による教育の統制が進行し、「全く主体性などというものはひとかけらもない戦前の体制にしだいに逆戻りしつつあるのだ」と述べる。その4では、麻布の教育は「押しつけ的知識の伝達にすぎず我々の主体的批判的学習が欠け」ていると批判し、「麻布の自主活動の自由を確立すると共に、授業に於いても、押しつけ的伝達を拒否し、常に批判的主体的に学び・・・高校生の主体性を奪うものに対し、断乎たる態度をとっていかねばならない」と主張する。その5では、具体的行動として、「文部省カリキュラムを越えた自主講座、我々の主体的思考をする場としての討論会を設け、単に抗議するだけでなく、主体的実践を積み重ね」るものとして、2.11紀元節復活反対自主登校を呼びかけている。

　その1から5までの事項（主体性、問いなき現状、権力による規制、自主活動、抗議・実践）は、1月下旬の全闘委の論調と酷似しており、違いは資本主義・労働力商品論の有無である。どちらも、権力（ないし体制）に抗議し、戦うことが主体性の証しとされている。沈滞そのものの分析は平板で、いわば、かけ声をかけ、鼓舞しようとしているだけともいえる。

　続いて高執委は、「高執委からのお知らせ」と題するビラ（2月6日頃）で、自主登校、討論集会、自主授業を実施することを告知し、自主授業は「既成の教科の枠を越えた自由なカリキュラムによる自主的主体的な授業を、授業改革の於ける一つの試みとして、以後も継続的に行っていきたい」と位置づけている。6日には「2.11建国記念日に関する資料」を配付し、9日には講演と討論集会を開催した。11日当日は、高執委の主催による四つの自主授業が開催され、自主登校した生徒達が参加した。自主授業の内容は、高校教育の教科・科目・カリキュラムにしばられない自由なテーマ設定によるものであったが、前年度にも高執委の主催で、同様の自主登校・自主授業が行われていた。このため、今期の高執委は、自主登校を企画するかしないか、いずれにしてもなんらかの判断をせざるをえなかった。そこで、授業改革運動と結びつけた自主登校・自主授業を呼びかけて、実施した。

2）高執委メンバーの沈滞感

　高執委は、「運動の中間総括」と「自主登校」を主体的な教育というキーワードで二つを結びつけ、教育の反動化（規制）に抗議することで主体性を示そうとした。2.11 の自主登校そのものは前年度程度の参加者数（約 150 名）を得たが、授業改革そのものは進展しなかった。

　紀元節復活反対自主登校提案はひとつの切っ掛けとして、あるいは戦術として提案されたものであったが、クラス討論が沈滞していると同時に、実は高執委のメンバー自身も沈滞に陥っていたのである。高執委委員長の新島は、協議会が予定されていた 1 月 31 日に登校しなかった。前回 26 日の協議会で「問題の全体像、全改革の展望」を出すことが宿題となり、この日に話し合う予定であったが、新島は、どうすればよいか、案がだせず苦しくなって休んだという。他の高執委委員に伝えてあったが、協議会は流会となった。

　高執委メンバーのひとりであった三島個人の沈滞について、本人の内面を綴ったノートを用いて述べたい。

　1 月中、三島は高執委のメンバーとして協議会の運営にかかわり、またクラスでの討論に休むことなく参加していた。彼は 12 日の授業開始日に、「この所まったく何かぼやっとしている。まさに自分の存在とは何か？という哲学的命題に悩んでいる。・・・とにかく心の中が不安で仕方がない。・・・学校に来る。みんな楽しそうにしている。俺ひとり何か苦しんでいる様で本当に頭に来る」と記している。1 月 25 日には、「紀元節反対同盟登校か。俺はいまそれを提起しようとしている。でも・・・たかが麻布で自主登校する位じゃ・・・自民党はせせら笑うだけだろう」と記し、「何が主体性の回復だ。おれたちはもう 2 か月もすれば主体性を奪われた高 3 としての生活を始めるのではないか。教育改革はその前のほんのちょっとしたハプニングさ。麻布の思い出としては丁度いいからな。あと 20 年後、この事をなつかしげに思い出している俺の姿が目に浮かぶ」と自嘲的に書いている。翌月曜日は、協議会で教員有志提案についての討論が予定されていた。

　1 月 31 日（協議会流会の日）のノートには「何をしたいのか？何を考えたいのか？何を悩んでいるのか？すべて答えは返ってこない。空白。何をしてもばからしい。何をしたらいいのか？数学の公式と英文と哲学、これを結ぶ糸がほしい。・・・時間をとめよ！　時をつかめ！　時を自らの手で作り出すのだ！」と

第1部

第2部

第3部

第4部

第5部

第6部

記している。答えのない問いに疲れ、社会の壁や個人の無力さを感じていたことがわかる。

　2月1日～3日は麻布中学の入試のため授業はなかった。この間三島は同じ高執委の山上と一緒に房総半島に旅に出た。本人は「自己をみつめる旅」と言っているが、もしかしたら休養が必要だったのかもしれない。

　2月7日（土）、べ平連（「ベトナムに平和を、市民連合！」）の定例デモにあわせ、麻布べ平連の名で清水谷公園での集会とデモへの参加を呼びかけるビラが配られた。「反戦・反安保・平和を願い、各個人の主体に於いて行動する集合体」と位置づけ、当日12時半に中庭に集まろうと呼びかけている。三島は、高執委の新島・山上らの数人のメンバーと共に初めて集会に出かけた。この日、奇妙にうきうきしていた、という。仲間と新たな行動にチャレンジするゆえかもしれないし、運動の沈滞からの逃避かもしれない。他方、当日のデモの感想を「連帯　手を握らねばとても恐い。隣にいるのは警官。やはり手を握らずにはいられない友よ」と記している。

7．沈滞が意味するもの：その原因

1）三つの壁

　1月中旬以降、生徒の間では、遅刻や授業のサボりが激増し、休み時間や休講の時には、トランプ、麻雀、卓球などに興じることが多くなった。これらの現象は、変わらぬ授業への反発も含まれてはいたが、改革のなかでは、授業から逃避するのではなく、教師にぶつかって積極的に改革しようとしていたことを思い起こせば、生徒が新たな無気力に陥り、日常性に埋没し始めたといってよい。その意味で、「沈滞」は、単なる改革運動の停滞や沈滞ではなく、生徒の意欲や日常生活全体の沈滞を表していた。

　このころに、生徒たちの間で広がりつつあった無気力は、「無力感」とでもいうべきものであった。生徒たちは、無気力な学校の日常生活を改革しようとして、壁にぶちあたり、その前で己の無力に気づき、暗然としていたと思われる。ここでは、その原因を検討する。

　第一は、改革運動の行き詰まりである。協議会やクラス討論では、論点が拡散し、全体的な展望が示せなくなっていたこと、次に、協議会の運営に疑問がだされ中心機能を果たせなくなっていたこと、三つ目は、3学期になっても授業が変わらなかったこと、すなわち、論理、運動、実践のいずれの面でも行き詰まりを

みせていた。しかも、定期テスト制の廃止によって主体性を回復すると主唱した生徒にとって苦しかったことは、定期テストが中止になったのに、自分たちの日常が、授業が主体的になっていないことであった。このことは、自分たちの論理（主張）や自身の主体性そのものへの懐疑につながった。

第二に、3学期にはいり、高2の生徒には、大学受験にどう向き合うかという問題がクローズアップされてきたことである。麻布学園では、高3から、大学受験における理系・文系、国公立・私立の入試科目に対応したクラス編成（理系、文系、文理混合）をとっており、その科目選択調査が通常高2の3学期に行われていた。

科目を選択するためには、どの大学・どの学部を受験するのか、そこまで具体的でなくても、文科系に進学するのか理科系にするのか、第一志望は国公立か私立か、ということは考えなければならなかった。

その際、自分は大学で何を学びたいのか、と自問したとき、多くの生徒は、そういうものがないことに気付かざるをえなかった。そして「勉強したいと思っていないのになぜ大学へ行こうとするのか？学歴、就職のためか？それが主体的か？」と問うた時、つまりは主体性が欠如していた、と思わざるをえなかった。

そうなると、「本当に勉強したいと思っているのか？」そもそも「自分は本当に改革を望んでいたのか」「よく考えないでムードで動いているんじゃないか」「改革といったって、要は試験から逃げ出したいからだったのではないか？ちょっと格好いいセリフを吐きたかっただけではないか？」と自己に対する疑問は次々と発展していく。

大学受験に関して、もうひとつの問題は、入試の合否は、単純にペーパーテストの合計点で決まるということであった（当時は、現在のような小論文、面接、レポートなどを多面的に用いる入試は導入されていなかった）。高執委も全闘委も、ペーパーテストによる「総合評価」を選別のためのものとして批判し、それを平均した平均点制度（これは入試と同じ総合点制度ともいえる）の廃止を求めた。当時の大学入試は、改革運動における生徒の主張と、全く逆のものだったが、麻布の試験制度が改革されたとしても、入試制度は当分変わることはない。では、生徒はどうすればよいのか。入試は、割り切って、入学するために、受験勉強をするのか、という問題に直面しつつあった。クラス討論においても、「「受験に不利になるような改革ならやらない方がいい」「このままでいいじゃないか」「満足していないけれどしょうがない」等々の意見が最近非常に出ている」（H2の5

第1部
第2部
第3部
第4部
第5部
第6部

「連帯を求めて」p.4、1970/03/23、2 月中旬の記述）と報告されている。高 2 まであまり勉強をしてこなかった生徒ほど、はやく受験勉強を始めないと間にあわなくなる、という思いが生じていた（かもしれない）。

　第三に「社会の壁」という問題を挙げることができる。この場合、社会とは、大学入試を含めた教育制度、学歴社会、政治状況、資本主義社会といったさまざまなレベルのものがあげられる。ひとことでいえば、自分ひとりの努力では動かすことのできない「体制」とでもいうべき存在を生徒は意識し始めていた。現在の体制が、自分たちの望むものと相反する部分があると感じた生徒は、体制のなかでの改革は無意味か否か、あるいは、社会改革や政治変革をめざすべきか否か、といった問題を考えるようになっていた。この問題は、高執委や全闘委のメンバーのなかだけでなく、クラスタイムの討論でも議論されることがあった。個々人の要求や欲求と「体制」が対立する場合にどのような態度をとるべきかという問題は、主体性に関わる普遍的な問題であった。「インサイダー」や「アウトサイダー」という言葉がよく使われ、アルベール・カミュ、大江健三郎、高橋和巳、柴田翔、庄司薫（都立日比谷高校生徒を主人公とする『赤頭巾ちゃん気をつけて』で 1969 年に芥川賞を受賞）といった作家の小説が共感をもって読まれたように、「不条理な状況のなかでいかに生きるべきか」という問題が、生徒の内心において、切実な問題になっていたといえよう。

　生徒たちが壁を意識したとき、状況は変わりそうもないと意識したとき、生徒の間でおこったものは、新たな状況認識のもとに、新たな論理や行動を見つけていくことではなく、自分自身への懐疑であった。すなわち、生徒は主体的に取り組むことで、状況も自分も変わると信じたのであったが、状況が変わらないと思ったとき、再びなぜ改革をしたいのか、何を望んでいたのか、自己への懐疑が起こった。実は自分は改革や勉強を欲してはいなかったと思った人間は、「自己嫌悪」に陥り、沈黙し、無力感に陥る。実際の生徒の言動には、大きな揺れがあった。同じ人間が「これではいかん」と思って発言や行動をしたあとで、急に沈黙するといったことも珍しくなかった。自己の改革への関わり方への懐疑は、自問自答であるとともに、他人の姿勢への不信ともつながり、増幅されていた。

2）他人への不信と生徒の分裂

　クラスのなかは、しだいに改革に対し、関心を持ち続けるものと離脱するものに分かれ、「無関心派はまったく意見を言わず、C.T.をサボり、関心派は議論を

続ける。教室内にいつも断層が出来ている」（高2の5「連帯を求めて」p.2）という状況であった。11月以前にもあった＜やる人とやらない人の分裂＞の再来であった。

　無関心層の存在は、関心層の生徒たちの意識に影響を与えた。「どうせ無関心な奴が多いんじゃ真の改革などできっこない」というあきらめを呼び起こし、またクラスタイムをサボりさっさと帰る者を目の当たりに見ていると、まじめにやっている自分が馬鹿らしく見えたりする。そして「どうせだめなら、早くやめたほうがいい」という声が聞こえてくるのである。次の生徒の一文は、当時の生徒の不信・不安をよく示している。

> 　クラスタイムに対して僕の最も恐れるのは分裂だ。今、しだいに分裂してきている。なんとかみんなの頭をカラッポにして、同じ所からまとまってスタートすることはできないだろうか。改革の意志はもちろん「ある」と言いたい所だが、最近は自分を含めて多くの（ほとんどの）友人が信じられない。みんな改革の仮面をかぶってばかな踊りをおどっている様に思えてきた。
> （H2の5「連帯を求めて」p.7-8、1970 /03/23、2月中旬寄稿）

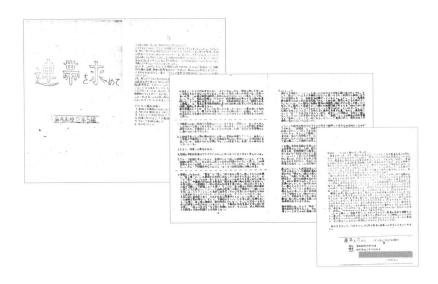

「改革の仮面とかぶってばかな踊りをおどっている」のではないかという懐疑や不信は、生徒のだれもがもっていたものである。それは、高執委や全闘委のメ

第1部

第2部

第3部

第4部

第5部

第6部

ンバーもまた抱えていた。また、改革に同調した高2の5の生徒は、卒業後の集まりで次のように語っている。

> 「クラスタイムでは改革に同調を装う人間が随分いたんじゃないか。僕自身そうだ。黙りこくっていた人間は、装うのがヘタな人間じゃないか」「クラスタイムでしゃべりだしたことは自分自身改革に目覚めてというほどきれいごとではない。装いもあったのでは」。
> （三島ノート、1971年6月）

　生徒のこのような本音は改革のさなかでは「言えない」ことであった。11月から12月の改革運動では、「改革することが主体的であり、しないことは没主体的」「改革の意味がわからないのはダメな奴」というムードがあり、無意識のうちにふるい分けが進行していた。高執委や全闘委は、個人の主体性や全体（みんな）への呼びかけを行っていたが、ひとりひとりの生徒が抱える疑問や状況について、すなわち、ひとりひとりの生徒の姿や違いを知らなかった。クラス討論は、しだいに立て前の場になり、本音は親しい友人だけに語られるようになり、クラス内は、改革に対するスタンスの違いによるグループに分裂していた。そこでは、成績のよい優等生とよくない劣等生という問題も顕在化した。成績がよくない、これまであまり勉強をしなかった生徒ほど、早く受験勉強を始める必要があった。高執委らのメンバーの多くは成績の良い優等生であり、彼らの改革につきあって受験で失敗するのはごめんだといった不信も生じていた。こうした問題が正面から語られたのは卒業後の文集への匿名の投稿においてであった

> 　"11月～3月"に於ける君達のやった事の本体について大きな疑惑をもっている人がいる事を君達は知っているだろうか。
> 　改革しようとした事を問題にしているのではなくて、それを先進的に押し進めた君達の中にある安全性への依存と無知についていっているんだ。
> 　"君達"とは優等生、安全性にいすわって他の人が両手で一生懸命やろうとすることを片手でやってしまう君達。　　（中略）
> 　君達が問題にしなければならないのは、君達が改革しようとしていた教育体制の産物である、君達自身の内部にある優等性なんだよ。そして僕は君達が"改革"を叫ぶとき君達の中に自己との対立が当然存在するものと思っ

ていたが、・・・文集 2 号についての事でそれが全くの期待はずれだったことを知った。（後略）

　（匿名 YUKO「麻の布 No.2」1971/07/04、文集『像』第 2 号 pp.2-3、1971/11/01 再録）

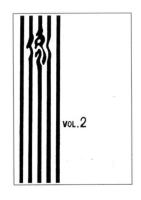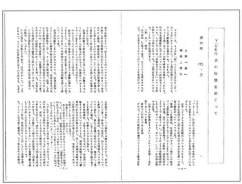

　1 月下旬以降の沈滞とは、生徒ひとりひとりが、改革と大学受験と体制という壁の前で、自己の主体性に対する疑問（「自己矛盾」「自己欺瞞」）を感じ、無力感に陥り、改革からの撤退を決意していった過程といえる。それは改革以前の三無主義とは異なり、主体性を求めたがゆえに陥った無力感であった。1 月下旬から 3 月にかけての生徒のとった言動は、ひとりひとりの生徒の振幅も激しく、資料となるものも少ないので一様に論じることはできないが、より深く主体性の問題が考えられた時期ともいえる。

3）改革運動の論理に内在する問題

　高執委を含め、生徒たちは、沈滞ムードが生じると、それに対する解決策を講じることなく、あまりにも早く改革をあきらめてしまったようにみえる。1 月 22 日の教員有志試案は、生徒たちの要求に答える具体的な改革案であったにも関わらず、その後のクラスタムや協議会で議論されることがなかった。そこには、改革運動の論理に内在する問題があった。

　高執委・協議会及び全闘委は、議論すべき問題を「教育の原点（本質・目的）」、「試験・評価制度」、「授業」「カリキュラム」の四つに整理した。

　第一の問題「教育の原点（本質・目的）」については、さまざまな定義が行われたが、共通することは、人間の（個々人の）主体性（を確立する）ことにある、といってよいだろう。では、どのようにすれば、教育の場（学校）において、主体性が発揮できるのか？　ここで出てくるのが第二の問題「試験・評価制度」である。改革運動では、第二の「試験・評価制度」が主体性をしばっている、試験・評価・日常性を改革（打破）すれば、「主体性を回復」できると主張した。12月に期末テストは中止され、学校側は、平均点制の廃止を決定し、定期テスト制度も改革の対象となった。すなわち、いったん生徒をしばる試験は消滅したのである。ところが、生徒が気づいたことは、日常の授業はつまらないままであり、特段自分たちが主体的になったと感じられることは起こらなかった。このため、生徒たちは、自分たちが立てた改革運動の論理に、つまり、「自分たちは本来は主体的である」という仮説を疑わざるを得なくなった。改革の継続や主体的であることは大変であることに気づき始めてしまった。

　主体性とは、生まれながらに人間に（個人）に備わっているものではなく、育成されるものであろう。主体性を育てる、それが教育であるという考え方ができなかった。他方、教員はこのことに気づいていた。栗坪教諭（国語科）は、12月初めの高2の5の生徒との討論をうけ、定期テストにかわる評価方法として、「進級大論文」を提案し、生徒もこれを受入れ、熱心に取り組んだ（後述、§6.2.1）。そのとき栗坪教諭の頭にあったことは、「主体性、主体性というなら、それを（論文で）出してみろ」という生徒への挑戦であり、論文のテーマとして、「戦後文学」を選んだのは、戦争という状況のなかで格闘する主体の問題を、生徒の主体性に問いかけるためであったという。深木教諭（英語科）は、12月以降、今は改革の議論をすることが優先するとして、自身の授業を停止し、クラスタイムに時間を提供し、改革に「シビア」な態度で臨むことを訴えた。しかし、生徒が、いともはやく、沈滞に陥り改革から離脱するのをみて、失望し、「（おまえらのような）ガキにはつきあえない」との言葉を残し、70年3月に退職した（後日山内校長代行の登場を知り、辞めたのは早計だったと語った）。また、山之内教諭（英語科）も同様に授業を停止しクラスタイムにあてていたが、1月中旬に、高2の5において、「やはり勉強をしよう」と言って授業を再開した。このとき、三島は、教諭と生徒があっさりと授業を再開したことに強い違和感を覚え、「なんで突然授業を始められるのか、みんなの気持ちがわからない」と泣き声で訴えた。授業終了後、山之内教諭は彼に「もっと強くなってほしい」と言った。

　第三は、授業改革の方向についてである。ここでも、生徒は、目的をもって学習することが主体的であると考えた。授業方法として、生徒の発表授業や自由なテーマでの自主授業やレポートが主体的とされた。他方、日々の倦怠と無為の大部分を占めていた授業は、「わからない・つまらない」ものであった。その解決策として最も簡単で直接的な方法は、教師に「あなたの授業はわからない・つまらない」と言うことであるはずだったが、授業改革の議論のなかで、教師にそうは言わなかった。自分が「わからない」と言うことは、勇気がいることだった。

　12 月 15 日付高執委ビラ「授業形態に関する討論資料」では、生徒たちが自らの興味に基づきグループ学習する「単元学習法」の考え方が紹介されている。生徒たちが自らの興味・関心に基づいて考える時には、わからないとは思っても、つまらないとは思わないはずである。そしてわかろうとする時には、「わかる」ということ自体が「おもしろい」ことになる。だが、「単元学習法」は改革運動のなかでは注目されなかった。単元学習法という名称が理解を妨げたのかもしれない。教師が教え、生徒は学ぶという従来の教育の考え方をひっくり返すような当時では革新的な考え方であるために、理解されなかったのかもしれない。

　生徒たちは改革運動のなかで、「主体的に」自らの興味・関心に基づいて考え、問題解決を図る、ということを、初めて経験した。当時の麻布の授業においては問題とは与えられるものであり、それには正解が用意されていた。正解がない問題を解くための思考方法も教えられていなかった。問題解決の行き詰まりはあって当たり前であり、その過程は試行錯誤の連続である、ということを知らなかった。

第5部：運動の変容

改革運動の主体であるべき生徒、クラス、高執委は1月末にかけて沈滞ムードに陥っていた。そこに迫ってきたのは当時の政権与党が戦前の旧紀元節を「建国記念の日」として定めた2月11日。これにどう向きあうかということも主体性の問題として捉えられた。高執委は自主登校を呼びかけた。一方、高1有志の呼びかけにより、全闘委らは統一実行委員会（統実委）を結成し、学外デモを企画した。それに対する学校側の対応をめぐって「自主活動の自由」の問題が浮上、統実委は21日から校長室に座り込む。その解決のため、3月初旬に4日間の全校集会が開催される。

第 1 章：2.11 自主登校から全校集会へ

2 月 11 日自主登校の呼びかけから、統実委の街頭デモの出発点の届け出、許可を巡って新たに「自主活動の自由」の問題が浮上した。本章では、その問題浮上の経緯とそこから 3 月初旬に全校集会が開かれるに至る経緯を時系列で見ていく。

1.「建国記念日」反対自主登校

2 月 11 日、高執委と 2.11 闘争統一実行委員会（以下統実委と略）の呼びかけによって、「建国記念日」に反対する自主登校が行われ、生徒約 150 名、教員約 10 名が登校し、自主授業（9：30〜11：30）ののち、12 時前後から討論集会を行った。自主授業は、講義形式ではなく、教師の問題提起をもとに、生徒・教師が討論するというものであった（右遠教諭「小林多喜二：その生涯の愛について」、及部教諭「科学技術と人間性：科学の進歩とは？」、山田教諭「論題未定」、山領教諭「2 月 10 日の新聞を題材に、歴史を考える」）。

他方 2 月初めには、授業改革運動の沈滞が現れていた。自主登校は、改革運動とどのようなつながりにあったのだろうか。「建国記念の日」は、1966 年に祝日法の改正にもとづき、戦前の紀元節の日（神武天皇が即位した日とされる）を「建国記念の日」と政令で定め、67 年から祝日となった。改正の前から、これを戦前の皇国史観の復活ととらえて反対する野党や学術団体の動きがあった。

自主登校は疑問や反対の意思表示であったが、休日が増えるのはありがたいという実感もあった。（2 月 11 日祝日の正式名称は「建国記念の日」であるが、一般に賛否両論者はともに「建国記念日」と呼んだ。以下引用では元資料の表記のままとした。）

高執委は、1 月 28 日に「"主体的な教育を！""2・11 紀元節復活反対自主登校を！"」というビラを発行して、生徒に自主登校を呼びかけた。先にビラの要旨を紹介したように（§4.3.6）、「建国記念日」は、戦前の国家による教育の統制への逆戻りであり、これに抗議し、自主授業や討論会を実施することが、主体的な教育（みずからの主体性の発揮）に必要であると位置づけた。

統実委（準）は、1 月 26 日に「2.11 紀元節復活粉砕！」と題するビラを配布した。

　麻布学園の全ての学友諸君！　今年もあの忌まわしい2・11が近づいてきた。数年前、政府自民党が「建国記念日」という名で、この紀元節を復活してきた狙いは、どこにあったのだろうか？「紀元節ぐらいいいじゃないか。」「休日が一日増えるぐらい別に構わない。」という様な意見に答えるためにも、多少その背景に触れてみる必要があるだろう。（中略）

　・・・日本の軍国主義化への道が、着々と敷かれつつある。それは、我々を「おとなしく兵隊になる人間」「支配者の命令を何でも聞く人間」に仕立て上げようとする、イデオロギー的な攻勢をも伴ってきている。「期待される人間像」とはまさに「文句をいわずによく働く人間」像であり、「教育課程審答申」とはそのための教育を目的としたものである。そして、そうでないものは斬って捨てるとい

左下には、赤塚不二夫漫画のキャラクターの「べし」が描かれ、「自主登校で闘うべし」と呟いている。

う教科書検定である。靖国神社国営化法案・神話教育復活・そしてこの紀元節復活等による、民族主義的・国粋主義的・全体主義的・軍国主義的イデオロギー注入策を、このような一貫した政策の中でとらえるならば、この紀元節の日の意味は明らかである。まさにこの一日は小さいが、我々高校生にとっては大きな脅威であるのだ。

　麻布高校に於て、去年自主登校で闘われ、今年も各学校で既にストライキ等の闘争が始まっている。この紀元節復活粉砕闘争を我々は共に闘わねばならない。もし君がこの日を祝日として扱い、何の抗議の意志も示さないならば、政府のこの様な狙いを黙認してしまう事になるのは明らかなのだから。

　このビラを読んだ君は、直ちにこの闘争を始めて欲しい。そして、全ての生徒、あらゆる企画によって紀元節を粉砕してしまおうではないか。

　（2.11紀元節復活粉砕統一実行委員会（準）「2.11紀元節復活粉砕!!」、1970/01/26）

　このビラは、紀元節復活に反対する高1有志が作成したもので、広く生徒に行動を呼びかけるとともに、建国記念日反対という焦眉の共通課題を掲げることで、対立していた全闘委と全中闘（§4.3.5 参照）がともに加わり、統一実行委員会を結成することを企図した。両者の対立は徐々にエスカレートしていたが、31 日の討論集会でひとまず妥協し、統一実行委員会が結成された。ただし、「建国記念日」に反対する闘争をどのように位置づけるかをめぐっての意見の違いから、「紀元節復復活」や「建国記念」の語句をはずし「2.11 闘争統一実行委員会」の名称になった。「統一」と名乗るが、高執委が加わることを全闘委が拒否し、当日の集会だけを共催で行うこととなった。（以上の経緯は、「麻布学園新聞」第93 号、2面およびビラ作成者からの聞き取りによる。）

　統実委は、「建国記念日」を「支配者の命令を何でも聞く人間」を作ろうという政府の政策と捉え、それは「脅威」であり、「黙認」してはならないと主張する。この点では高執委の主張と軌を一にしており、このような動きに抗議することが「主体性」であると考えた。登校した生徒のうち約 50 名が、明治公園で行われた「建国記念日」反対の学外集会（全都高校生総決起集会）に参加し、デモ行進に加わった者もいた。

　この「建国記念日」に反対する自主登校の提案は、生徒にどのように受けとめられたのか？　結果からいえば、当日まで、クラス討論は行われず、高執委は、2 月初めのビラで「CT 等による討論が皆無であるので、時間的制約等から、執行委自身の発議によって2・11 自主登校をよびかけることにした」と説明している（高執委「高執委からのお知らせ　2・11 紀元節反対自主登校を!!」、1970/02/06 頃）。当初は、クラス決議や生徒会の発議による自主登校を考えていたのかもしれないが、それは断念し、有志だけでも、抗議し登校する道を選んだのである。2 月 6 日には「2・11 建国記念日に関する資料」を配付し、9 日には講演会「戦後教育の屈折」（増島教諭）と討論会を開催した。中生協の執行委員会は、10 日「『ああまたか』と思わないで」と題するビラを配布し、「祝日は休みだとだけ考えて、なぜ祝日がつくられたのかどういう意味なのかを知らないというのは自分をごまかしているのではないでしょうか」と問いかけた。当日自主登校した生徒数 150 は、中 3 から高 2 までの生徒数 900 の約 1/6 にあたり、決して少なくはない。しかし、前年 69 年の自主登校の登校者数は 200 名、自主授業は 9 種類であった（「麻布学園新聞」第 87 号 1 面、1969/03/03）ことからすると、やや減っていることになる。

　生徒の反応が広がらなかったのは、「建国記念日」の問題は授業やテストのように焦眉の問題とは感じられなかったことがある。麻布学園新聞第93号では「投稿 2.11 建国記念の日」という特集を掲載し、投稿者6名（いずれも高1）は論題について率直に思いを述べている。「日頃考えたこともない」「賛否両論あってどちらを信じればよいのかわからない」「不合理な決定だが、戦争や侵略という危機感が感じられない」「日常生活の場こそ認識と実践の確実な基盤であり、この場を離れた行動はそれ程強固な・根強いものとならない」「法律や既成秩序はこれが改正・廃止されるまで守る必要がある」。第二には、改革運動全体が沈滞に陥っていたためであり、2.11をめぐる問題提起も、生徒の抱える無力感を変えるものとはならなかった。

2．校長追及集会と統実委の校長室座り込み

1）街頭デモと集会の届出制をめぐって

　「建国記念日」反対の自主登校に対する生徒の関心が低いなかで、新たな問題が生じていた。それは、統実委が、2月11日の自主登校のあとに、渋谷駅までの街頭デモを企画し、この申請をめぐって、学校側と対立が生じた。この経緯について、麻布学園新聞はつぎのように報じている。

　　・・・統一実行委は、当日デモを計画し警察に申請したところ、出発点の許可が必要だといわれ、（7日に）校長に話したところ、「中庭からデモを出すならば集会は認めない」といわれ、デモ禁止の理由を問うと、「政治活動は好ましくないからだ」と話された。その結果、時間切れになり、デモは中止になった。ここで新たに問われたことは、①今までの集会の届出制は実質的に許可制ではなかったか？　②集会はよいのにデモは何故いけないのか③政治活動は何故好ましくないのか？であった。そして、翌10日昼休みから統一実行委主催の「校長追及集会」が校長先生も出席して行われた。そこで先の第三点に対して、好ましくない理由に、高校生で特定の政治活動をすることは、広い視野をもてなくする、また高校生は政治に対する責任を充分にもてないという二点をあげた。それに対し、政治活動は我々の基本的権利である、政治活動は各個人が各人の責任でやるものであるから問題はない、などと反論がなされた。そのような中で集会は異様な高まりをみせ昼休みが終わっても［講堂に場所を移して］続けられ、放課後になり、教師全体と

話しをしたいという要望が出され、結局、職員会議の参加者全員が出席して話しをするいうことになった。そして前例のない討論会になった［実際の教員参加者は数名、午後 8 時ごろ解散］。そこで先の第一点について話され、届出制はあくまで話し合いをしようというものであって「やってはこまる」ということもあるが、処分などのときに許可制とのちがいがでてくる、との見解がだされた。第三の点については、あまり進展がみられなかった。（以下略）

（「麻布学園新聞」第 93 号 2 面、1970/03/12）

　街頭デモを発案・企画した高一有志は、べ平連の事務所に出かけデモ申請の手続きを聞いていた。7 日に麻布警察署で出発点の許可が必要だと言われ、校長室で藤瀬校長に面会した。藤瀬校長（前日本放送協会解説委員）は、1967 年 9 月に理事長・校長に就任し、細川潤一郎前理事長・校長とは異なり、教員との合議や生徒との対話を重んじた。68 年 5 月の文化祭最終日の後夜祭では、高 3 生徒の求めに応じて急遽校長が参加し、自治活動や授業をめぐってティーチインが催された。69 年 5 月の文化祭においても「校長先生との討論会」が中庭で開催された。他方で、藤瀬校長は、高校生の政治活動について、高校生が政治について「話す事は大賛成です。行動は好ましくない。高校生では政治についての正確な判断ができないから。それに法律の上でも政治的能力が与えられていないから」（「麻布学園新聞」第 82 号 2 面、「校長先生インタビュー」、1968/05/03）という見解を示していた。また文部省は、1969 年 10 月に「高等学校における政治的教養と政治活動について」という見解を都道府県教育委員会に通達し、高校生の政治活動の学内での禁止、学外での制限、違反者は処分、とした。これは各地での高校生の政治活動の激化に対処するものであった。

　校長は 2 月 7 日に面会した統実委 2 名にこれまでと同様の説明をし、2 名は手続き的には（集会の許可が得られないことは）仕方ないと考え、いったん納得して面会を終えた。しかし、面会の結果を統実委のメンバーに報告したところ、リーダー格の河越から、なんで引き下がったのか、と批判され、説得された。以後統実委は、デモを校長が弾圧したとして追及する。10 日の「弾圧粉砕校長追及」と銘打った集会に、校長が赴いたのは、生徒に説明し対話するという考え方にもとづくものであった。

2）校長追及集会出席要求

その後の経過はつぎのとおり。

・2 月 16 日（月）

　統実委は議論の続行（デモの弾圧の自己批判と政治活動規制に対する学校側の正式見解）を求め、校長室に赴き 17 日の集会への校長の出席を求めた。校長は個人的理由（当日登校しない）により出席できないと発言したため、19 日に設定された。

・2 月 17 日（火）

　全闘委「2. 19 集会を成功させ、主体的活動の自由を克ち取ろう」を発行。一方、授業改革協議会は流会となった。

・2 月 18 日（水）

　学校側は、「全校生徒の問題であるから、一部有志の生徒の主催する集会に校長が出席し、討論することはできない」として、19 日の集会への校長の出席を拒否した。

・2 月 19 日（木）

　統実委「学校側 2.19 集会の出席を拒否！」および全闘委「本日放課後校長追及集会に結集せよ！」、全中闘「本日（2/19）校長追及討論集会に結集しよう！」を配付し、放課後統実委の主催により中庭で集会を開催。山領教諭ら教員が有志として（説明のため）出席、生徒の参加者は少数。

・2 月 20 日（金）

　統実委は再び昼休みに「弾圧粉砕集会」（全闘委ビラ）「校長追求 [ママ] 集会」（無署名ビラ）の開催を呼びかける。集会の目的は、「2.11 街頭デモ圧殺に対する自己批判要求、政治活動規制に対する正式見解の大衆的発表要求、全面的自主活動獲得」と記される（全闘委ビラ）。2 時限目より校長室で校長の集会出席を要求。昼休みには、集会に参加した生徒が学内デモを行い、そのまま校長室に押しかけ、校長に出席を要求。校長はこれを拒否し、統実委は 2 項目の要求（①2.20 統実委主催の集会に出席しなかったことの自己批判、

211

②統実委と学校側の共催で全学討論集会を開く、統実委提出の議題は 2.10 集会における諸教師の暴言、校長の態度の自己批判、2.11 街頭デモ圧殺に対する自己批判、生徒の主体的活動の自由を認めよ）を提出、学校側は 21 日午後 5 時に回答すると約束。（要求項目の詳細は、座り込み後の統実委ビラ「自主活動弾圧に抗議行動の嵐を！」および学校側「全校生徒諸君へ」による）

3）校長室座り込み突入

翌 21 日（土）学校側は、緊急職員会議を開催し、2 項目の要求に対し、代表団を送って回答。統実委から出されている問題は、いずれも「高校生の政治活動」「自治活動」について問題であり、全校生徒の権利に関わる問題は、生徒会との間で原則的に処理していくべきであるとして、2 項目のいずれも拒否する、ただし、全学集会は生徒会と学校との共催であれば開催する、と回答した（麻布学園「全校生徒諸君へ」、1970/02/24）。学校側の代表団には、山領教諭が指名され、統実委の生徒の話しをきちんと聞き、同時に学校側の言うべきことをきちんと主張することが方針であったという。統実委は、2 項目の要求を拒否したこと、および、代表団が統実委との討論を拒否したことの 2 点に抗議して、校長室で座り込みを開始した。学校側は、職員会議を開き、宿直担当を置き、翌週も授業を継続し、職員会議を開いて対処を検討することとした。

2.11 街頭デモのための集会届出の問題は、1 週間のうちに、校長室座り込みという実力行使にエスカレートした。統実委（全闘委、全中闘）と学校側との間では、連日激しく意見が闘わされた。第一の問題は、「高校生の政治活動（自主活動）の自由」である。これまでは、政治問題についても、学内あるいは学外者が訪問する文化祭においても、討論や言論について規制がなされることはなく、集会やビラは（生徒会指導部に）届け出るだけであった。2.11 街頭デモをめぐって、新たに、学外で意思表示の行動をすることが問題となった。生徒が学外デモに参加することはそれまでも行われており、また警察に逮捕される者もいた。「政治活動は好ましくない」との校長見解が示されていたが、他校のように処分を受けることはなかった。

統実委の街頭デモの出発点としての集会の届出を認めれば、学外での生徒の集団としての政治活動を公に認めることになるため、校長はこれを拒んだ。他方で、届出制のルールからいえば、集会としての届出は受理せざるをえない。つまり、「政治活動は好ましくない」という方針と「集会の自由（届出制）」というルー

ルの間に存在する矛盾だったのである。2.11 街頭デモの経緯から、この点を察知
したある生徒は、「麻布べ平連」として 2 月 21 日に街頭デモを企画し、集会の開
催の届出をだしたところ、校長は（警察署宛てに）「学校としてはデモのために
中庭を使用することはやめるよう説得中である」との文書を発行した（警察は、
出発点の集会許可がないこと、および届け出者が未成年のためデモの届出を受理
しなかった）。

　第二は、生徒の自治の問題である。学校側は、政治活動や自主活動については、
生徒全員に関わる問題であることから、全校生徒の組織である生徒会と協議する
こととし、統実委との協議（主催する集会への出席）を拒否した。これに対し、
統実委は、生徒会の活動は、学校長の認める範囲で行うという制限（前文、会則
15 条など）があること、また、統実委は一部の生徒の団体であるとしても、そ
の疑問に答えるのが教育者である、と反論した。最終的に統実委は、学校側が回
答を拒否し、代表団が討論を拒否したことをもって、それに抗議する生徒の「異
議申し立て」の行動として、校長室の座り込みを行った。

　他方で、生徒の多くは事態の進展を知らず、校長室座り込みということを知っ
たのは翌週の 23 日月曜日であった。高執委についても、主要メンバー自身が沈
滞に陥っていた（§4.3.6）。統実委は、校門でのビラ配り、中庭での集会という
形での情報宣伝をとっており、クラスタイムで、街頭デモや政治活動の自由が議
論されることはほとんどなかった。高 2 の 5 では、21 日（土）、統実委の「2 項
目要求」を支持する決議（40 名中 24 名の賛成）をしている。校長や学校側が一
転して、統実委との討論を拒んだことは（教育者として）「よくない」と思った
のだろう。しかし、座り込みという実力行使をするとは思ってはいなかった。高
1 の 6 （統実委のデモを企画した有志のいるクラス）では、21 日の 1 時限に臨
時クラスタイムを開催し、校長追及集会における校長や統実委の言動について、
議論している。クラス日誌には「いつもと違ってかなりまじめなムードであった。
討論に参加した人数も多く、意見も活発であった。クラスの多数が追及集会に対
して否定的であるが、それは単に方法の否定であるものが多く、その内容に関し
て同調している者もかなりいるようである。高校生の政治活動に関する討論をこ
れからもやっていくことになった」とまとめている。（高 1 の 6 「クラス日誌」
⑤、1970/02/21）

　2 月 23 日の朝、生徒たちは教室で担任教師から座り込みという事態が発生し
たこと、この問題を解決するため教師は職員会議を開くので、本日は授業はなし、

生徒たちは午前中クラスタイムを開いてこの問題を討議せよ、と言われた。討論せよといわれても、ほとんど情報は提供されてなかった。

3．座り込みから全校集会開催へ

1）座り込みを巡る高執委と学校側の対応

　統実委は「自主活動弾圧に抗議行動の嵐を！」というビラを配布し、そこで2月20日に提出した2項目要求と、それに対する学校側の拒否回答、および、代表団が回答を説明するだけの「テープレコーダー」に過ぎず、これに抗議する「弾圧抗議座り込み」を21日夜から続けていることを説明した（発行日不明だが、23日と思われる）。

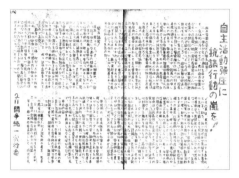

　　以下、日を追って、時系列で経過を見ていこう。

・2月23日（月）

　藤瀬校長は，職員会議を招集し，「校長室が占拠されたことにより学校は正常な機能を失ったと判断．これを正常な状態に戻し，さらに生徒の政治活動，授業改革，試験制度等に関する諸問題を解決するために，1 週間の休校を提案．この間，学校側は連日職員会議を開き，上記の諸問題の解決策を議論しよう」と提案した。「会議は昼食後に始まり、深夜に及んだ。校長提案をめぐって意見は2分されたが、結局ロックアウトには反対という意見が相対的に多数を占め、校長も提案を取り下げた」。以上は、『100年史』p.342 に記述されているものであるが、当時、生徒はロックアウトが議論されたことを知らなかった。

　また、座り込みの翌日22日（日）には、「学園および同窓会理事の山内一郎は、第一ホテルで藤瀬校長と会い、ロックアウトを強く要請した」（同窓会『麻の葉』第8号 p.5、1970/10/30、及び『100年史』年表）。山内一郎（のち理事長・校長代行となる）がいち早く座り込みの事態を知ったことは謎であるが、3月10日には同窓会理事会において「学園紛争収拾方策について」

協議がされており、山内一郎をはじめ、学園理事や同窓会理事（多くは兼任している）の間に、つねに「紛争」への関心があったことは確かである。

　校長室の中庭に面する窓には、全闘委と全中闘の旗が掲げられ、座り込みに（賛成であれ反対であれ）関心をもつ生徒が訪れた。ここに統実委の 4 名程度が寝泊まりしていた。21 日に統実委の要求を支持する決議を行った高 2 の 5 では、学校側の 2 項目要求拒否に抗議し、説明を求める、という決議が賛成 21（出席 44 名）で否決され、全学集会の開催を、生協を通じて呼びかけようという決議が賛成 32 で可決された。

　朝日新聞 2 月 23 日夕刊に高校の卒業式に関する「卒業式は生徒本位に」という大見出しの記事の中で「校長室すわり込み」という小見出しで事実経過が掲載された。この記事は、4 つの政治セクトの名をあげてこれらの活動家が「連合し強引に紛争に持ち込もうとしている」との憶測を述べ、のちに山内一郎や理事会が介入する誘因となった。

・2 月 24 日（火）

　28 日まで午前授業とし、午後は職員会議を開催。学校側は、「全校生徒諸君へ」を配付し、統実委の 2 項目要求を拒否する理由を説明し、学校と生徒協議会との共催による全校集会を逆提案した。また同日付で．藤瀬校長から保護者宛文書「生徒による校長室座り込みの経過と対処について」を郵送した。統実委は、「全学集会を勝ちとろう!!」と題するビラを配布した。そこでは、学校側（校長、教員）に対し「人間の主体的活動を圧殺し、その上で生徒を管理し、抑圧してきたではないか。それを「教育活動」等という言葉で神秘化し、「飼いならされた小羊」の大量生産に血眼になっていたのが、学校当局ではないか。我々が没主体的な授業に埋没していくのは何を意味するか？・・・授業を ［に］ 抗議意識を示さないならば、我々は否定 ［否応？］ なしに、非人間的システムに組み込まれていくのだろう」と述べている。ここでは、授業改革と自主活動の自由は同じく主体性の問題として結びつけられている。

・2 月 25 日（水）

　高執委は、高校生徒協議会に、会則改正案を提出した。その内容は、第一に、生徒会の最重要意思決定機関として新たに「生徒総会」を設けること、第二に「生徒・学校の立場を対等にする」ため、生徒会の活動を学校長の認

める範囲内と規定している前文と第 15 条を削除するというものであった。後者については、「教育的指導としての助言・忠告と強制・禁止・拒否権は明確に区別されるべきである」と述べる。25、26 日の両日に CT 討論を行い、27 日に生協で採決するという日程を示した。内容的には、従来から議論のあった問題であり、学校側と統実委の争点となっている生徒会の制度上の問題を解決するため、喫緊に必要な会則改正として生徒の合意は得られると考えたのだろう（3 月 14 日に可決）。また、全学集会は生徒会の主催で開催すると予告している。

　学校側では、統実委による校長室座り込み（占拠）により業務上の支障もでてきたことから、職員会議では、前日から、占拠する学生の物理的な排除について議論がなされた。25 日の職員会議は午後 1 時過ぎから夜 8 時半過ぎまで行われ、藤瀬校長の見解は、「やむをえない場合には物理的排除の方法を採るが、その際学外の力を頼むことはできるだけ避けたい」というもので、一般生徒および占拠生徒の父兄の力も借りることを考えていた。(『100 年史』p.343、この件も当時は部外秘であった）

・2 月 26 日（木）

　学校側はプリント「全校生徒諸君へ(2)」により、改めて統実委の要求を拒否した理由を述べ、「クラス、生徒会に結集し、全校生徒の総意と学校側の努力とを結びつけることによって、現在の複雑な事態を解決していくことを強く訴え」、統実委が「理性的判断に立ちもどり、一刻も早く不当なすわりこみをやめて校長室から退去することを望む」とした。また、生徒会から、全校集会を生徒会単独で主催したいとの申し入れがあり、それを了承していることも言及された。

　統実委は「全学友に訴える！」を配付し、座り込み生徒の家庭への連絡（呼び出し）や中学の某担任の言動を批判し、クラスでの支持決議を挙げることを呼びかけた。

　同日、70 年度前期高執委委員長選挙が行われ、成田昌俊（当時高 1 ）が選出された。成本の公報では「否定的な現実に方向性を見失い、より深刻な虚無と退廃のなかに埋没してしまってはならない」と訴えたが、投票率は 48.5%（有権者中 3 ～高 2 ）と低調であった。

・2月27日（金）

　高生協は生徒会主催の全校集会という高執委の案に代えて、学校，生徒会，統実委の三者共催による全校集会の開催を議決した。統実委が生徒会は生徒の完全代表ではない、という理由で生徒会の主催を拒否していたが、そのことから、高執委が案を変えたのか、議決の過程で誰かから三者共催の提案があったのかはわからない。いずれにせよ、高生協は全校集会を実現することを優先したことになる。なお当日会則改正案は採決されていない、

2）全校集会開催決定

　高生協が三者共催を議決した2月27日、午後1時過ぎから行われた職員会議は新しい事態をめぐって紛糾した。教員側が本来その存在を交渉団体として認めていない統実委は共催者とすべきではないという意見と、逆に唯一の正式交渉団体と認めている生徒会が議決したものであるからその議決を尊重すべきだという意見が鋭く対立した。結局、最後は票決となり、高生協の議決を尊重するという立場が賛成22，反対14，保留6で多数を占めた。すなわち生徒協議会の議決を認め、三者共催による全校集会を学校側は受け入れることとなった。（『100年史』p.345）

　この5日間、教員は午前中に授業を行い、午後は連日職員会議での討議が続いた。生徒の側では、高執委が会則改正を発議し、全校集会の開催にむけて動いた。統実委メンバーは、自分のクラスであるいは要望があれば中学のクラスにも赴いた。個人として、賛否いずれかの関心をもって、統実委と議論する生徒もいたが、生徒やクラス討論の反応は鈍く、2クラス（先の高2の5および6）で関連する決議が行われただけである。他方中学では、全闘委を非難する決議を行ったクラスもある（「麻布学園新聞」第93号4面）。生徒側の関心の問題もあるが、統実委、全闘委、全中闘のビラは、細かく読みにくい字で書かれ、学生運動の定型的な表現や用語も多く、分かりづらい・読みづらいものだったことも関係している。他方で、学校側が26日に呼びかけた「校長室退去」についても生徒の反応はなかった。事態に対して、教員ほどの危機感を持っていなかったといえる。27日の職員会議では「生徒間に占拠生徒を非とする雰囲気がみられぬ」と総括している（『100年史』p.345）。他方で、高2の5では26日に、このような「われわれの無関心」こそが問題であるとして、解決するまで授業を停止する提案が出された（§6.1参照）。

　全校集会は三者共催と決まった。学校、統実委、生徒会の三者とも当初の案（主張）と異なる形となったが、全学集会の場で討論し解決することを優先し、妥協した（譲り合った）といえる。統実委は、既成の生徒会は生徒を代表しえないと批判しており、またメンバーが属する外部の政治セクトから「バリケード」闘争が示唆されていた可能性も考えられるが、統実委は、三者共催という生徒会（生協）の意志決定を尊重する判断をした。共催のあり方や議事進行をめぐって、三者の代表による予備交渉が 3 月 2 日（月）から 5 日まで 4 日間にわたって行われ、立場の違いが現れ、難航した。毎日、予備交渉における確認事項を三者の署名文書として作成し、了解事項とともに対立した論点も記して継続して審議する方法をとった（確認事項の文書は三者が保管し、現在も資料として残されている、署名者山領教諭、新島、佐原・河越）。この予備交渉の合意事項にもとづき、3 月 7 日に三者の連名による「全校集会開催について」という文書が全構成員に配付され、同日をもって、統実委は校長室座り込みを止め、掃除をして、自主的に退去した。

　全校集会開催について
　1970 年 3 月 9 日、生徒会・学校・2.11 闘争統一実行委員会（以下「統実委」と略します）の三者共催で全校集会を開くことになりました。
　三者共催という形をとったのは、生徒会・学校および当事者としての統実委とも、それぞれ問題を解決する方向を求めて全力を尽さなければならないと判断したからです。
　学校は、生徒との間に起こっている問題（政治活動、自治活動の問題）を解決する方向を見いだすために、生徒会の「三者共催」の決定を尊重して参加します。
　生徒会は、その内部で生徒会会則、集会届出制、政治活動などを討論しているが、これら学校・生徒間で不明確ないしは未解決の問題を解決すべきメドをつけるために参加します。

第
1
部

第
2
部

第
3
部

第
4
部

第
5
部

第
6
部

　統実委は 2 月 7 日より校長室すわり込みに至る問題とその背景をなす「自主活動」などについての問題を全校的な場において解決する方向をとることを主張して参加します。

　そこで三者は 3 月 2 日より 3 月 5 日に及ぶ予備交渉を重ねた結果、全校の問題として、これを集中的に討論し、解決の方向を求めるために、下記の通り全校集会を開催することになりました。

　学園全体にとってきわめて重要なこの集会に、生徒・教職員全員が出席する［ことを］強く要望します。

　　①日時　 3 月 9 日（月）　　午前 9 時 20 分より午後 6 時

　　②会場　講堂

　　③議題　（ 1 ）生徒の「自主活動」についての問題

　　　　　　（ 2 ）1970 年 2 月 7 日以後の一連の事実経過に関する確認と総括

　　④議長団　三者それぞれ 2 名ずつで構成する。　　　　　　（以下略）

　（麻布学園、麻布学園生徒会（中・高）、2.11 闘争統一実行委員会「全校集会開催について」、1970/03/07）

3）予備交渉

　予備交渉では、議事進行や合意形成のルールや集会後の手続きについて、以下のような確認を行っていた。

第 3 回　 3 月 4 日

（B）議題の取り扱い

（中略）

④自己批判の要求は議題としてとりあげない。

⑤まったく自発的に行われる場合は、集会内における発言として自己批判することを認める。

（C）全校集会で集約された意志の取り扱い

①今回の全校集会において集約された意志に関しては、三者は各々の機関で、集会の翌日を第 1 日とし 7 日以内に意志を決定する。

②三者の意志決定が異議がない方向で一致した場合には、全校集会で集約された意志は実現される。

③今回の全校集会に限り、集会で集約された意志に対する生徒会の異議申し立てについて、学校は生徒会会則にある「拒否権」の規定を適用しない。

第4回　3月5日
（A）意志の集約の方法に関して
・・・集会の意志の集約は行うが、投票による決定は行わない。
しかし、全会一致または三者一致の意志が確認されない場合、議長団の行った集約がどの程度集会全体の意向を反映しているかを知るために、教職員・生徒それぞれが一人一票で（独立して）投票を行い、その結果を公表する。
（「予備交渉における確認事項　第3回3月4日、第4回3月5日」）

（第3回　3月4日）　　　　　（第4回　3月5日）

　なお、中学では、3月3日の中生協発議により、4日に中学執行委員会の主催で説明会を開催することとなり、学校側を代表する教員3名、統実委を代表する生徒、中2の担任教員、中学生全員が参加して、講堂でこれを開催した。開催にあたって、中執委は生徒からあらかじめ質問事項を募って印刷配付し、統実委も自らの行動を時系列で説明する資料を配付した。中学執行委員会は、統実委・学校側への質問と回答をまとめた報告を作成し配付した（5日ないし6日）。統実委への質問と回答には、②なぜ政治活動をしたいのか「参政権はなくても政治の下で生きているから」③授業をつぶしたことについてどう思うか「今後一切行わない」③なぜ中庭からデモをしたのか「自分の学校からデモをするのは当然」⑥試験をどう思うか「試験によってしばりつけられている」などと簡潔に要点が記されている。統実委との対話が行われたといえる。
　また、学校側は3月3日に「全校生徒諸君へ（3）」を配付、「改革の諸問題」と題して試験や授業の改革について基本的な方向を示すとともに、学年末（三学

期）の評価については、定期試験を行わず、科目・教員ごとに暫定的な評価を行うことを提案した（§5.2.4 参照）。

　3月4日、約1カ月半ぶりに協議会が開催され、学年末の暫定的な措置（出席日数に不足がなければ進級、生徒と話し合いの上種々の方法で学習のまとめを行なう、指導要録は改革後新方式で行う、生徒と教師の間で1年間の授業内容や方法の総括を行うなど）を決定した。6日に職員会議と生協で決定し、生徒にビラで報告した（「協議会速報　No.7」）。これによって、学年末の試験や評価の問題を一時棚上げして、生徒・教員ともに、全校集会による解決に集中しうる条件が整ったのである。

　こうして3月9日、全校集会が開催される。当初は1日の予定であった。

2.11 弾圧粉砕校長追及集会（中庭）1970 年 2 月 10 日。中央に藤瀬校長の顔が見える。田中秀憲撮影。

4 日間の全校集会（講堂）　1970年 3 月 9〜12 日。壇上は、教員・生徒会・統実委各 2 名からなる議長団。古川享撮影。

第1部
第2部
第3部
第4部
第5部
第6部

第２章：２月の授業改革をめぐる議論

第１章では、２月11日の「建国記念日」反対自主登校と街頭デモを
めぐる統実委の座り込みを巡って学校側や生徒の対応を見てきた。
他方この間、沈滞を抱えながらも、生徒・教師は授業改革をめぐる
議論や試みを続けていた。

１．高２の６での授業停止提案

　高２の６においては、「既成授業を停止し、クラス討論に」という全闘委の主
張した提案が可決され、２月７日から14日までの１週間授業停止が行われてい
る。授業停止案がどのような形で可決され、教師がどのような対応をしたかとい
う点についてはまったくわからない。ただ、高２の６には全闘委の中心であった
河越晃のほかメンバー数名がいた。

　結果を見てみよう。はじめは、班別に討論などをしていたが、３日目ごろから
約10人が読書会を始めた。これに対し、一部の生徒が授業再開を主張し、結局、
教室では前の方で教師が授業をやり、後ろの方では少数が読書会をやるという奇
妙な形となった。１週間後には、元通りの授業が再開された。

　ある日の放課後、教室の中央に、机やイスを積んでバリケードのようなものが
作られた。授業停止の意味合いがあったのかもしれないが、クラス委員などの生
徒が片付けて元の形に戻ったという。

　注目すべきは、３日目ごろから約10人が討論ではなく読書会を始めた、とい
うことである。班別の討論から発展して読書会になったのだろうか。また、既成
の授業は無意味であり、主体的な授業、自分たちの学びたいことを学ぼうという
意味合いであったのだろうか。12月の「クラス討論レポート」(1969/12/14)で、
高２の６では、「各教科の内容に対する希望というものは各生徒によって教科ご
とに異なっている・・・ところが現在は生徒全員が同じ教科数で同じ内容で受け
なければならない。これは我々生徒の主体性を失わせている」と述べている。こ
の問題を含め、クラス全体での討論は続けられなかった。

　既成の授業を停止することで、改革についての新たな視点や改革案が出ること
はなく、読書会をやる者、既成の授業を聞く者が教室に残り、他は行方不明とい
う状態で終わった。

また、この件でも「やる人」と「やらない人」の問題が現れてきている。授業再開派に対し、読書会派もこれを否定するものではなく、互いに干渉しないという形で妥協したのである。

中途半端な妥協では、何も生まれなかった。この点高2の6のケースは、先に述べた高2の1のクラスタイム崩壊（§4.3.3）と同じであった。

2．高2の5の2回目の授業停止提案

1）授業停止提案と採決保留

高2の5では前述の通り（§4.3.4）1月は9回もクラスタイムが開かれていたが、1月30日以降は2月12日までクラスタイムが開かれていない。もっとも、2月1〜3日は中学の入試で休校、2月11日は建国記念の日で休みだった。そして11日までは高執委も全闘委も「紀元節復活反対自主登校」の準備に奔走していた。

前述したように、高2の5では——高2の5に限ったことではなかったが——クラス討論は低迷状態だった。クラスタイムの出席者は1月末時点では30名前後にまで減少していた。さらに、12日のクラスタイムの開始当初の出席者は20名と記録されている。

この場に集まった20名は、もちろん改革を進める意志、クラス討論をやろうという意欲をもった生徒たちだった、といえる。そして、この出席者の少なさに危機感をつのらせたことは間違いないだろう。そういう状況の中で、再び「すべての授業を止めて討論の時間に切り換えよう」という提案が出された。提案したのは小村である。

1月19日の提案と内容は同じであったが、その理由が明確になっていた。「（現状は）日常性に埋没し、授業をやりながらの改革は無理」だと主張した。全闘委の1月24日付ビラの論理と同じである。小村は全闘委の生徒たちとよく話をしていたので、その影響があったといえるだろう。

たしかにクラスの生徒たちは「日常性に埋没」していた。クラス討論は内容的にも行き詰まり、とくに授業改革の新しいアイデアが出てこなかった。それは既成概念にとらわれているからかもしれない。そして、このままでは、出席者は減少し、改革の議論はできなくなり、改革は終わってしまうという思いは共通していた。

授業停止提案に対し「6 組で実施しているにもかかわらず教師が無関心」「ク
ラスタイムをまず活発にせよ。それからだ」「めいめい好きなことをやってしま
って逃避的傾向になるのではないか」「クラスタイムにでない人はますます離れ
て行ってしまうのではないか」等々さまざまな疑問が出されたが、ほかにクラス
タイムへの出席者の減少を食い止め改革運動を続行する有効な手段も思いつか
なかった。

当日の出席者は 20 数名と極めて少なく、クラス全体にかかわる、しかも授業
停止という重要なことを決めることはできない。 そこで、翌日改めてクラス全
員の意志を問うことにした。

2）1回目の採決と迷い

翌 13 日朝、登校してきたクラスの生徒全員が集まっている時に、クラスタイ
ムが開かれ、改めて授業停止提案について討論した。出席者は 47 名であった。
この時の弁論を紹介しよう。

> 小村日「皆が現状では改革する意志がないから、環境を変えることによって
> 新たにその意志を持たせよう。」
> 山川日「改革する意思がないのならその者達が環境を変える事を議決する
> のは不可能ではないか」
> 善井日「改革に自信を持てぬ。社会的問題も考慮。現状のままで良い」
> （高2の5「クラスタイム議事録」）

小村の意見は明快であり、全闘委のビラの主張より一歩踏み込んでいる。環境
を変えることによって、半ば強制的に他人の意志を変えよう、というのである。

山川の意見は小村の主張の矛盾を指摘している。改革は、個々人の主体的な意
志によって進めるべきである、それ以外の道はない、といういわば正論で、この
立場のものは、反対ないし棄権に回った。

善井意見は、「改革は無理だ、もうやめようよ」という声を代表し、提案に反
対する意見だった。他方でクラス討論を続け改革を進めたいと思う生徒には、小
村案にストレートに反対、とは言えないところがあった、

採決は賛成 18、反対 13、棄権 12 であった。この結果は、棄権を除けば可決
であるが、出席者の過半数を得ていない。議長団は、授業を停止するというクラ

スの全構成員に深くかかわり、そればかりでなく教師や保護者にもかかわってくる重要な問題を決めるには不十分であると判断し、これを可決とせず、さらに討論を続行することとした。

この日のクラス討論は、グループ討議を交え、結論が出せるまで、丸一日続いた。いったい何をそんなに迷っていたのだろうか。

この議論は、改革を進めるための手段として授業を停止しクラス討論を行なうという案の是非をめぐって行われた。改革に反対と思っている生徒もいたとしてもそれは明言されず、クラスの大勢は、クラス討論・改革を続けよう、ということだった。そして、改革を進めようとしている生徒たちにとって授業停止は一つの選択肢ではあったが、それが本当に有効かどうかはわからなかった、

授業停止のメリットで一番わかりやすいのは、討論の時間が十分取れるということである。それまでのように自習時間や放課後を利用してクラスタイムを開くというやり方では、その都度クラスの生徒たちに出席をよびかけなければならないため、なかなか議論は進まない。いっこうに進まない議論に生徒たちは疲れていた。集中的に議論すれば改革は早まるように思われた。

そういう実際上のメリットはさておき、問題はクラス討論の低迷をどうやって打破するかであった。これには出席者を増やす、あるいは減少を止める、ということと、内容を充実させる、改革の具体案をつくる、ということの二つの面があった。

集中して議論することで、出席者の問題は解決するか。これは分からなかった。前日（12日）小村がこの提案をしたとき、「クラスタイムにでない人はますます離れて行ってしまうのではないか」との疑問が出されている。

生徒たちが「日常性に埋没」していることは間違いなかった。だから、日常の大部分を占める授業を停止する（放棄する）というのは、クラス討論の内容の充実のための有力な手段に思えた。授業を停止し、すべてクラス討論にするという新しい状況をつくれば、自分自身も他のものも、改革に主体的に取り組まざるをえなくなるはずだ、ということに最後の望みをかけようとしたのである。

だが、新しい有力なアイデアが出ないことの原因が、小村や全闘委の言うように、生徒が既成の授業やレールに埋没していたことだとしても、その授業を停止すれば新たな視点が見えてくるという保証はなかった。

というのは、二学期末の定期試験を中止したが、それによって直ちに生徒の主体性が回復したり、新しい授業や価値観が生まれてきたりするわけではないこと

225

は、生徒自身が経験済みだった。

　第二に生徒たちが迷っていたのは、改革の対象である授業を、仮に一時的にであれ、捨ててしまっていいのだろうか、ということだった。そこには、単純に学校へ来て授業を聞いていれば教師も親も安心している。その授業をやめるのは不安だという保守的感覚も交じっていた。授業を停止するということは、学生である自分自身の否定であり、自分の生活を失うことではないか、自分の生活を捨てたところで、その生活を改革するというのはおかしなことではないかという疑問が生徒を迷わせた。

　第二の迷いは、突き詰めれば、今までの生活を捨てるかどうか、ということだった。そのなかには麻布生にとっては既定路線である大学進学も含まれていた。クラス討論に出席しなくなった生徒たちは、受験勉強を始めようとしていた。その先には、現在の学歴社会や競争社会、「体制」とどう向き合うかという問題も立ちはだかっていた。

３）２回目採決から３回目での否決

　小村提案に真っ向から反対したのは永家だった。彼はクラス内で「哲学者永家」とも呼ばれ、発言が難解であることで知られていた。他方で生徒が現実論の落とし穴に入り込んでいると、根本的な問題を提起することで信頼を得ていた。

　永家は「日常性を脱却することは不可能だ」と繰り返した。「今、授業という日常性に埋没しているからその授業を停止すれば、新たな状況が生まれるというのは幻想だ。授業を停止すればしたで、また別な日常性が生まれるだけだ。埋没するかしないかは我々の意識、我々の主体性の問題だ」と永家は説いた。

　三島は、授業停止提案に対する賛否を保留したうえで、「みんな自己変革の気があるのか。それを聞きたい。これが欠けているならその点から話し合わなければならないだろう」と発言した。

　永家は授業停止案に対し、「授業を前提としたうえで、できる限りのクラスタイムを開いていこう。ただし、今ここで全員出席の確約をしよう」（議事録）という対案を提出した。

　もちろん「全員出席」の保証はどこにもない。出席簿をつけるわけにはいかない。この確約は、「人間性にもとづく確約」でしかないと永家は説明した。改革の出発点はいずれにしても個人にある。その個人の意志にもとづき「全員出席」の確約がなされるならそれをよりどころにしよう。それ以外に個人を拘束する力

第1部

第2部

第3部

第4部

第5部

第6部

などないではないかというのが趣旨であった。この「全員出席の確約」は、小村案には反対だが、クラス討論への出席者を確保し、討論を、すなわち改革を続けていこうという主旨であろう。永家の発言は難解だったが、生徒たちは真剣に耳を傾けた。

朝から始まった討論は 6 時限に入っていた。改めて小村提案に対し賛否を問うたところ、賛成 19、反対 15、棄権 9 という膠着状態は変わらなかった。

明日からの授業やクラスタイムのやり方の問題である。いずれにせよどうするか決めなければいけないということで、修正提案が出された。

　小村修正案：一週間授業を停止し、討論を行なう。
　永家案：正規のクラスタイム及び自習時間などクラスの個々人の承認をもってクラスタイムを開催し、我々の意識の根本的な点に関して討論する。

採決は相対多数とすることとした。結果は、出席 35 名中永家案 25 票、小村案 6 票、棄権 2 票、つまり授業停止案は否決されたのである。

2 回目と 3 回目の採決の間はそんなに時間がなかった、つまり改めて議論をした、ということはなかった。にもかかわらず小村案は否決され、永家案が圧倒的な支持を得た。なぜか。採決の結果を分析してみよう。

授業停止への賛否	賛成	反対	棄権	計
1 月 19 日	3	26	6	35
2 月 13 日　1 回目	18	13	12	43
2 回目	19	15	9	43
3 回目	6	25	2	33
2 回目と 3 回目比較	−13	+10	−7	−10

1 回目と 2 回目ではほとんど違わない。2 回目と 3 回目の違いは①決議案が修正されたこと、②可決の条件を相対多数に変えたこと（表では永家案の票数を停止案反対票とした）。そしてこの他に③採決の参加者が減ったことがある。

票数からみると、2 回目で賛成した生徒のうち 13 票が減り、10 名程度が 3 回目で反対に投票したことになる。つまり案の修正が 2 回目と 3 回目の違いを生んだとみられる。

　小村は授業停止の期間を一週間とした。一週間だけやってみよう、という妥協案であり、むしろ賛成票が増えそうなのであるが、大きく減少した。となると、永家が付け加えた「我々の意識の根本的な点に関して討論する」という条項が、永家案支持（停止反対票）を増やす要因だった、ということになる。「我々の意識の根本的な点」とはなにか？　この点を掘り下げてみよう。

３．意識変革に向けた討議の始まり

　「我々の意識の根本的な点に関して討論する」ことが。授業停止提案を否決する決定的要因だったことを裏付ける証拠がある。書記中田は議事録に次のように解説を加えている。

> 実に 5 時間余りの長丁場の結果永家氏の調停案に可決したが、一見、この案は実質的には従来のものと何ら変わりがなかったように見えるが、そこに於いて明らかに我々の意識のあり方があらためて再確認されたわけであって、抜本的とは言えずとも少なからぬ成果があったと考えられる。
> （高２の５「クラスタイム議事録」）

　３回目の最後の採決に参加した 33 名の生徒たちは、授業停止案への賛否に関わらず、クラス討論を、改革を続けるという意志は共通していた。そして、小村・全闘委案の授業停止案が否決された、ということは、授業を受けながら、授業を改革していこう、という決意でもある。授業は生活と言い換えてもいい。議事録には「自己の生活者としての態度と自己の変革者としての態度の両立を」という市沢の発言が残されている。そして「自己変革と同時に生活者としての立場の自分は両立できる」と佐山が付け加えている。より困難な道を選んだともいえる。
　ここで交わされている議論は、主体性と日常性に関する新たな問題提起といえる。11〜12 月には、日常生活を圧迫する定期試験制度を廃止すれば、主体的な日常生活が出現すると考えた。授業停止提案でもまた、授業を停止し状況を変えれば、改革に主体的に取り組むようになるという仮定があった。しかし高２の５の生徒は、日常生活のなかで、惰性とも戦いながら、主体性を確立していくこと、そして改革の出発点は、日常生活における個々人の意識の変革にあることに気づいたのである。

　つぎに、「意識の根本的な点」を議論することの意味である。その日の議論で永家が強調したのは「日常性に埋没するかしないかは我々の意識、我々の主体性の問題だ」ということだった。それは、授業を停止することによって環境を変えても、問題は解決しない、という意味だった。だが、それだけでは、採決の結果は変わらなかった。１回目と２回目の結果はほぼ同じである。３回目の採決の前の永家修正案「我々の意識の根本的な点に関して討論する」には、小村案の否定だけでなく、積極的な意味合いがあった、とみるべきだろう。

　クラス討論は行きづまっていた。評価制度の改革案はおおむねできあがった。だが授業の改革案はできていなかった。授業をどう変えていくか議論され、そこでは、発表授業、自主授業、グループ討論等々の案は出たが、満足できる案ではなかった。「意識」の根本を議論するとは、自分たちは学校に、授業に何を求めているのか、というところに戻って、そこを出発点として改革案を議論しよう、ということではなかったか。

　別の言い方をしてみよう。改革には制度改革と意識改革がある。制度を変えることによって問題を解決できることもあるし、意識を変えることによって解決することもある。世の中のいわゆる改革は制度改革であるが、意識改革の伴わない制度改革はおおむね失敗に終わる。永家案の修正にはそんな意味合いがあった。

　永家修正案の「クラスの個々人の承認をもって」は、２回目採決の際の「全員出席の確約」に代わる語句である。クラス討論だから全員出席すべきだということではなく、出席するという個々人の意志が大切だと言いたかったのだろう。

　その後どうなったか。クラス討論は続けられたのか。

　２月18日にはクラス討論が開催された。この日は水曜日であった。定例のクラスタイムは金曜日であるから、この日のクラスタイムは臨時に開かれ、誰かが討論をしよう、と呼びかけ、それに応じた生徒たちがいた、ということである。この日のクラスタイムでは、次のようなアンケートを行うことが決定された。質問は次のようなものであった。

　　１．学校と予備校の違いは？
　　２．それでは現状はどうか？
　　３．それにどう対処するか？（改革の意志？）
　　４．改革におけるクラスタイムの意味
　　５．グループ討論に関して

　6．その他何でも

　このアンケートはいわゆる○×式、あるいは選択式回答ではなく、すべて自由
記述形式で、21 名が回答した。永家の言った個々人の「意識の根本的な点」を
把握し、そこから出発しようという試みだった。
　設問にも表れているように、学校という場に各人が何を求めるかという所から
つみあげていこうという立場であった。そして予備校との違いという形で問題を
立てたのも、「ともに学び生活する場」として、学校の意味を考えようとしたの
である。他方で、大学受験というものにどう対処するのかという問題が、否応な
く生徒たちの意識の重要な部分を占めていた。
　このアンケートは、3 月 23 日終業式の日に印刷して配付された。「4　改革に
おける C.T.の意味」については、以下のような 3 人の記述が見られる。

> ○学校の本質的意義はクラスタイム中心に成り立つべきであると考えてい
> る。
> ○クラスタイムは直接的にもこの心の触れ合いをはかる為に必要です。し
> かし現在この C.T.は沈滞です。ではどうしたらよいか。これに対処するに
> は単なる観念論ではなく実際行動が必要、ではどうするか？　授業改革に
> 於いては、クラスに於ける分科会で試案をつくる。そしてこれを C.T.にか
> けてクラスの意見を決定する。
> ○僕らが共通の基盤を確かめ合い、その上に立って共生感（僕は決して幻想
> だとは思わない）を得る為にクラスタイムの存在が不可欠となる。これがと
> りもなおさず高校を高校たらしめる最も重要な要素であろう。そして僕が
> 高校に人間の関係を求める以上、クラスタイムに参加せずして高校生たる
> 事は、自らを裏切る事につながる。
> （麻布高校 2 年 5 組「連帯を求めて」p. 5, 9, 12、1970/03/23）

　クラスタイムは、授業改革のための単なる議論の時間ではなく、生徒の日常や
人間関係にとって不可欠な場として、意識されつつあったことがわかる。ようや
くそのことに気づいたのである。
　また設問の仕方にも表れているように、学校という場に各人が何を求めるかと
いう所からつみあげていこうという立場があった。そして予備校との違いという

形で問題を立てたのも、単に勉強のためではなく「ともに学び生活する場」として、学校の意味を、すなわち、共同性の意味を考えようとしたのである。

　その次の週も、クラス討論は開かれた。だが、テーマは授業改革ではなかった。21 日に 2.11 闘争統一実行委の校長室座り込み事件が勃発し、この問題への対処をめぐって、クラスとはなにか、が議論されることとなった（§6.1 参照）。

4．連日開催された職員会議

　一方、職員会議は統実委座り込み後の 23 日（月）から全校集会前日の 3 月 7 日（土）まで、日曜日の 3 月 1 日も含めて連日行われた。この間、統実委の座り込みへの対応や自主活動をめぐる問題だけを議論していたわけではない。高 3 の卒業判定のほか、2 学期末考査を実施せず、学年末まで成績評価を持ち越した高.1・高 2 の進級査定をどうするか、そして道半ばである授業改革をどうするか、といった問題を討議していた。2 月 28 日には、授業改革委員 5 名を選出している（『100 年史』p.345）。

　2 月 18 日の職員会議では、増島教諭（数学科、生徒会指導部、1/22 の教員有志提案者のひとり）が討議資料として「改革をどう進めるか（その 2）」という文書を作成している。冒頭では「この問題について、何がどう問題であり、どう改革すべきか明らかになっていないし、それどころか、生徒の中には腐敗と停滞が広がっている」との強い危機感を示している。文書は、B 4 判 2 枚にわたり、1）改革の方向、2）生徒の現状、3）教師の責務、の 3 点からなっている。まず、改革の方向をつぎのように整理する。

　　イ）「改革」か「解体」か――問題は本校を高等私塾連合（？）や高等寺子屋に「解体」することではなく、より良い高校に改革することにある。

　　ロ）「改革」すればするほど自分たちはていよく勉強させられ「体制」の要求する型にはめられるだけだから「改革」ではなくて「教育総体」（？）or「体制」を否定するのだ、という論、すなわ

ち「労働力商品になることを拒否する」という論に対しては、どのような"労働力商品"になるのかが問題であり、そこでこそ"主体性"が問われる、と考える。

ハ）大多数の生徒が現在の学習に意義を感じていないという事実があり、そこから学習の意義を原則的に否定する方向に飛躍したり、あるいは「自主ゼミ」等の方向へ、ゆがめられた型で要求を出しているが、われわれは学習することが高校生の中心任務であり、それがどうあるべきかについての指導を強化しなければならない。

ニ）そのさい、生徒の多くが、学習とは「1人で」「家にかえってから」やるものであり、授業はその場で学ぶものではなく、聞きおき、ノートをとっておけばよいものだ、としている現実がある。われわれは、「皆で（クラスで、集団で）」「学校で（授業で）」学ぶ、という見解を対置する。

（増島教諭「職員会議資料　改革をどう進めるか（その2）」、1970/02/18）

上記のイロハは、全闘委が1月から2月にかけてのビラで展開した「欺瞞的改革」「資本主義体制による疎外」「体制の打破・解体」という主張を意識した反論である。次に生徒については、「一面では、学ぶのはいやだ、苦痛だ、学習は強制労働だ、と実感し、同時に、学びたい、という要求をも持った矛盾した存在として理解するところから出発したい」との認識に立つ。しかし現状は、

現実に大多数の生徒が（理性的にはともかく感性的には）「教科・授業と結びついた学習は無意味である、かんたんにいって「やる気がしない」「やりがいない」と感じている・・・。現実に学習の意義を実感できない（教材を感動をもって受けとめられない）ところから、あるものは、学習の意義そのものを原則的に否定する（「労働力商品」論！）。

それを原則的に否定できないものは、「やらされていた――主体を失った――学習」ではなくて「オレの主体的な――つまりやりたいことをやる――学習」へと考えをすすめる。だが、これはメダルの裏表であって、何を学ぶかの対象の問題を、主観的願望の中に解消してしまっている。

いずれにしても、学びたいという要求は破かいつくされているか、そうでなかったらまったくゆがめられてしまっている。

232

> 　さらにそこには、学習を自分一個の問題としてしか、従っておしすすめれ
> ば学習を他人との競争の中でしか考えられない見方がからまりあってい
> る。・・・
> 　それは直接には、中学入試にかけた異常な学習に象徴される過去の生活
> 史の所産であり、より基本的には今日の社会情勢の生徒の中への反映であ
> る。
> 　（同上）

　このような生徒の現状分析から、「教師が授業の場で、要求をもち、指導性を
もつことによって、学び方を変えさせること、「学びたい」という本来的な要求
を正しく発展させること、こそとるべき道である」と述べる。では、「学び方」
を変える力は何か。「それは基本的には教材の力だ・・・どんなに「鈍感」な生
徒でも、感動せざるを得ないように、それだけ鋭く教材をえらび、ねりあげて、
生徒の前にだすことである」と結論し、「だから、授業の場での教材についての
教師の指導性は決定的であり、これを弱めるような"自主ゼミ方式"はあらかじめ
失敗が約束されているといっても過言ではない」と追記する。

　最後に、このような教材・授業を実践するため、教科会を定例化して討議を深
め、授業時間数・科目数を減らし、協議会を制度的に残すことを提案している。

　この文書（資料）が、職員会議でどのように議論されたのかは不明であるが、
主要な提言は、３月に生徒に配付された学校側の方針（「全校生徒諸君へ　NO.4」、
§6.3「授業改革のための全校集会」参照）に盛り込まれている。また、学校の授
業という場で、集団で学ぶことの意義の強調は、前節の高２の５での討論やアン
ケートに表れた生徒の意識（期待）とも呼応している。

　３月３日に「全校生徒諸君へ（３）」というプリントが全生徒に配布された。
プリントは「改革の諸問題」と「今学年末の試験及び評価について」という二つ
の部分からなっている。

　「改革の諸問題」では、①全体として授業時数・科目数を減らす、②各教科別
のカリキュラムの検討、③授業内容を充実させるための教科別科会の毎週開催、
④評価は、ペーパーテスト、レポート、論文等により一つの方法に限定されない、
⑤協議会（分科会）の存続、という形で、学校側として、具体的な改革の用意が
あることが示された。

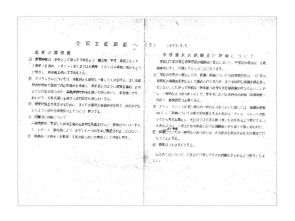

　「今学年末の試験及び評価について」は、学年末定期試験は行えないが、進級査定と指導要録への成績記入は必要であり、試験についての一時的とりあつかいは担当教員の責任で行う」とし、このことを協議会や中学の生徒会に提案するとしている。最後に「以上のことについてできるだけ早くクラスの討論をまとめるように努力してほしい」と結んでいる。

　他方、政治活動を含む自主活動のルール作りは、全校集会への準備と考えられる。教員のなかでも様々な意見があり、学校側としての意見を統一する必要があったと思われる。

　2月24日の職員会議では校長からこれまでの「政治活動は好ましくない」から「一切禁止」にし、週に一度程度，特定の問題について自由に話し合う機会の設置が提案された。しかし、2月26日、3月1日の議論を経て、集会や掲示物等の届出制の手続きの明確化を決めている。（『100年史』p.345-346、同年表）

5．協議会の動向

　授業改革を議論する場である協議会は1月26日の第6回で既に活動の沈滞の状況、クラスタイムの沈滞と協議会方式そのものの問題、を話し合っていたが、次回に予定された1月31日は流会、再度仕切り直しで予定された2月17日の協議会も流会となった。

　協議会はクラスタイムでの討議を基礎としてその内容を各組代表が報告しながら議論するという方式をとっていた。「建国記念日」反対自主登校を巡る影響もあったと思われるが、授業改革に関してはクラスタイム自体が議論の場として

成立しなくなっていた。2月17日は、当日のビラで開催が予告されながら、突然流会となっている。統実委が19日までに学校側の回答を求めており、そちらの議論や対応を優先したのかもしれない。他方で、前節の増島教諭の意見書にあるように、生徒の学習や学習観の現状を踏まえた議論が必要な時期でもあった。

結局、協議会は2月には開かれなかったが、学校側の3月3日「全校生徒諸君へ（3）」を受けて、学年末の評価をどうするかという議論のため4日に開催された。その内容を伝える「協議会速報　No.7」（1970/03/06）の最後には「今学期末までに新しい評価、試験方法を決定し実施する事ができずにこの様な暫定処置を取らざるを得なくなった事は極めて残念」と書かれている。

（高執委「協議会速報 No.7」1970/03/06）

第 3 章：4 日間の全校集会

― 自主活動の自由と自治 ―

　　3 月 9 日、自主活動の自由と自治をめぐる全校集会が開催された。生徒は、8 時 30 分から各教室でクラスタイムを行い、討論資料を受け取り、9 時から講堂に集合した。議長団は、学校側、生徒会、統実委から 2 名ずつで構成し、「全校集会における議事の進行」というメモをもとに打ち合わせを行った。そこには、予備交渉で三者が確認した事項が簡潔に記されていた。

　　全校集会は当初 1 日で終わる予定であったが、すべての議事・討論が終了するには 4 日間、のべ 30 時間余を要した。朝 9 時から夕方 5 時ごろまで行われ、ときおり統実委や教員の激高した発言やヤジ、あるいは中学生の涙ながらの訴えなどもあったが、ひとつひとつの問題について、議長団が集会の意志の集約を行い、全体としては整然と進められた。集会の参加者数は、夕方になると 500 人程度に減ってしまうこともあったが、事態の解決にはこの集会が必要なのだという生徒と教員の意識が集会を支えていた。

1．第 1 議題「生徒の自主活動について」

　この問題についての三者の配布資料から、考え方の異同をみてみよう。明確化された新たな論点または異なる意見に下線を引いた。

【学校側】

A　学校生活における教師と生徒

＜教科の学習と自主活動＞

中学校、高等学校の学校生活の中心は、学び、自らを成長させることにあると考えられる。それは大きくわけて、教科の学習と自主活動（教科外の諸活動）からなっている。・・・

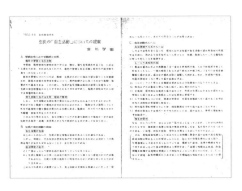

生徒の自主活動は教科の学習とは異なって生徒の自主的責任のもとにすすめられるべきものであり、教師の役割はそれに対する指導助言にある。

＜自主活動における教師・生徒の関係＞

第1部

第2部

第3部

第4部

第5部

第6部

・・・　自主活動についての生徒と教師との関係は一方の他方に対する命令・従属・拒否等のかたちで結ばれるものであってはならない。

B　生徒の自主活動の自由

　以上のことからして、生徒の自主活動は自由であることが基本である。

　しかし、同時に、その自由が学校生活の中で実現されるためには次の二つの条件を満たさなければならないことも、また明らかである。

＜自由実現の条件＞

　イ）　「学ぶ」という学校生活の基本をこわしてはならない。

　ロ）　生徒と教師という異なった両者の結びつきの上に成り立つ学校の中での活動である以上、生徒の活動は教師との関係をあらかじめ断ち切った上では成り立たない。

C 自主活動のルール

1）集会は・・・届け出制とする。　　2）略

3）校内のデモは集会に準じて取り扱う。

4）立看板、掲示物は生徒会に届け出た上で、所定の位置におきまたは掲示する。

5）ビラの配付については、従来の申合せ、生徒会指導部への（届け出）を守る。

6）　（略）

7）学校を起点とする校外デモにかんしては、届け出た上、事前に学校側と十分話合う。

（麻布学園「生徒の「自主活動」についての提案」、1970/03/09）

【生徒会（高執委）】

1．集会の届出制を完全に実施せよ。

　学内の集会は届出をすれば実行できる。学校の助言・忠告は当然認めるが禁止、それを理由にした処分はしない。

　①学校の教育指導権を認める。教師が生徒の行動に全く

無関心という状態になってしまっては望ましいとはいえない。教師は<u>生徒</u>の<u>行動について知る権利と義務がある</u>と考える。

②学校の物的管理権を認める。しかし物的管理権を拡大し人的管理権につながることは届け出制厳守で防止する。

<u>２．政治活動を認めることが望ましい。</u>

学外学内での憲法で認められた範囲内に於る生徒の政治活動を認めること。もちろん助言忠告もあって良いが、禁止はしない。

「政治活動」とは、いわゆる三無主義（無気力無関心無責任）の泥沼から抜け出し、自己をとりまく政治社会状況に主体的にかかわりあっていくことに他ならない。「政治活動」は考える人間、<u>行動する人間を作る上で教育</u>的にも極めて大きな意義をもっていると考える。・・・ そういう意味で各学年に週最低１時間、政治問題・社会問題を討議する時間を授業として設けることを強く望む。

我々は生徒として社会に存在する以上、社会の諸事象から逃れることは出来ない。戦争になった時、未成年だからといって死ぬことを免れることが出来るだろうか。生徒にも反戦を主張する権利があるはずである。我々は<u>政治活動をしないが故の結果にも責任をとらねばならないのだ。（後略）</u>

（生徒会執行部「生徒会執行部からの見解と議案」、1970/03/09）

【統実委】

A　何故「自主活動」を行うか。

現在の我々が生活している麻布学園という所には、一定の秩序が存在している。この秩序は時に我々の意識の内部において10何年かの生活によって作り上げられて来た秩序は維持しなければならないのだ、という意識の存在も重要であろう。そして、我々は自分自身の為に生きているのか、秩序の為に生きているのか、わからなくなっている。この様な我々を作り出してきたもの、即ち日常的な生活から抜け出し、主体性を回復させる事こそ、最も重要なのである。我々高校生・中学

生にとって単に受験勉強の中に自己を埋没させる事ではなく、<u>自分自身を取り戻す為の活動＝自主活動を起こす事</u>なのである。

B　自主活動規制に対する見解と具体案

［1］集会、デモと届け出制

①基本的行動としての集会およびデモ

我々の行動はより多くの人と接して行く事に基礎を置いている以上、<u>活動の最も基本的なものとして、集会、デモが有る</u>のである。

②届け出制の実体的内容

いわゆる教育的見地から学校が不適当と考えるもの、多くは反戦活動、政治活動に対しての発言を行う。様々な形をとって行われるこの発言の多くは、<u>精神的弾圧</u>として行われる。裏からの弾圧と同時に我々の力が弱いと実際に<u>物理的弾圧</u>がかけられてくる。例：2.7 の街頭デモ禁止

政治的な問題を回避する為、<u>届け出先は管理責任者海野</u>［昌平］<u>教諭か校長まで</u>とする。

［2］　自主活動規制の大きな武器としての処分　　（略）

［3］生徒会の問題

生徒の生活と権利を守る為の機関としての生徒会とその活動⇒　生徒自治活動

現実には教育活動⇒「指導」の対象として存在させる。⇒<u>主導権は学校が持っている。</u>

（2.11 闘争統一実行委員会「3・9全校集会用討論資料（レジュメ）」、1970/03/09）

　　三者の討論資料から明らかなように、集会前にすでに三者は、生徒にとって自主活動（政治活動を含む）は、生徒の成長にとって（学校側）、考える人間、行動する人間を作るうえで（生徒会）、自分自身を取り戻すために（統実委）、必要不可欠なものであることで一致していた。異なっていたのは、教師の教育的見地からの「指導・助言」をどう位置づけるか、また、集会などの届け出先をどこにするのか、という点であった。これについては、長時間の意見の応酬があったが、「生徒と教師の関係は、指導・助言という形で行われるべきこと」を確認し、そのうえで、届け出先としては、「生徒・教師両者の関係を維持していくためにも生徒会指導部」とする案の賛成者が多数を占めた。

　議題１の討議は、２日目の午後までかかった。意志の集約の全文を下記に引用する。そこには、討論の過程で、「自主活動の自由を実現するためのルール」という考え方が明確にされた。

全校集会(3/9—12)における意志の集約
第一議題「生徒の『自主活動』について」
１　生徒の自主活動は基本的に自由である。
これは教育というものが生徒の主体性を尊重し育てていくという事に基づくものである。
２　自主活動に於ける生徒と教師の関係は一方の他方に対する命令、従属、拒否等のかたちで結ばれるものでなく、指導・助言という形で行なわれるべきである。
３　自主活動の自由を実現（保証）するために全構成員によって何らかのルールを作り、それを生徒教師相方とも守っていく。
具体的な細かいルールの検討は後日、以上の基本的態度に沿って決めてゆく。
集会、デモ等の届出先については
①　"事務上の問題として校長もしくは海野先生"
②　"生徒・教師両者の関係を維持していくためにも生徒会指導部"
という二案が出されたが、後者の賛成者が多数を占めた。
４　自主活動（政治活動・自治活動）の自由を実現するために作られたルールは正当な問題提起などの努力をしないで一方的に破ることは許されない、すなわちルールは守られることを前提にし、当然みなが守っていくべきものである。
①　全構成員によって決められたルールが、何らかの形で破られた場合、その責任は追及されるべきである。
②　その責任追及は、その破った者と破らない者という関係で行なわれるべきであり教師対生徒といった関係で行なわれるべきではない。
③　責任追及は、その人の人格を認める故のものである限りルールを破った背景といったものも考察されるべきであり、又、一方的に行なわれるべきものではない。

第1部

第2部

第3部

第4部

第5部

第6部

④　以上の精神からいって、責任追及は学校から生徒への一方的な力即ち「政治処分」という形では行なわれるべきではない。

⑤　ルールは永久不変のものではなく、あくまで自主活動の自由を実現するという精神に沿ってよりよいものへと作りかえていくべきものである。

⑥　自主活動の自由という事を実現する為に生徒会は、会則の前文の中の「学校長のみとめる範囲内に於て」という字句、15条（高校）27条（中学）を廃止する方向に努力すべきである。

（全校集会議長団「全校集会(3/9―12)における意志の集約」、1970/03/14、3月23日付けで誤記等が下線部のように一部訂正された）。なお、『幕間のパントマイム』pp.30-33、『100年史』pp.986-988にも全文が引用されている。

2．第2議題「2月7日以降の一連の事実経過の確認と総括」

　2日目の午後から4日目まで、第2議題「1970年2月7日以降の一連の事実経過に関する確認と総括」について討議された。　その多くは、事実経過の確認や反省であるが、問題が生じたときにいかに対処すべきかという指針（3の①②）を立てたうえで、議論された。以下、全文を引用する。

第2議題　2月7日以降の一連の事実経過の確認と総括

1　2・7の集会の届出にかんしては、

　○校長先生の保護者への手紙には、"認められなかった"と書いてあった点からみても、校長先生の方に届出制に関する認識が欠如していた。

　○2・11闘争統一実行委員会（以下「統実委」と略す）も集会の届出が極めて不明確であって、又、届出制への認識が欠如していた。

以上のことを反省し、今後届出制が完全に実施される様に努力していこう。又、保護者への手紙の件については後日何らかの形で補足することを校長先生が約束した。

2　2・10校長追及集会について

　○校長の身体を拘束した事は個人の人権の問題として反省すべきである。この点については河越君から反省するという発言があった。

○しかし、そういった状況に至るもととなった校長の非教育者的態度（河越個人への中傷、"好ましくない"の一点張りであった事）は反省すべきである。（この点について校長先生の方から反省しているとの発言があった。）

○又、集会に於て諸教師の暴言があったという事に関しては、もしあったとしたら深く反省すべきであり、今後そういった態度を取らない様にする。

○生徒の方の暴言も同様に慎むべきである。

3　2・19以降　2・21までの経過

まず一般論として疑問をもっている生徒がいた場合、それに対し教師は教育者として答えるべきであり、又生徒間でも話し合われるべきであるということが確認された上で次のようなことが具体的事実に即して明らかにされた。

①　教育者はたとい1人生徒であっても疑問があったら既成の方針について説明してゆくべきである。そのために学校は基本点に関しては意志の統一をはかっていくべきである。

②　誰が問題提起をおこなっても我々は真剣に討論し、問題を解決してゆくべきである。その最後的決定に関しては生徒会を使って行うべきであり、我々はその様な意見を反映できるような生徒会を作っていくべきである。（例：15条、生徒総会の問題、生徒の意識改革の問題など）

③　2・19、20の集会の議題としては統実委より

　　○2・7デモ圧殺の自己批判

　　○政治活動は好ましくないという理由　としてあげているが

ビラに"校長追及集会""自主活動の自由を獲得するため"という表現もあり、その点が不明確であったという点で学校側の一方的討論拒否とはいえない。両者この点について行き違いがあったことを反省すべきである。尚校長先生が「出たくない、いやだ等」だけで十分説明しなかったことについては、反省しているとの発言が校長先生からあった。

④　2・20に要求された集会については

その集会の性格として統実委は何ら新しい取り決めをするのではないと主張しているが、明らかにその二項目要求の中に自主活動の自由を認めよという要求が掲げられてあり、その点誤解をまねいた点に統実委は反省すべきである。しかし、その点をよく確かめる事もなく拒否した点は学校も反省

すべきである。従って今後に反省すべき点として、両者の話し合いを強化してゆく。

⑤　2・21 の統一代表団については、

学校は、回答を伝え説明するもの

統実委は、回答を伝え納得がいくまで説明し、そこでくいちがいがおきた時は何らかの新しい対応が可能なもの（正式決定は後）と考え、

ここにくいちがいが起こっている。

そして、学校側の代表団が代表団として十分であったかについては、十分ではなかったという者の方がやや多数を占めた。

⑥　全学集会の主催者については、

統実委は現在の生徒会が生徒の意見を代表しうるものではないと考え、自らの立場を対等にするため、二者（学校・生徒）共催を拒否し、学校は生徒会が生徒の意見を代表する機関と考え、二者（学校・生徒）共催を提唱した。

従って今後我々の進むべき道は、生徒の意見の代表しうる生徒会を我々の力で作っていくことであり（具体的には前文、15 条、生徒総会、生徒会機構改革 etc.）、又こういった問題の生じた時は、生徒会、学校、当事者でよく話し合い、解決の方向に向かって努力すべきである。

4　すわりこみという抗議行動に関して

①　いかなる場合にも物理的行動にでることはできないということはできない。しかし、そういった物理的行動にでる前に言論 etc を使っての十分な働きかけをつくすべきである。

②　統実委がすわりこみいという抗議の手段をとったが、その抗議すること自体には一面の理由があった。

③　しかし、全生徒への働きかけが十分であったかについては

○統実委は C.T.、ビラ等の情宣活動は積極的に行なった

○しかし、統実委が多くの生徒の支持を得られなかったこと、無関心な生徒の多かった事も事実である。

○それは、統実委が麻布生の無関心主義をかえるほどの力量をもちえなかった事、その活動方法によるものである。

　④　２・７以降の経過そして、麻布生の対応、こういった諸々の事情を考えた上［で］すわりこみという抗議は適切であったかという事については、適切でないという者が多数を占めた。

　⑤　電話連絡について

　学校と父兄が生徒の事に関して事情を伝える連絡を保っていくことは必要であるが、そこには保護者から徐々に独立していくべき生徒としての一定の慎重さ（生徒への承諾等）をもつべきである。今度の事に関しては学校全体としての態度が不明確であり、教師によってはその様な慎重さを欠き、すわりこみをやめさせようとの電話をしたことは反省すべきである。

　⑥　中学でのクラスタイム（C.T.）における教師の参加態度について

　中学にも今度 C.T.が設けられたが、この民主的運営によって学校内の諸出来事に関する事実経過はたとえ中１といえども正確に伝えていくべきである。今度の事に関しては教師の影響力の強い中学に於て一方的先入観を植えつける様な諸教師の暴言があった事は反省すべきである（この点について反省しているという内容の発言が何人かの先生からあった。）

学校は生徒の主体的判断を失わせる様なことのないよう慎重に配慮し、生徒の主体性を育てていくべきである。

　（同上「全校集会(3/9―12)における意志の集約」、下線部は 3/23 の訂正個所）

　校長室座り込みに至る事実経過に関して、最大の論点は、座り込みという行動の是非であった。この点について、第一に 21 日の学校側の代表団は「十分ではなかった」という意見が（生徒の起立による意思表示により）やや多数を占めた。座り込みという抗議行動については、「物理的行動にでる前に言論などを使っての十分な働きかけをつくすべき」であるが、統実委が「抗議すること自体には一面の理由があった」とされた。この結果からみれば、生徒は、統実委の座り込み行動を積極的には支持しないが、抗議する理由があると認めたことになる。学校側は、ロックアウトや物理的排除も検討したわけであるが、そのような手段をとっていたとすれば、局面は、学校側（教員）対生徒という対立軸になり、両者の断絶が深まったと考えられる。

　すべての議題が終了したのち、生徒会選出の議長が、各議題の「意志の集約」を読み上げて確認し、４日間の全校集会が拍手をもって終了した。当該の議長が

第1部

第2部

第3部

第4部

第5部

第6部

ノートに書き留めていた「意志の集約」は、集会が終了した翌々日の14日に「全校集会（3／9─12）における意志の集約」として、全構成員に印刷配付された。他方高2有志3名からは、生徒会や職員会議の決定に不服がある場合に、個々の生徒が異議申し立てをする権利とその手続きを今後議論すべきであるとの提起がなされた（高2有志「問題提起＝異議申し立てに広汎な討論を！」、1970/03/14頃）。三者はそれぞれ「意志の集約」を確認し、異議がだされることはなく、全校の合意事項となった（3月23日）。

なお、全校集会の討論は録音テープに記録された。また、高1の6のクラス日誌には、山形君らが4日間にわたる発言と発言者名を記した手書きの「全校集会討論略記」（全80頁）が残されている。クラス担任の福島教諭（国語科、古文）は、この略記を毎日丁寧に読んで確認し、最終日の「はくしゅをもって　完」の後に、次のように記している。「皆さん良く頑張りました。学園を良くするも悪くするも麻布学園全員の努力にかかっていると思います。もう一頑張りしましょう。・・・此のところ毎夜テンヤ物ばかりでまたまた胃を悪くして、体重も減ったようです。・・・今回の全校集会は時間の無駄使いではなかったと思います。此れをきっかけに飛躍しましょう。（花丸印）」。

（高1の6「クラス日誌」⑧、1970/03/12）、最後に「提案13・14日はきれいに掃除しましょう。大分教室内が汚れているようです」と結んでいる。

3．全校集会の到達点とその意義

4日間の全校集会には、次の二つの成果があった。

①生徒の自主活動に対する基本的な考え方とルールが明確に示された。

②2・7以降の統実委と学校側が対立した事実経過について、生徒・教員の参加のもとで、事実を確認するとともに、総括が行われた。

ひとことでいえば、座り込みという物理的対立、そして統実委と学校側の感情的対立が「話し合い」によって解決されたのである。

この二つの成果は、ひとつの考え方に裏打ちされている。それは「全構成員による自治」という考え方である。「全構成員」という言葉は、この全校集会にお

いて初めて使われた言葉であり、それは、教師と生徒をともに学校という場を構成する人間として等しく捉えようとするものであった。

　第1議題の「自主活動」については、まず第1項で「自主活動は基本的に自由」であると宣言したうえで、第3項において「自主活動の自由を実現（保証）するために全構成員によって何らかのルールを作り、生徒教師双方とも守っていく」と述べる。ここにおいて、「自由」とは、学校側が生徒に保証したり、生徒が学校側に保証を求めたりするものではなく、構成員自らが「作り、守っていく」ものという考え方が示された。これは、統実委を含め、生徒にとっての「自由」とは、学校側や教師から保証をうることと考えられてきたことへの批判といえる。ここでの自主活動の自由とは、一方が他方に与えるものでも、普遍的抽象的に存在するものでもなく、全構成員により、「作り育てられる」べきものである。

　この考え方は、第4項のルールを破った際の責任追及において、明確となる。この問題は、全校集会において統実委がこだわった問題で、「自主活動は自由であるといくら文章でうたったところで、学校側が生徒を処分する権利をもつ限り、自由は保証されない。処分権を放棄せよ（自主活動を理由にして生徒を処分しないと言明せよ）」と主張した。これに対し山領教諭は、反論を行った。「自主活動の自由はみなの権利に関わるものであり、このルールを一方的に破る者がいたとすれば、その責任は当然追及されるべきであり、僕も追及する。ただし責任追及は、破った者と破らない者という関係で行われるべきもので、教師（学校）対生徒という関係で行われるべきではない」と語った。この発言は、統実委だけでなく、生徒全般にみられる無責任な態度（甘え）に対する憤りが含まれていたと思う。そもそも生徒はしばしばルールを守らないうえに、ルールを破った者によって迷惑を被ると、自分で当事者に文句を言うのではなく、学校側や教師の不作為を批判する。あるいは、誰かが解決してくれるのを待っている。あるいは、ルールを破っても責任追及を逃れようとする。

　意志の集約の4に示された「①全構成員によって決められたルールが、何らかの形で破られた場合、その責任は追及されるべきである。②責任追及は、破ったものと破らない者という関係で行われるべき」であるという文言は、自主活動の自由は、ルールを破る者があればその責任を自分たちの手で追及するという全構成員の自治意識にかかっていることを問いかけている。

　第2議題においては、この「全構成員の自治」の考え方から、ひとつひとつの事実を、全構成員のもとで確認する、最初の作業であった。一連の事実は、主に

246

統実委と学校側の間で生じた。しかし、自主活動の自由という全校生徒の権利に
かかわる問題が提起されながらも、無関心ないしは無視していた生徒は、構成員
として、怠惰であったといえよう。統実委は、意図的に暴走したのかもしれない。
しかし、座り込みという事態の対処によっては、とりかえしのつかない不信や分
裂が生じる危機（岐路）にきていた。生徒も教師も、構成員として、事実を確認
し、反省と総括をする責務があり、最終日まで参加しつづけた生徒や教員は、そ
のことを自覚していた。

　第 2 議題の 3「2・19 以降 2・21 までの経過」に入る前に、「疑問をもってい
る生徒がいた場合、それに対し教師は教育者として答えるべきであり、又生徒間
でも話し合われるべきである」という原則が提示されている。これは、2.19 以
降の 1 週間、学校側は統実委の要求を一貫して拒否し、生徒はそれ以上に無関心・
無視・傍観であったことの反省から生まれたものであった。

　集会の討論では、個々の事実の確認ともに、不適切な発言や行動について、校
長、教員、統実委から、個人としての反省が語られ、「意志の集約」にも記載さ
れている。校長自らが率直に反省を述べ、また、統実委のリーダーもまた行き過
ぎた行動について反省を述べた。これらは、構成員として「ともに問題を解決し
よう」という意識からのものであり、集会の目的として文書に記された「生徒会、
学校、および当事者としての統実委も、それぞれ問題を解決する方向を求めて全
力を尽くさなければならないと判断した」という文言は空文ではなかったのであ
る。

　全校集会において打ち出された「全構成員による自治」という考え方が実現に
向かえば画期的なことであった。無責任な学校や生徒管理に熱心な学校はあって
も、生徒とともに自治を行おうというような学校は、当時も今も希少であろう。
しかし、「命令、従属、拒否等のかたち」ではない教師と生徒の関係、「人格を認
める故の」責任追及は、現実に可能なのだろうか。これに関して、全校集会での
次のエピソードを紹介したい。

　第 2 議題において、「諸教師の暴言」が問題となったときである。中学生から
「X 先生は統実委のことを XX と悪く言った」「Y 先生は全校集会など出なくて
もよいと言った」という告発の発言が続いた。さらに議長席には、その種の発言
を求める紙が届いていた。統実委は「学校側の本質が暴露された」という顔で発
言を聞いていた。名指しで批判された教師はバツがわるそうであった。ここでこ
れらの発言を遮ったのが山領教諭であった。「君たちはあまりにも恥ずかしくな

247

いか。一人や二人ならまだいい。いくら中学生とはいえ、おかしいと思う発言があったその場で黙って聞いた人間が、あとになってこういう場で批判をするというのは恥ずかしくないか」と述べた。会場は一瞬にして静まりかえった。

生徒は、まして中学生は、未熟であり、人生経験も少なく、教師に対しても、親に対しても、弱い立場にある。その点で、先の中学生の発言は、自分の担任教員を告発するのであるから、ある種の勇気や正義感から奮い立ったのであろう。しかし、全校集会という場の力を借りた告発であり、自分が発言を見過ごしたという責任を（発言した教員に）転嫁している。

同様の責任転嫁は統実委にもみられた。街頭デモができなくなったとき、自らの準備や届出制の認識の不足は棚上げにして、校長の「認めない」という発言に責任を転嫁した。統実委の発言や行動がエスカレートしていく過程では、教員の側に「処分するぞ」といった威嚇の発想や発言が生じていた。たしかに教員（学校側）が命令や処分の権限を放棄する（使用しない）とすれば、政治活動に限らず、生徒が無軌道・違法な行動をとったときに、どうやって規制するのかという疑問があるだろう。しかし、有効な方策などはない。他人や権限に依存せず、ひとりの人間として、それぞれの論理と経験と信念によって、素手で、相手に向かうことが、自治や教育の、そして「主体性」の基本である。全校集会はそのような原点の経験だったのではないか。

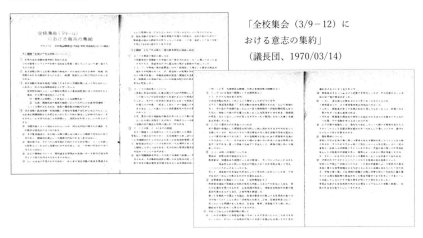

「全校集会（3/9−12）に
おける意志の集約」
（議長団、1970/03/14）

第6部：授業改革運動の到達点

「主体性」を求め、定期試験を主軸とした授業・生活を批判してスタートした改革運動は、何をもたらしたのだろうか。1月にはクラス討論や協議会が行きづまり、2月は教育体制や自主活動といった問題に議論がシフトし、授業・評価の具体的な改革案はできていなかった。しかし、3月上旬の4日間の全校集会の経験をバネとして、授業改革のための全校集会（18〜20日）が開催され、共に学び生活する場としての学校、そこにおける生徒と教師の主体的な関係という改革の方向と具体案が合意された。ここでは、高2のあるクラスの討論、いくつかの授業改革の試み、そして学年末の全校集会を取りあげ、改革運動の到達点を探る。

第1章：共同体としての学校
　　1．「そんなの学校じゃない」
　　2．共同体とは何か
　　3．学校は共同体たりうるか
　　4．討論後の「良い気分」
　　5．話し合いによる共同体形成の体験

第2章：授業改革の試み
　　1．現代国語の進級大論文
　　2．古文授業の大改革
　　3．社会科の授業
　　4．西洋史の授業：教師との討論と改革
　　5．日本史の授業改革

第3章：授業改革の到達点
　　1．授業改革のための全校集会
　　2．批判的総括
　　3．改革の方向性
　　4．改革の具体案
　　5．各教科の授業・評価の改革案
　　6．終業式

第 1 章：共同体としての学校

本章は 2 月下旬の統実委による校長室座り込みのさなか、高 2 の 5 で授業を停止して行われた 3 日間の議論を扱う。授業改革運動の大きなテーマである「学校とは何なのか」という問いを、正面から議論したもので、それまでクラス討論で発言していない生徒が積極的に議論に加わった。生徒が沈滞し、改革の議論が行きづまったかにみえた時に、どのような議論が行われたのか、それは運動のひとつの到達点を示している。

1．「そんなの学校じゃない」

2 月 23 日（月）、登校した生徒は、担任教員を通じて、統実委が校長室に座り込みをしていることを初めて知らされ、当日の授業はすべてクラスタイムにあてられた。翌 24 日に、学校側は、「全校生徒諸君へ」を配付し、担任教員が学校側の姿勢について説明し、2 限目からは 40 分に短縮した授業を行った。高 2 の 5 では座り込み前の 21 日（土）、統実委の「2 項目要求」を支持する決議（40 名中 24 名の賛成）をしている。しかし 23 日には、学校側の 2 項目要求拒否に抗議し、説明を求める、という決議が賛成 21（出席 44 名）で否決され、全学集会の開催を、生協を通じて呼びかけようという決議が賛成 32 で可決されている。24 日以降は全学で午前中授業が行われた。

高 2 の 5 のクラスタイムに変化が訪れたのは、座り込み行動を知ってから 4 日目、26 日の木曜日の朝であった。（本書の当初の筆者グループのうち二名が高 2 の 5 に所属していた。以下の記述は、一名がその場で筆記した「討論記録」と両名の記憶に基づき 1980 年頃に書かれた原稿が元になっている。）

最初に、三島が次のような問題提起をした。

> この麻布高校の中で
> 僕らと同じ麻布生が
> 何かを訴えて泊まり込んでいる。
> そんな麻布高校のここ H2−5 で
> いつもと同じように授業を行なう。
> おかしい。ぜったいにおかしい。

第1部

第2部

第3部

第4部

第5部

第6部

> そんなのは学校じゃない。
> （三島ノート、1970/02/25）

　上記は、三島が個人ノートに前夜に記したもので、この日の朝の発言はこのような内容の呼びかけだった。

　そして、校長室の座り込みという異常事態を解決するために話し合おう、事態の異常さは、「誰も何が問題なのかを知らないうちに誰かが校長室で座り込んでいた」という無関心にあると説き、座り込みが終了するまで、授業を中止しよう、と提案した。

　三島は、「同じ学校の中でそれもすぐ真下の部屋で、何かを訴えようとしている人間がいるにもかかわらず、それとかかわりなく進められる授業とは何なのか。しかも同じクラスの人間も座り込んでいるというのに。誰が欠席しても関係なく続けられる授業とは何なのか、それでは予備校の授業と同じではないか？自分は今授業を受けたくないし、授業を受けるべきでないと思う」と付け加えた。実際、校長室は高2の 5 の教室の真下だったし、座り込みに加わっている武村は同じクラスの生徒だった。

　この提案について、堀木がどう思ったかをまず述べよう。それがほぼ生徒一般の意識だったのではないか。

　堀木には、統実委も座り込みもどうでもよかった。彼らの主張する紀元節復活反対も自主活動の自由もまあどうでもよかった。そもそも、麻布における自主活動は、他校に比べれば自由だと思っていた。しかし、三島の問題提起には動かされた。もし学校に予備校とは違う何か、知識の伝授以外の何かがあるべきだとすれば、授業を停止してでも話し合う価値があるだろう。

　三島は、今回の授業停止提案の可決には、学校としての、クラスとしての「根本的考え方にふれる」問題であるから、全員一致ないしは圧倒的多数の賛成が必要である、と付け加えた。

　三島提案が全員一致で可決されたかどうかの記録は議事録に残っていない。採決をしないまま、自然にクラス討論にはいっていった。

2．共同体とは何か

　その後の3日間にわたる議論の経過は、三島のノートにかなり克明に記されている。ただし、議論の始まりの部分は記されていない。

　議論の始まりは記憶もあいまいであるが、共同体とか連帯とかいう話になったことは確かである。学校やクラスは共同体だし、入試が目的のいわゆる予備校は共同体とはいえないだろう。人が集まっているだけでは、共同体とはいえない。なにか共同体のメンバーに連帯のようなものがなければならない。それが、学校やクラスのあるべき姿だろう。

　だが、あるべき姿と現状は違う。普段クラスタイムで発言しなかった中元が発言した。「クラスでは常に勉強することを前提としている。その勉強が競争を前提にしたものだからどうしても連帯はできないんだ」。そこで三島は「連帯はあり得ないのか」のようなことを言った。

　三島があまりに困っていたので、堀木が思わず発言した。堀木は 11 月 7 日のクラスタイムでの三島との論争のあと、クラスタイムには常に出席していたが、発言するのはそれ以来のことで誰もがびっくりした。

　「自分は勉強をするときに、点数を取るとか、競争するとか、そういうことを全然ではないがあまり意識していない。どちらかといえば、知識欲とか、そういったもの、何かを知るとか、何かがわかるということが楽しいから、勉強しているのだと思う。テストでいい点を取れればうれしいが、それだけじゃない、と思う」。

　ノートの記録は次の中元の発言「自分の利のあるところだけ　外回りを回っていればそれが一番いいじゃないか。発言しないことによって責任追及されることもないし便利だ」で始まっている。

　討論の経過をすべて復元するのは困難であるが、このあたりで誰かが、共同体って何だ？学校やクラスが共同体であるべきであるとして、では共同体が共同体たり得る条件は何かを定義する必要があろうということになった。

　ここで堀木は意外な行動に出た。教壇にあがって、黒板になにやら書きはじめた。おそらく「共同体」「構成員」「連帯感」というキーワードのようなものを書き、みんなの意見を聞いてそれを書いたり消したり修正したり、という役ではなかったかと思う。あとから山川も教壇にあがって作業に参加した。

　ただ個人が集まっただけでは共同体とはいえない、なにかそこに属している感覚（＝連帯感）が必要だろう。一定期間継続しないと、共同体とはいえないだろう。なぜ存続するかというと、何か構成員に共通の目的のようなものがあるからではないか。こんなふうに考えを進めていって、堀木と山川の作りあげた、というより全員参加で作りあげた共同体の定義は「一定の目的をもった個人が集合し、

構成員による共同体の感覚（＝連帯感）によって維持存続するもの」「学校＝知識欲をもった集合体」だった。この結論部分が、ノートに記されている。

3．学校は共同体たりうるか

次に学校という麻布という、共同体の目的とは何か、何が共同体たることを阻害しているのかという問題が出された。堀木は「目的は知識欲の充足であり、知識欲の欠如が現状の問題なのだ」と言った。

辻井は「大学を前提として考えてはいるが、大学入試を目的として麻布に来たわけではない。友達をいっぱい作ることを目的としている」と述べた。

「知識」も「友だち」も学校に来る目的となりうる。どちらもそれが学校の理想の姿だろう。しかし、現状はどうなのか。「僕らの勉強は飯を食うためだけの勉強だ」「麻布生は勉強の時は他人で、遊びの時だけ友達となる、偽善だよ」と中元は言う。他の生徒からも「今は麻布にいて利益があるけど（大学受験）、なくなったら別の所へ行く」（松野）、「クラスでは常に勉強を前提として考えている。するとその勉強が競争を前提としたものだからどうしても連帯はできないし共同体となりえない」（中居）との発言があった。

たしかに、勉強の時は、授業の時は、クラスメイトのことなど考えてみたこともなかった。授業では教師の言葉を拝聴するだけだった。あるとすれば、テストの競争相手として意識するだけであった。つまらない授業のときのばか騒ぎをやるときの皆の一致した行動は連帯といえるのだろうか。「遊び」の時はどうだっただろうか。本当の友達だっただろうか。単に一緒に行動していただけではなかったか。遊びの時だけの友達は中元の言うように「偽善」ではなかったか。

ほぼすべての麻布の生徒たちは、大学進学を前提としていた。大学に合格するためには「受験競争」に勝たねばならない。だとすれば、麻布の授業は「競争」が大前提で、一部の生徒が理想論を言ってもダメなのではないか。

以上のような発言が実際にあったわけではないが、当時の麻布の生徒なら誰でもそうかもしれない、とは思っただろう。そこで、「競争というものを前提とした勉強には、クラスの連帯はありえないのか」という問題になった。

午前8時過ぎから、午後2時半までの討論は続いていた。翌日はここから討論を始めることにした。

翌27日は、8時45分に、競争の考え方から討論は始まった。現代国語の栗坪教諭は、「主体性というものは既得権ではなく、常に流動しつつあるものであり、

それが客体に対して関係づけていく。その関係づけの中で主体は育っていく」と参考意見を述べた。この意見では競争という事には直接触れてはいないが「主体性というのは他者との関係でできてくるもので、もっと競争して自分を育てなければだめだ」という意味に受け取れた。

これに対し佐山は「僕自身が生きていくことは、他人に働きかけることだと思う。しかし現在では、勉強が他人を傷つけることになってしまい、そういったことを考えると自分がどうやって生きていくかということがわからなくなってしまう。矛盾を見つめながら生きていくのが自分の向上心であると思う」と述べた。

そこで、堀木が、この二つを次のように定義した。

- ・競争＝互に争いながらも共通の方向に向かって運動、発展していく
- ・闘争＝相手を倒すことが目的となる

要するに、競争は相手を全面否定するものではなく、そういう意味で競争も全面否定されるべきものではないのではないか、ということを言いたかったのである。

「自然というのは人間がぶつかっていくに足る目的なんだけれど今は相手を間違えて仲間割れをしている感じがある」（中元）「自分を高めるものはあらゆる意味で勉強だと思うが、次第にそれが大学入試というものに圧倒されつつある」（豊石）との発言が続いた。

この堀木の定義を受け、山川は、「現状は闘争と競争の混同がある。勉強は飯を食うための手段ではないはずだ。闘争を競争へ転嫁することによって現状打開を」と続けた。

「結論が出たなあ」という空気が流れた。「結論」というより、「方向性」というほうが正確だろうか。

４．討論後の「良い気分」

昼休みが終了すると、参加者は 26 名に減っていた。これはクラスの半数であり、議論の方向に関心が持てない者は帰ったのである。実際、午前中の討論のなかでも、「麻布に来たのは大学に行くため。そして今でも授業は大学に行くために聞いている。今の世界で学歴があると便利だから」（鈴口）という意見が出ていたのである。

やはり、輪は広がらなかったなあという感じはあった。しかしせっかく何かを話したい生徒たちが残ったのだから、一人一人自分のまとめを述べようということになった。三島はノートに、「共通の目標を見出していこう」と記している。

それぞれが、これまでの議論を踏まえて、個々人の展望と希望を率直に述べた。たとえば、「競争と闘争をはき違えて、自分の殻に閉じこもっていた感じで、田舎でもひきこもって農業でもしようかと考えていたけど、今はもう一度みなとぶつかって自分を高めていきたい」（荒巻）「知識欲を大切にしていきたい。2.11でも資本主義の話でも今は勉強し、話し合っていきたい。そういう形で皆と結びつき、クラスをつくっていきた」（中田）「何となく生きていたのがCTをやることによって、自分が何をすべきかを考えるようになって、生きていく重みを感じられるようになってきた」（上田）という発言があった。

ここでは、何が話されたかではなく、どんなムードだったかを述べよう。

「皆の言っているのが理想論のような気がする。皆が大学入試で有名な麻布にいるという事を見ていないという気がする」（豊石）

「今のムードは本来の共同体のムードだという感じがして良い気分」（田口）

この二つの意見はノートに続いて記されている。豊石が討論の現状にやや批判的意見を述べたのに対し、田口がそうじゃないよ、と暗に言ったのかもしれない。そうだとしても、豊石は話し合うこと自体を否定していたのではない。実際残って討論に参加していたのだから。いずれにせよ、全体としては、豊石を含めて、「共同体のムードだという感じがして良い気分」だったと記憶する。

永家は次のように発言した。

「僕と同じような状況を共有する人とは一緒にやっていけると思っている。高2の5という空間を共有することが状況を共有することではない。いま麻布をやめても食ってはいけるのに、それでも大学へ行こうとするのは何故か・・・常に覚醒しつづけていきたい」。

もうひとつ発言を紹介する。

「帰っていった人に呼びかけたい。自分の問題としてとらえているのか疑問だ」。（中元）

「発言しなければ責任追及されない」と言っていた彼がこう言ったのである。この場に集まった生徒たちも、話し合うことの意味を実感していた。

５．話し合いによる共同体形成の体験

　翌28日（土）は、引き続き9時40分から12時10分まで、「クラスの分裂について：統実委と無関心層」というテーマで、話し合いを続けた。そこには、座り込みをしている武村も登場していた。ノートの発言記録は二つだけである。山川が「統実委のやり方は目の前に障害物があれば、それが本当に何かというのを見つめずに、それをぶち壊すといった面がある」とその行動について、疑問を呈した。武村は「校長室には（統実委のせいで）「授業が受けられない」と言ってくる人もいて、そういう人と話すことをしているが、今校長室で初めて対話が行われている」と述べた。山川の批判への直接の答えではないが、行動をすることで対話が生まれている、という趣旨である。前日までの、共同体の議論で確認された生徒同士の対話の欠落とその重要性、が、引き続き焦点となっていたことがわかる。

　三島は最初座り込みを解決するまでは討論を続けよう、と言った。だが、「座り込み」自体についてはほとんど話し合わなかった。他方で、「根本的な意識」の問題については、率直に話し合った。大多数の、少なくとも最後まで残ったクラスの半数の生徒は。何かが解決したように感じたのである。

　この3日間の討論で、何が解決したのだろうか。

　　　　（問い）学校やクラスは予備校とどこが違うか
　　　　　　（答え）共同体であるかないかである。
　　　　（問い）共同体とは何か
　　　　　　（答え）一定の目的をもった個人が集合し、構成員による共同体の
　　　　　　　　　　感覚（＝連帯感）によって維持存続するもの。
　　　　（問い）競争を前提とした勉強をしていてもクラスは共同体たりうるか
　　　　　　（答え）競争は必ずしも障害とはならない。

　こういう経過をたどって学校（クラス）は共同体たりうるか」という問題について答えを見つけた。これが成果だろう。

　三島の問題提起は、座り込みが切っ掛けではあったが、つまりは「共同体」の問題だった。このクラスの討論の経過と結果からみて、自主活動の自由とか紀元節復活反対といった問題に大半の生徒は「無関心」でいられた。だが「共同体」

の問題は生徒たちが無視できない共通の問題だった。率直な議論が続いたということは、それまで生徒たちはそれぞれに「孤立」し、孤独を感じていたのだろう。

　3日間のクラス討論で、クラスの生徒たちの孤立感が、一時的にではあるが解消した、生徒たちは連帯感を獲得した。これが、何が解決したか、のもうひとつの答えだろう。

　次に、討論の成功要因について考えてみたい。

　この3日間の討論はどこが違ったのか。それは本音を出しながら話しあったことではないか。そしてなぜ本音で話すことができるようになったのか？

　第一の理由として、論題が、学校やクラスの共同性という正解のないオープンクエスチョンであったため、個々人がより自由に、自分自身の学校やクラスに対する考え（肯定的であれ、否定的であれ）を述べやすかった。しかも、ひとりが普段はいわないような本音（知識欲、友達・・）をいうと、他の生徒も本音が言いやすくなった。

　第二に、改革運動のなかで、クラスタイム、沈滞、大学受験（教育体制）といった共有する状況があったため、各自が学校に何を求めるかという問いが「本来の・・」といった抽象論ではなく、状況に対する個々人の「態度」の問題として語られたことであった。

　第三は、発言の方向は違っても（受験ナンセンスでも受験勉強は欠かせないでも）、相手の言うことを否定することがほとんどなかったことである。"否定しない"は討論の初めから約束事として決められたわけではないが、上記二つの理由も相まって、ブレーンストーミングの約束事と同じように、"自由な立場で"、"発言を否定しない"ということが自然に成立していたのであろう。

　そうした、多様な本音を受け入れる討論をもとに、共同体の定義をつくり、共有された。「闘争ではなく競争を」という結論（方向）を見出し、多様性（違い）を理解しお互いを認め合いながら相互に関与するという関係性が形成された。こういう問題を解決しようとする過程そのものが、共同体としての作業であった。その場に居合わせた生徒たちは3日間という短い間ではあったが、共同体を経験したのであった。共同体をつくることに成功した、といってもいいだろう。

　高2の5では授業を停止して討論＝話し合いをしたことにより「共同体」が出現した。だが、学校生活の大半を占め、クラスでおこなわれるのは授業であり、その授業が教師から生徒への「知識の一方的流し込み」であったから、生徒同士の話し合いなどなかった。これでは生徒の連帯など成立しようがなかった。

　クラスタイムは確かにあった、だがそれは話し合いの場とはいえなかった。生協や執行委員会や文化祭・運動会実行委員会などの上から降りてくる議題がほとんどで、「やる人」の正論と「やらない人」の無関心・無反応がほぼ常態になっていた。麻布学園新聞も高執委や全闘委や統実委も、必死に正論を述べようしていた。

　教師が生徒に「正しい」知識を伝授する、という授業しか受けてこなかったら、そうなるのは当然ともいえる。

　自主活動と 2.11 をめぐる 4 日間の全校集会が終わったあと、高 1 の 6 では 13〜14 日の両日、授業をやめ全員出席して、クラスやクラスタイムのあり方をめぐって、議論をした。クラス日誌の最後のページには、議長（協議会委員でもあった）が次のように記している。

> 　・・・僕は今、ここに一言を書くにあたり、非常に残念に思います。すなわち満足な CT が一度も開けなかったことであります。本当の話し合い（人間と人間とのかかわりあい）が一度もなかったことです。僕は、クラスというものを協同体（みんなが力をあわせてやっていく）にしたかった。だから、[文化祭の]クラス展示を提案していた。そこで個性ある各 [ママ] の人格がぶつかり、発展的な物がうまれる。・・・僕は過去のことはもう言いません。今最後に僕が訴えたいことは自分で積極的に聞き、考える。それだけであります。
>
> 　（高 1 の 6「クラス日誌」⑧、1970/03/14）

　学校教育では知識の伝授が必要であり、そのためには教師が一方的に講義する方が効率的だろう。だが、話し合いをすること、話し合いを通じて問題を解決することと、知識の効率的な伝授と、どちらが大切だろうか。高 2 の 5 の、2 回の授業停止提案・採決から座り込み後の共同体についての議論は、このことを問いかけている。

第 2 章：授業改革の試み

　12 月以降、高 2 と高 1 のクラスでは、授業や試験の改革の試みが徐々に行われていた。それらは、「主体性」の発揮を求める生徒の要望に教師が応える形でなされた。なかでも、高 2 の現代国語の「進級大論文」は学年全体で実施され、大きな実験となった。古文では、文章の解釈より作品の鑑賞にウエイトを移した授業の改革に、生徒は強い興味を示した。日本史や世界史では、生徒による発表授業が行われたが、期待したほど上手にはできなかった。他方、数学や理科や英語では従来どおりの授業が続いていた。これらの試みが、3 月下旬の授業改革のための全校集会の下地となっていく。

1．現代国語の進級大論文

　授業改革運動のなかで、いくつか実験的な試みが行われた。本章では、高 2 のクラスで行われたものを採り上げる。

　斬新で思い切った試みとして、現代国語の「進級大論文」がある。

　発端は高 2 の 5 における栗坪教諭（現代国語担当）との討論であった。11 月末に定期試験をめぐって、授業時間を利用して「教師への質問」をしていた時のことであった。

　生徒側の主張は、生徒の主体性を尊重する方向で授業を改善してほしい、というものであった。具体的にはこれまで以上に作文、読書指導、あるいは発表授業の機会を増やしてほしい、個々人にきめ細かい指導をしてほしい、ということだった。

　栗坪教諭の最初の反応は、「どう答えればよいかわからない」というものだった。現代国語の授業では、授業中に生徒の発言や質問の時間をとり、夏季休暇中に読書課題をだすなど、これまでも生徒たちの主体性を発揮させる試みもしてきた、これ以上どうせよというのか、ということのようであった。

　生徒たちが重ねて要求すると、「我々は給料をもらって教師をしている。君たちの要求通りにすれば我々教師の負担が増える」と拒否した。

　この時たまたまそこに居合わせたのが、前期高執委委員長で「授業に対する不満の解消」を訴え、また 1 月以降に全闘委のリーダーとして精力的に活動した河越（高 2 の 6）であった。彼は「居直るな。教師は、教育労働者として生徒と同じように疎外されているのだ。疎外されている者として生徒とともに闘うべきだ」と発言した。

この時栗坪教諭は、「お前らが俺に給料を払ってくれるか。それならお前らの言うとおりに何でもやってやる」と応酬し、その後授業時間が終わるまで栗坪教諭との間で激しい論争が続いた。

数日後の現代国語の授業時間に、栗坪教諭はさっそうと教室に現れた。「この間は猛り狂ってすまなかった。だが言いたいことを皆言ってしまってかえってよかったと思う。これは右遠さん（高 2 の 1 〜 2 組の現代国語を担当し、小説家としても活動。栗坪教諭は 3 〜 6 組を担当）とも相談したことなんだが」と前置きして、生徒に次のような「進級大論文」を提案した。

　１．3 年次進級のための評価は、ペーパーテストでは行わず、論文によって行う。
　２．生徒の書いた論文に対して教師は必ずコメントを書いて返却する。
　３．生徒は、教師の成績評価に対して異議を申し立てることができる。

この提案は、生徒の主体性を尊重せよ、という生徒たちの授業や評価に関する要望に応えるものであった。高 2 の 5 の生徒は、栗坪教諭が率直に「猛り狂って悪かった」と謝ったことに胸をなでおろしたが、同時に進級大論文という提案に戸惑った。論文というようなものを書いたことはなかったからである。栗坪教諭は、この戸惑いに対して、「やってみようよ」と笑顔で誘いかけ、同時に、「君たちは主体性、主体性というが、本当に君たちに主体性はあるのか。あるなら出してみせてくれ」とけしかけた。具体的な課題や締切については後日ということであったが、生徒の多くはやってみようと思った。

後日「進級大論文」の下記の執筆要領が印刷配付された。

一. 次にあげた作品のなかから一つをえらび、あとの指示に従って論文を書け。
　宮本百合子「播州平野」　　徳永直「妻よ、ねむれ」　　野間宏「暗い絵」
　椎名麟三「永遠なる序章」　　梅崎春生「桜島」　　大岡昇平「野火」
　武田泰淳「風媒花」
一. 視座、戦争に“遅れてきた”世代としての立場から、文学作品を媒介として戦争体験をどのように受けとめるか、また現在に持続する戦後状況の原点にどのように触れるかについてのそれぞれの主体的アプローチ。

一．しめきり、一月一七日（土）

一．枚数　二〇〇字づめ原稿用紙五〇枚以内。

（表紙に標題、組、番号、氏名を書き、右肩を一箇所だけとぢること）

（右遠・栗坪教諭「＜高二現代国語"論文"について＞」、1969/12）

［筆跡は、両教諭のものとは異なり、生徒が代筆
したものと考えられる］

執筆要項が配付されたのは12月中頃で、提出期限は 1 月 17 日なので、冬休みの宿題といえないこともない。それまでも、長期休暇中の宿題としていくつかの文学作品を読ませたり、その感想文を書かせたりすることはあった。だが感想文はせいぜい 400 字詰 5 〜10 枚程度だったから、「論文」はその 2 倍半の量であった。そして感想を述べるのではなく、「戦争に"遅れてきた"世代として」の「視座」から、「それぞれ主体的にアプローチ」をする論文を書け、というのである。

提出期限を 1 月 17 日とし、「200 字づめ原稿用紙、50 枚以内」と細かく指定したことについては、栗坪教諭から説明があった。生徒から提出された論文を全部読むとすれば、4 つのクラスを担当する栗坪教諭は 200 人分（原稿用紙 1 万枚）を 3 月半ばまでには読まねばならない。60 日間で 1 日 3.3 人分（165 枚）読む必要がある。だから通勤の電車のなかでも読めるように 200 字づめの原稿用紙にしてくれ、ということだった。

結果はどうだったか。

提出数・提出率がわかるデータは残っていない。担当の栗坪教諭、右遠教諭から授業中にとくに督促はなかったことから、ほとんどの生徒は予定期日までに提出したと考えられる。生徒の間では、冬休みから 1 月にかけて、課題作品のどれを読んだか、どれを論文の主題にするのか、ということが話題になっていた。また、栗坪教諭は提出された論文について、授業中に言及することもあった。

提出された論文については、コメントをつけて、生徒に返却されることになっていた。学年末の考査・評価は、後述するように、出席日数が足りていれば進級する、ということになったため、提出の有無にかかわらず、進級することはできた。3 月下旬に作成された 45（1970）年度高 3 の「現代国語の授業の進め方」で

は、「4 月中は先学年に課した論文についてのまとめの作業をおこなう。その意図するところは、そこに盛り込まれた各自の主体性と、それを基にした観念化の作業過程を、全体の中で再確認し、先学年 1 年間の総まとめと未来展望とを平行しておこなう」と記している（国語科「（国語科改革案）」p.5「「現代国語」・各学年に於ける授業の進め方」、1970/03/18）。論文のねらいが、主体性の発現と客観化であることが示されている。

その後、私たちの学年の卒業文集に進級大論文を掲載することになった。1971年 1 月 9 日の文集編集会議には生徒 18 名、栗坪教諭と日高教諭（右遠教諭が 70年 3 月に退職し、その後任にあたる）が出席した。両教諭が推薦した 14 本が掲載候補作品として検討され、小谷、中原、佐山の書いた 3 論文が卒業文集『像』第 1 号（1971/04/20）に掲載された。「戦後文学論文そして自註」と題し、提出された論文全文と 1971 年 2 月時点での当該論文をふりかえる自註とが掲載された。論文本体は、400 字 10〜20 枚程度の分量である。

小谷論文「桜島を読んで」と中原論文「桜島について」は、梅崎春生の『桜島』（1946 年 9 月発表）を扱い、佐山論文「人間と生活と戦争」は椎名麟三『永遠なる序章』（1948 年 6 月発表）を扱っている。『桜島』は、終戦直前に九州鹿児島県の桜島に配転された村上兵曹のほか、目前に死を意識した兵士たちの姿を主題とする。『永遠なる序章』は終戦後の東京を舞台に余命を宣告された労働者山本安太の最後の日常を描いたものである。

三つの論文は、いずれも、戦中あるいは戦争直後の死を余儀なくされた状況で「生」の意味をさぐる（生きようとする）人々と、それとは逆に、死も生もどちらの意味が見いだせない現在の自分たちを重ね合わせ、自分はどうすべきかを自問している。その結果、小谷は「第三者的立場を早く捨て去り、・・・徹底的に考え・・・人間らしく生きたい、他人もそう願っている」と決意する。中原は、「力強く生きる」ことを具体的にしてみたい、と述べる。佐山は、「個人が欲望を満たすべく生きることが、各々の存在価値につながる」と述べるとともに、自註では「既に自分の行動、考えに、お互いが入り込んでいる、ということは絶対に忘れてはいけない」と結んでいる。

この 3 人の授業改革運動との関わりについていえば、佐山は、高 2 の 5 のクラスタイムでときどき発言をしていたが、中原の発言記録はない。小谷についてはわからない。3 人とも、いわゆる優等生でもやる人でもなかったし、現代国語の授業で目立つ生徒ではなかった。

第 1 部
第 2 部
第 3 部
第 4 部
第 5 部
第 6 部

三本とも戦後文学を論ずるというよりは、生徒たちが自分自身の現在の生活、これからの生き方について語ったもので、戦後文学は媒介にすぎない、ということになる。何かを客観的に論じる文章というよりは、自分の受けとめ方や考えをそのまま述べたということになる。当該課題図書（文庫本）には、作者の伝記や作品の解題が付されていたが、そのような客観情報を述べることはなく、作中人物の生き方に没入している。すべての論文がこのような叙述スタイルであったどうかはわからないが、三つの論文は、読者を意識して、客観的に論じるという姿勢は乏しい（そもそも公表を予定したものではなかった）。

栗坪教諭は、みんなの「論文」はおもしろかった、と言った。

この進級大論文の試みは、栗坪教諭の「主体性があるなら出してみろ」という生徒への挑戦（挑発）だった。生徒たちはそれに対して真剣に応じた。その結果、栗坪教諭は、おそらく生徒たちの「論文」に、彼らひとりひとりの主体性の萌芽を見いだしたのだろう。

たとえば高 2 の 5 クラスタイムでの永家の発言「日常性に埋没するかしないかは我々の意識、我々の主体性の問題だ」（2 月 13 日、§5.2.2）「同じような状況を共有する人とは一緒にやっていける。つねに覚醒しつづけていきたい」（2 月 27 日、§6.1.4）は、椎名麟三の日常の生活こそが革命であり、「永遠なる序章」であるという考えに影響を受けたものだったという（本人の弁）。

後述する 3 月下旬の全校集会の国語科の資料では、現代国語を学ぶ意義として「我々自身の作品自体に対する問いかけこそ、最も重要な要素であり、自主性とか主体性とかいうものは、その問いかけの熾烈さにこそある」と述べる。これは、進級大論文に手応えを感じたゆえの結論（提言）と考えられる。

現在、麻布学園では、中学の卒業時に「卒論」を、高校 1 年には「修論」を作成し、提出することとなっている。現在のものは、より周到に準備や指導がなされていると思われるが、「進級大論文」はその先駆けであった。

2．古文授業の大改革

海野（泰男）教諭は、古文担当であった。麻布の教員となったのは 1966（昭和41）年。栗坪教諭も同じ年に着任している。年齢もほぼ同じぐらいにみえた。ほかに古文の担当教員は、年長の佐々木（功一）教諭、木村（準）教諭がいて、その下の世代であった。

海野教諭の授業は「普通」であった。授業が面白いとか、生徒に人気があるとか、そういうことはなかったが、「わからない」「つまらない」「さわがしい」授業でもなかった。授業の方法も、生徒に古文（テキスト）を読ませて、それを海野教諭が淡々と解説・解釈していくといった授業であった。

海野教諭が彼の授業を変えるきっかけとなったのは、やはり12月中の高2の5での教師と生徒の討論だった。生徒からの「何のために古文を学ぶのか」という質問に対し、海野教諭がどう答えたかは記憶にないが、そういう応答のなかで、三島が「枕草子とか読んでいても大昔の雲上人の話という感じで、いっこうに自分の生活とつながるものが感じられない」という発言をした。生徒のなかには古典を読むのも結構面白いと思う者もいたが、「雲上人の話」という受けとめ方の方が一般的であっただろう。

海野教諭はこれに対し「自分は古文を教えるとき、単に昔の人の文を読んでいるというつもりでやっていたわけではなかった。古文も現代国語と同じ文学作品であり、そこには文学するという人間の共通の営みが見えてくるはずだと思っていた。しかし私のそういう思いが君たちに伝わっていなかったとすれば、考え直すべきだろう」と応じ、授業のやり方を変えることを約束した。そして実際に海野教諭の授業は変わったのである。

どう変わったのかというと「おもしろくなった」のである。そういう実感があった。

古語や文法を説明し、文章を解釈していく、ということにとどまらず、むしろ作品全体を、時代状況や作者の思想や生涯との関連のなかで読み取ることに重点を置いた。鴨長明の『方丈記』では、作者や作品の位置づけを述べてから、テキストにはいった。また、芭蕉『奥の細道』の授業を始めるに先立って、生徒たちに感想を尋ねた。堀木は感想を述べたが、『奥の細道』の授業が終了したところで、自分の感想が間違っていたことに気づいたという。これによって、古典を読むにあたっては、テキストの解釈が重要であることを知った。

日本（古典）文学の研究には解釈と鑑賞の二つの側面があり、解釈は正しく鑑賞するためにある。海野教諭は、正しい解釈に止まらず、鑑賞に重点を移した、といえる。

このような海野教諭の方向の転換は、3月下旬に行われた授業改革のための全校集会で配付された国語科の文書「古典を読むことをどのように考えるか」に、如実に示されている。その冒頭で、古典を学ぶ意味を次のように述べる。

第1部

第2部

第3部

第4部

第5部

第6部

　人間であることにめざめた人間は、人間について考えずにはいられない。われわれには、人間および人間に関する諸事象について、その本質をきわめ、それに対する洞察力を深めたいという切なる内的要求があるのだ。その内的要求の前に多くの学問や芸術が成立した。しかし、中でも文学ほど人間と分ちがたく結ばれ、人間のありとあらゆる面を精細にうつし出しているものはないのであろう。われわれが人間について、そして自己について思いをめぐらす時、文学はかっこうの対話の相手として、われわれの前に登場して来る。

　しかし、その際に近代のもののみに対話者を限定するのは、明らかに片手落ちであろう。われわれの今日生存する日本列島という空間の自然的条件は近代以前と以後とはほとんど変わらず、その現在の歴史的条件は、まさに過去からのそれの延長線上にあるものに他ならない。つまり近代以前と以後を切る必然性はどこにもなく、われわれは両方の作品を、同じ眼でみなくてはならないので。そこではじめて、われわれは、人々が特定な歴史的・自然的条件のもとに、いかにいきたか、彼らが愛を死をいかなるものとして観じたか、そして「文学する」という人間の営為は、いかにして豊醇な、あるいは卑小なものになって行ったか等について、きわめて全体的な視野をもち得るのである。そしてわれわれが歴史の道程の中に、獲得して来たもの、あるいは避けがたく喪失させられて来たものを確認することができるのである。

　（国語科「（国語科改革案）」p.6「古典を読むことをどのように考えるか」、1970/03/18）

　このように古典を学ぶ意味は、現代国語や他の学問と同じく、人間の必然的な営みであることを述べたうえで、他方で、「近代以前の作品を読む場合には、まずそれを言葉として、語法として、理解するという手続き」が必要であると指摘する。そのうえで、「従来の古典学習が、この言葉の理解のみに、力を入れられて来た傾向があったことは否めない」と反省したうえで、「われわれは、それが不可欠なものであっても、決して究極の作業ではないことを確認すべきである」と結んでいる。この文書は、国語科（古典担当教員）の合議のものに配付されたものであるが、筆跡からみて、海野教諭の起草によるものと考えられる。鑑賞（作

品との対話）こそが目的であり、解釈はその手段である、という転換が明瞭に示されており、海野教諭が自身の授業で直ちにそのような方向転換をなしえたのは、教諭自身がそのような姿勢で、古典研究に取り組んでいたからであろう。

　海野教諭の授業改革は、翌 1970 年度、私たちが高３となってからも続いた。高３では、理系（１〜２組）、文系（５〜６組）、および文理混合（３〜４組）、の三つのタイプにクラスが編成された。古文の授業については、佐々木教諭が２クラス（２〜３組）、海野教諭が２クラス（４〜５組）、木村教諭が１クラス（６組）を担当した。テキストは、平安文学の傑作といわれ、同時に難解なことでも知られる紫式部の『源氏物語』であった。このとき、海野教諭の授業に興味を抱いていた生徒（とくに旧高２の５の生徒）数名が、自分のクラスではないのに、越境して４組の海野教諭の授業に出席した。授業時限が６〜７限であったため、関心のない生徒は出席せず、有志の自主授業のような不思議な雰囲気であった。海野教諭は、作者紫式部と作品『源氏物語』について、次のような解説と問題提起を行った。

　何故源氏物語を読むか？それはこの物語を書くなかで、作者紫式部自身の時代を見る眼が変わっていくことにある。光源氏の晩年、とりわけ「宇治十帖」には、やみがたくひとつの時代が終るという予感を読みとることができる。

　このとき、ある生徒はノートに次のように書きとっている。

　　　作者自身道長の娘　中宮彰子の女房
　　　繁栄の中の苦悩、矛盾
　　　平安貴族社会の没落の予感
　　　時代の真実の姿をどこまで誠実にとらえているか
　　　創作の途上で作者の現実認識の方法はどのように深まっていったか
　　　作品上の人物と実際の彼女の生き方との矛盾
　　　→変化　→　本質的なものへの探求　生きること　書くことが重なる
　　　社会の発展とともにその矛盾があらわれ、それを表現するためには（心情的）韻文ではできなくなる　→　散文の登場
　　　種々の約束ごとをもった"物語"という形式の中で作者はどう現実を表現しているか
　　　＜作者は時代をどのように生きたか？＞
　　　（三島ノート、1970/04 頃）

266

第
1
部

第
2
部

第
3
部

第
4
部

第
5
部

第
6
部

　もちろん、授業で源氏物語全巻を古文で読破することは不可能である。いくつかの部分を選んでの「解釈と鑑賞」だったが、「ひとつの時代が終るという予感の投影」が堀木にはわかった。彼は感激して「源氏物語」全巻現代語訳を読破した。高2の時に同じクラスだった永家も、現代語訳を通読したという。

3. 社会科の授業

　12 月中のクラス討論のなかで、生徒の主体性を尊重する授業の一策として、発表授業が提案された。

　12 月 10 日の協議会議事録には高2の4の協議会への報告として「西洋史の自主授業→来週（火)」という記録がある。そして 12 月 12 日のクラス討論レポートでは高2の3が「西洋史に関してはかなり以前から授業時間中にも討論がなされ、土曜日に実験的に生徒発表授業を行う予定である。発表生徒は一人で、クラス全員が一応下調べをしてくることになっている」と報告している。したがって、高2の4は 12 月 16 日、高2の3は 13 日に発表授業を行ったことになる。高2の5でも発表授業は行われた。他のクラスについてはわからない。

　次に高2の5での討論と発表授業の事例を述べるが、その前に当時の麻布の社会科の授業がどのようなものであったか、簡単に見ておこう。

　そもそも、社会科は大学受験の勉強においては「暗記科目」とみなされていた。社会科は、当時、指導要領のうえでは、日本史、世界史、地理、倫理・社会、政経の5科目で、下記の単位数で開講されていた。

	日本史	世界史	地理	倫理・社会
高1	2	0	3	2
高2	1(2 時間)	3	0	0
高3	2	2(3 時間)	1(2 時間)	0(1 時間)

（「高三に於ける科目の選択調査について」、1970/03、
および社会科「高校社会カリキュラム」、1970/03/18)

　日本史は、中3から開始され、週2時間の授業で、高2までに明治維新・自由民権運動までを終えた。世界史は、高2からスタートし週3時間、高3は選択であった。生徒のほとんどは、大学受験の社会は、日本史・世界史を選択した。地

理と倫理・社会は授業時間数が歴史より少なく、生徒の関心も低かった。政経は中３で学習し、高校では開講されていなかったが、70 年からは高１で２単位開講することとなった。

　そういうなかにあって、日本史は比較的充実していた。なにしろ、中学３年から高校３年までの４年間で日本史を教えたのである。ただし高３では、日本史は選択科目となるので、理系志望の生徒は、現代史は習わなかった。要するに、教えられる内容はけっこう詳しかった。

　それに比べて、世界史は 1969 年卒業式の答辞で「何の脈絡もなく、ただ事項のみを並べ、突如として戦争が起こり、突如として和平条約が結ばれる様な歴史の授業」と皮肉られる授業もあった。

　世界史は日本以外全部の地域の歴史であるから、相当広い地域をカバーしなくてはならない。麻布では、世界史は西洋史と東洋史に分かれてはいたが、それでも、西洋史の授業が事実を羅列するだけに終わってしまう、というのは無理もないことだったのかもしれない。東洋史は、高２の時に開講され（週１時間）、非常勤講師が担当した。

４．西洋史の授業：教師との討論と改革

　西洋史に関して、12 月中の高２の５の「教師への質問」では、宇野教諭と次のような議論が行われた。

　　　生徒：事件の羅列ではなく、その背景、原因、流れを大づかみにつかむような授業をするべきではないか。
　　　教師：歴史とは、ドイツの歴史家ランケの言うように、何よりも事実の記述である。事件の原因や背景をある程度は説明することはできても、クレオパトラの鼻がもう少し高かったらの例ではないが、歴史には偶然の要素が多分にあり、マルクス主義のように「歴史的必然」で説明するわけにはいかない。
　　　生徒：歴史が偶然に左右されるものであり、歴史的事件の背景や原因を考えることに意味がないなら、歴史を学ぶ意義はどこにあるのか。
　　　教師：それは永遠の問いであり一言で答えるわけにはいかない。

　要するに、教師は自分の授業のやり方を変える必要はない、と言ったのだった。

第1部

第2部

第3部

第4部

第5部

第6部

　12 月中の「質問」はとりあえずここまでだったが、生徒たちが納得したわけではなく、1 月に入って改めて質問した。

　　生徒：先生は、歴史は事実の記述であると言われたが、そもそも歴史においてすべての事実が記述されているわけではなく、歴史家の価値観によって選択されたものが記述されている。我々が歴史を学ぶ時も歴史から何を学ぶのかという姿勢がなければいけないはずだ。それゆえ単に事実を知るだけでなく、事実の原因や背景を考えることの方が歴史の勉強ではないか。
　　教師：そのようにある先入観、価値観を持って歴史を見てはいけない。歴史には、偶然という要素が大きく付きまとうのであり、それを一つの見方でつなげてはいけない。野球の名監督が「試合はゲタを履くまでわからない」というように、歴史も予測しがたいものである。

　このころ生徒のあいだには、E・H・カー『歴史とは何か』（清水幾太郎訳、岩波新書、1962）や梅本克己『唯物史観と現代』（岩波新書、1967）らを読む者がいて、上記の議論にはそれが反映されている。

　宇野教諭は、授業において大きな歴史的事件（たとえば百年戦争）については、事件にいたる「遠因、中因、近因」を説明しており、事件や事実だけを羅列していたわけではない。また定期テストにおいて、荘園制の発展と解体について説明させる記述問題を出題している（二学期中間試験）。おそらく、歴史の法則性、必然性、普遍性を重視するマルクス主義的歴史観を警戒していたのであろう。たしかに、マルクス主義歴史学の影響（下部構造、生産様式など）を受けた議論をする生徒もいた。

　だが、生徒たちの言う「歴史の必然性」は、過去を知ることによって現在の自分たちの置かれた状況の原因を知り、未来の方向性を考えたい、という程度の意味だった。生徒たちは、単なる事実の羅列や暗記といった歴史の勉強に意味を見出すことができなくなっていた。そして、彼らの言う「歴史の必然性（因果関係）」に歴史を学ぶ意義を見出そうとしていた。生徒たちにとっては、「歴史の必然性」を否定されたことは、歴史を学ぶ意義を否定されたのと同じことだった。

　議論は平行線に終わり、生徒たちは教師との討論を不毛とみなし、以前どおりの授業が続けられた。

269

　教室の前の方には真面目にノートをとる生徒たちがいる一方、授業をサボる者、本を読む者、居眠りをする者、公然とトランプをやる者も出てきた。無意味な授業を聞く必要などない、と考えたのであろう。討論を通じて教師と生徒の溝は深まってしまった、といえる。

　しかし西洋史の宇野教諭が、「改革」に全く協力しなかった、ということではない。三学期末には、「西洋史レポート問題」というプリントを配付した。17〜18世紀の西欧諸国の地理上の探検、または宗教改革時代（16〜17世紀前半）における西欧各国の絶対主義政治と宗教の関係、のいずれかについて、原稿用紙3枚程度のレポートを3月23日までに提出せよ、というものである。

　学年末試験の代わりとなるような評価の材料が必要であったのかもしれない。あるいは、生徒との討論で授業が遅れた分を、自習させようとしたのかもしれない。そういう事情があったかもしれないが、生徒たちの意向——主体性の尊重——を汲んだ新しい試みではあった。

　だが、生徒たちが特に積極的に取り組むということはなかった。少なくとも現代国語の進級大論文のような受けとめ方ではなかった。「歴史の必然性」で教師と激しくやりあった生徒も、西洋史の授業に関心をもてなかった生徒も、宇野教諭を無視するようになっており、学年末の評価が出席日数を基準として進級を決めることとなったこともあって、レポートを提出する生徒はいなかったと思う。

　そのほかに、先に述べたように発表授業も試みられた。高2の5の場合は、1月下旬ごろに行われた。発表授業のテーマは「ドイツ農民戦争」であり、発表したのは全闘委シンパの森崎だった。1枚のプリント（宗教改革や農民戦争の経過）が資料として配付され、参考文献としてエンゲルス『ドイツ農民戦争』を挙げている。ドイツ農民戦争は、農民をはじめとする被抑圧階級の階級闘争であったが、支配に対する市民を含む反対派の利害の不一致のため統一戦線が組めずに敗北、中農層は没落し、都市も帝国直轄となり、諸侯の支配が強化されたと説明した。

　このように西洋史でもこれまでの授業とは違うレポート提出や発表授業が試みられたが、それらがこの西洋史の授業で継続して行われることはなかった。生徒の主体性が発揮されたわけでも、生徒たちにとって授業が興味深くなったわけでもなかった。発表やレポートといった方法だけでは何かが足りない、すなわち教師と生徒たちの間の互いの信頼関係や共同作業という意識が欠如すると、何も生まれないということだろう。

5.日本史の授業改革

　高2の日本史は、山田教諭が、6クラスすべてを担当していた。市販の教科書は用いず、自身の講義ノートにもとづいて、事項や事実を板書し、説明を加えるというスタイルであった。ときどき、史料を含むプリントも配付された。筆者のひとりはその授業ノートを現在も持っている。

山田教諭授業風景
（1971年卒業アルバム）

　それによれば、江戸時代の「鎖国」から始まり、自由民権運動で終了している。幕藩体制の成立と変容と崩壊、が主題とされ、政治史のみならず、社会経済、文化、対外関係など多面的に扱われている。封建制から資本主義への移行という大きな歴史の流れ（理論）をも取りあげ、商品作物の発展、余剰収益による農民層の分解、農村手工業の発展といった歴史の図式も説明している。幕末・明治維新期に入るにあたっては、幕末から昭和のファシズム・終戦までの時期区分を示し、西欧と比べ、「絶対主義」と「上からの近代化」という日本近代の問題点を提示している。大学の教養課程あるいは専門課程にちかいレベルの講義内容といってよい。歴史に関心をもつ生徒には、政治や社会が変化する要因が説明され、興味をもつ者もいた。他方で、事実や難解な用語も多く、「むずかしい」と感じる生徒もいた。授業中にとくに生徒に問いかけ（質問）をすることはなかった。

　定期試験では、語句・事項などの短答問題とともに、「キリシタン大名と南蛮貿易について説明せよ」（一学期中間試験）、「幕藩体制の動揺をもたらした、種々の国内的要因について、要領よくまとめて記せ」（二学期中間試験）といった記述問題を出題し、生徒の解答用紙には朱筆で簡単な批点を行っている。

　山田教諭の授業は詳しくはあったが、わかりやすくはなかった。単なる事実の羅列ではなく、因果関係はきちんと説明された。西洋史に比べれば、日本史には時間の余裕があった。生徒たちの「教師への質問」で歴史を学ぶ意義を問われ「過去の歴史を振り返ることにより、現在を把握し未来の進むべき方向を見出すことができる」という回答をしている。

　山田教諭は当時高2の6の担任であった。そのためか、生徒の授業改革に関する主張に理解を示していたように思う。いくつかの改革を試みた。

① 論述式テスト

2学期末、期末テスト中止の決定後に、生徒たちに諮ったうえで、教科書、参考書持込自由の論述式試験を実施した。

問Ⅰは、「下記の歴史事実を参考にして、「ええじゃないか」について考えてみなさい」とし、1866年から68年に起こった11の事実が列挙されている。問Ⅱは、「下記の史料を読み、それがどの国の対日政策であるのかを指摘し、その理由をのべよ」とある（「高Ⅱ　日本史テスト」、1969/12/16）。問Ⅰの参考文献として紹介された藤谷俊雄『おかげまいりとええじゃないか』（岩波新書、1968）を読み、かなりの生徒がこの事件に興味をもった。また遠山茂樹『明治維新と現代』（岩波新書）『明治維新』（岩波全書）を読んでいた生徒もいる。しかし、この試験に対する生徒の反応や解答内容は、資料がなくわからない。

② 授業カリキュラムの提示

1月に、第3学期カリキュラムを記したプリント「社会科（日本史）カリキュラム案」が配付された。単なる参考文献の紹介ではなく、授業のテーマとして「明治期の政治」「大正期の政治」「ファシズム期の政治」の三つが挙げられ、「近現代史はまだ研究史も浅く、学説も種々にわたり、史観による相違もある。従って、生徒のグループ別学習と討論の機会を適当に設けたい」と記している。その上で、参考文献のリストを提示し、史料として『現代史資料』（みすず書房）を冒頭にあげ、参考文献（研究）として、下山三郎「自由民権運動」（『岩波講座日本歴史近代』）、後藤靖『自由民権運動の展開』（有斐閣）、色川大吉『明治の精神』（筑摩書房）など12点を挙げている。

また、3学期の学習課題である「自由民権運動」については、B4判3枚のプリントが配付され、そこには、「民撰議院設立の建白書」「立志社設立趣意書」「岩倉具視の意見書」などの史料が引用・紹介されている。しかし、このプリントがどのように用いられたかは、わからない。

③ 発表授業

高2の5では、三学期に発表授業が行われた。

明治維新に関することだったと思われる。印象に残っているのは、発表者が盛んに自分の読んできた参考書――おそらく山田教諭の紹介したものであろう――

―を引合いにだし、著者はこのように言っている云々、と繰り返したこと、言葉に詰まって「ええと、あのう」を連発したことである。

　発表授業の目的は「生徒の主体性の尊重」ということだったが、発表した生徒の独自の意見や整理を見出すことはできなかった。さらには生徒たち自身が軽蔑していた教科書的な事実の羅列にすらなっていなかった。

　この発表授業は成功したとは言えないが、これは発表した生徒の資質の問題ではない。発表には、事項を整理し、相手に伝える技術が必要であり、それを教師が指導しなければうまくいかない、ということを示している。麻布における授業で、教師の言うことをただ聞いていただけの生徒が、直ちにうまく発表できるわけではなかった。

　なお、高２の１では、12月からしばらくの間、山田教諭の依頼をうけて、生徒のひとりである安村がしばらく教師に代わって授業を行ったという。こちらは行き詰まることもなく、うまくいったという。

　西洋史と日本史の発表授業の試みは、「発表授業」の目的が何か、ということを提起している。生徒が、学習のテーマについて、自身で調べること（調べ学習）が目的のひとつといえる。そうであれば、全員が調べ、複数名に報告や発表を求めるという方法もあるし、学期中に数回の機会を設け、より多くの生徒が発表の機会をもつようにすることも考えられる。第二は、生徒自身が考え、自分の感想や意見を提示すること、すなわち、多角的な見方や討論することも目的といえる。どちらについても、教師が、参考文献の紹介、発表資料の作り方、口頭発表の仕方などを指導する必要がある。また、発表後のまとめ（補足や評価）も重要である。これらは、近年小中高や大学の教育において、「アクティブ・ラーニング（能動学習）」と総称され、授業に導入・実践されている。

　授業改革運動中の麻布での発表授業では、教師は発表授業についてのほとんど事前の指導や打ち合わせを行わなかった。そこまで手がまわらなかったということでもあるが、現代国語の「進級大論文」と同様に、まずは、生徒の主体性にまかせよう、それを見てみよう、というスタンスであったと考える。生徒は、発表授業は、準備も発表それ自体も大変だ、難しいということを察知した。己の力量を知ったといってもよい。それは、授業改革運動への失意にもつながったかもしれないが、何事も、やってみて初めてわかることがある、ということを学習した。

273

第3章　授業改革の到達点

　　学期末の試験・評価・進級については前述の通り、3 月 4 日の協議会で暫定的措置を決定していた。一方、授業・評価制度改革のタイムリミットとして設定した学年末が迫ってきて、18〜20 日に授業改革のための全校集会を開催した。高執委および職員会議は、これまでの教育・授業の問題点を総括し、改革の方向を示す文書を配布した。そこでは、教師・生徒がともに怠惰であったことを認め、主体的な学習と評価にむけた具体策が提示された。各教科は、教科の目標やカリキュラムや学習方法を説明する膨大な資料を提示した。二つの全校集会によって、生徒と教師のあいだに合意が形成された。しかし、その合意は、藤瀬校長の辞任のあと 4 月の学園理事会で選出された山内校長代行によって突如として覆される。

1．授業改革のための全校集会

　3 月 18 日（水）〜20 日（金）に、「授業改革のための全校集会」が開催された。集会開催の案内（ビラ）は残されていないが、高校生徒会の主催によるものである。中学生にどのような広報が行われたかはわからないが、各教科が作成したカリキュラムは中学を含めたものになっている。当初は、「自主活動の自由をめぐる全校集会」のあと、10〜12 日ごろに、職員会議側の改革案の説明を講堂で聞き、13〜14 日にクラス討議を行い、16〜18 日に全校集会と教科別の分科会を開催する計画であった（新島委員長のメモによる）。しかし、自主活動の自由をめぐる全校集会が 4 日間に及んだため、18〜20 日に、全体集会、クラス討論、分科会をまとめて行う形になったと考えられる。全校集会の様子は、本記録の編纂開始時点（1972 年頃）に作成した「日録」に、下記のように記されている（『100 年史』p.354 はこれをもとに同様の記述をしている）。

　18 日は午前 10 時から 12 時まで講堂で各教科からカリキュラム案が提出され、その説明があった。午後は 1 時から 3 時まで討論。その後再び講堂で討論。19〜20 日は分科会ごとに討論。生徒は 300 人程度しか集まらなかった。

　この「生徒は 300 人程度」という数字をどう考えるべきなのだろうか。この数字の根拠は不明であるが、講堂での全体討論の参加者数の目算と思われる。自主活動の自由がテーマとなった 3 月 9 日〜12 日の全校集会は、生徒会・学校側・統実委の共催であり、全員出席の原則で最後の 4 日目の終了時でも 500 名程度が出席していた。他方で、2 月 26 日に行われた次期高執委委員長選挙では、当

選者の成本は「高校生活における目的意識の追求」というスローガンを掲げ、「現執行委員会のスローガン「三無主義の追放」を基本的に引き継ぎ、・・・自らが何を目的に高校生活を送るのか？何を得るのか？といったことを追求しつつ・・・自らの学園生活を創造して行こう」（高執委「（45年度前期執行委員長公報）成本」、1970/02/21）と呼びかけた。しかしその投票総数は 458（48.5％、内無効票 221）であった。１月下旬から授業改革運動は沈滞し、協議会が流会となり、クラス討論も低調になっていたことからすれば、２回目の全校集会はかろうじて全体の 2 割程度の関心を確保したといえるかもしれない。

昭和 45 年度前期執行委員長
選挙公報、1970/02/21

（当時の中１〜高２の生徒数は約 1500 名）

　この全校集会では、教員側からは、「全校生徒諸君へ　NO.4」と題する総論と教科別の各論の合計 28 枚のプリントが作成・配布された。「全校生徒諸君へ NO.4」は「まえがき」（１枚、問題点と改革の方向）、「授業時間数」（１枚）、「試験制度・評価・進級査定について」（１枚）で構成され、各教科のプリントは 25 枚にのぼった。

　『100 年史』によれば、「教員の側には紛争の底流には授業に対する生徒の不満があるという認識があり、校長室が占拠され、全校集会の予備折衝が行われている段階から、連日の職員会議で授業改革のための原案を作成する努力が積み重ねられていた」（同、p.354）という。生徒たちの授業改革・試験改革の問題提起に対し、高校担任教員や有志教員だけでなく、全教員で教科ごとに問題点を議論し、総論と各論を短期間にまとめたことは、教師側の高い意識と努力がうかがわれる。

２．批判的総括

　全校集会の当日、高執委もまた「高執委より　批判的総括　矛盾の根源—教師の怠慢—」という総括と改革の方針を示すビラを配布している。教員側の文書（総論と各論）と対照し、改革の到達（合意）点を探ってみたい。

275

高執委より　批判的総括

矛盾の根源—教師の怠慢—

麻布の授業は生徒が好むと好まざ
るとにかかわらず生徒に押し付けら
れてくる。そこには生徒の自発的学
習参加などは全く無い。そしてその
つまらない授業を生徒に無理矢理お

しつけるバネとして「これは学ぶことが必要だ」という空虚な論理や「定期
テスト」が存在していた。そして教師は「テストをすればどうせ生徒は勉強
するだろう」という考えでテスト制度のうえにアグラをかき、教育内容の向
上、生徒の為の授業を行なう努力を全く欠いていた。このテスト制度により
かかった教師の怠慢、教育的熱意の欠如が授業を空洞化し、生徒にとって苦
痛にしか感じられない授業、テスト制度を生みだしたといえる。生徒は自己
の興味関心から全く離れ、生徒の存在を無視して教師によって一方的に行
なわれる授業、教師の価値観の押しつけにしかすぎない授業を聞かされ、唯
テストのためにノートをとってテストの直前には点を取るためにのみノー
トを丸暗記していた。授業、テストに不満を感じても「勉強しない生徒が悪
い」という論理ですべての責任が生徒に転嫁され、生徒は『勉強』（カッコ
つき）をせざるを得なかった。

麻布でまず改めなければならないのは、生徒の為の授業をしようとしな
かった教師のはなはだしい怠慢さである。テスト評価制度の改革も、それが
教師の怠慢さによってつくられたつまらない授業に生徒を引き留める役割
をもっている限りなんの意味ももたない。まず教師の教育に対する姿勢、そ
の怠慢さを改め、日々の授業を根本的に改善することが現在最も必要とさ
れることである。

（高執委「高執委より　批判的総括」、1970/03/18）

このビラは、執行委員長の新島が作成したものである。新島は、2学期末の定
期テストが中止となり、改革のための協議会が設置されたとき、「今学期は授業
改革から！」と題するビラを作成し、具体的に単元学習法という授業方法を紹介
した。また、11月末の時点で「生徒に於る授業改革には限界があり、この改革
には絶対教師が必要である」と日記に記していた。学校全体としては、授業改革

第1部

第2部

第3部

第4部

第5部

第6部

に歩み出したものの、1月をすぎても一部の教員・科目（現代国語、古文、日本史、世界史）で改革の試みがなされたが、大半の授業（英語、数学、理科など）の内容・方法は以前と変わらなかった。生徒には「沈滞」ムードが現れ、1月31日には、彼自身がどうしてよいかわからなくなり、学校を休み、協議会は流会となった。これらの経緯と経験から、生徒は、授業について不満や要望を出すことはできても、教師が取り組まない限り、授業は変わらない、そういう根源的な矛盾があることに気づき、「矛盾の根源―教師の怠慢」という結論にいたったのであろう。新島は、どういう教育を期待したのだろうか。3月上旬に次のようなメモを記している。

> 「人間的に生きる」　自分個人が作った価値観念に基づいて行動する。
> 教育　個人を大きく育てる。
> 現状　個人の価値観念を持ってない、育てられていない、他にしばられた行動。
> 人間は後天性によって価値観念が決まる。数学・英語→価値観念」
> （新島メモ「（無題　教育の目的について）」、1970/03）

　教師側の「全校生徒諸君へ NO.4」の「I　まえがき」を見てみよう。
　冒頭部分で「近年学校内における生活が種々の意味で乱れてきている」「教師と生徒の関係、生徒同士の関係がギスギスしたものとなってきている」という事実を指摘し、クラス単位で考える問題であるとともに、「実際に学校内の生活の大部分をしめる授業が一番大きな問題として考えられ、　それを改革しなければならない」としている。麻布の授業の問題に入るまえに、生徒の学習観、それと教師がどのように関わっているか、という問題を新たに提起する。

> （1）
> 　a　入学前からの生活史の所産として背負ってきている生徒の学習観
> 　b　「麻布は進学率の高い名門校である」などの世評から醸し出される雰囲気や学習観といった問題に教師の指導がどのようにかかわりあってきたかが問題である。
> 　　1　これらを変える方向でか。
> 　　2　これらによりかかり野放しにする方向でか。

　　　3　この傾向を一層助長する方向でか。

（2）

　a　授業と自主性の問題
少なくとも現在の授業が、生
徒の自主性をそこなっている
ことは、中一の授業で発言を
求めれば即座に其の反応があ
るが、高二の授業では其の反
応・緊張の度合が薄くなって
きていることにも示されてい

る。問題は、講義形式を生徒発表に改めれば良いというような単純な問題で
はない。生徒の学習意欲は尊重されなければならない。とともに其れは教師
の授業における要求によって変革されなければならない。現在の授業は、生
徒の学習意欲と教師の要求がかみあっておらず、しばしば知識の一方的流
し込みに終っている。

　b　授業の内容　・・・従来しばしば見られたように授業の内容が指導要
領や過去の慣習に安易によりかかってなされているとすればそれは生徒に
感動を与えるものとはなり得ず、a の要請から程遠いものになってしまう。
授業の内容が生徒に感動を与えるためには、まず教師自身が教材の中に新
たなものを発見していくことが必要であり、そのための研究活動が、学校に
おける教師の活動として保証されていなければならない。従来この学校の
教師たちは授業の内容や教材の研究においてつながっていくという側面は
比較的薄かったといえよう。従ってこの側面を、今後一層強化していきたい
と考える。

　c　試験や評価の本来の意味からの離反　本来授業あっての試験であり
評価であるはずである。極論すれば、試験・評価を切りすてても授業はなり
たつはずであるが、決してその逆ではない。a・b をめぐっての授業の実情
は、試験や点数によって支えられていたという側面はなかったかどうか。
　　（麻布学園（職員会議）「全校生徒諸君へ　NO.4」、1970/03/18）

　この問題整理は、引用した最後の一文が示すとおり、教師の側が、これまでの
授業が、「試験や点数によって支えられていた」という側面があり、それが、生

第1部
第2部
第3部
第4部
第5部
第6部

徒の自主性（学習意欲）を損ね、「知識の一方的流し込みに終わっている」ことを反省している。その点で、高執委の「矛盾の根源—教師の怠慢—」の指摘と付合している。逆に、教師の側からいえば、教師がいかに意欲をもって授業に臨んだとしても、生徒の学習観を把握し、それを変革できなければ、授業は成り立たないともいえる。高執委と教師（職員会議）は、授業で生徒・教師がともに怠惰であったことを問題の根源としている点で、認識は一致している。

3．改革の方向性

　高執委「批判的総括」は、改革の方向性として、次の5点を提起する。

①主体的学習参加

　与えられた教育が多く、生徒が自主的自発的に学習していなかった。今後教育内容（教材）の選定や授業方法に関して、生徒の興味関心を重視し、学習に主体的に参加できるようにする。

②自主的思考

　一定の解釈、価値判断の押しつけが多く、生徒自身が自ら思考し判断していくことが少なかった。今後生徒自身が考え意見を発表する場を多くする。

③生徒間の結合

　教師と生徒の関係に比べ、生徒相互の結びつきが著しく弱かった。これが麻布の予備校化を促進する一要因であったと考えられる。以後生徒間の討論、グループ学習を積極的に設け、評価についても生徒の相互評価を検討すべきである。

④教師間の結合

　教師間の結びつきが弱かった。

　教師個人の個性自主性を阻害するのではなく、むしろそれを保障するような結びつきをつくるべきである。

⑤研究体制

　教師の一部には極めて熱心に教育活動を行っている者もいるが、総体としては不十分で、中には授業の予習すらも行わぬ教師が存在する。

　学校全体の研究体制（授業内容および方法に関して）を設けて教師の結びつきを強化すると共に質を向上する方向に教師間格差（教育的熱意の）を縮小し、教師集団総体の向上をはかる。

> 　　（同上「批判的総括」）

　他方、教師（職員会議）「まえがき」は、まとめとして次の方向を提示する。

> 　このように論を進めると、
> 　　(イ)生徒が積極的に学習意欲をもちうるように授業の内容をあらため、
> 　　(ロ)生徒の学習意欲のありかた（学習観）の変革を迫り、
> 　　(ハ)試験や評価については、本来の意味に立ちかえって改める
> 　ことが必要であり、そうすることによって（1）でふれたような問題［生徒の学習観の問題］に対しても学校の主体的な立場をつくりあげていくことが必要な事である。(「親の期待」や生徒の「進学したい」という希望を無視するということではない)。
> 　　（同上「全校生徒諸君へ　NO.4」）

　上記の方向性にもとづき、II 授業時間割、III 試験制度・評価・進級査定について、IV 教師側の研究体制、V 各教科の授業の改革案について、を提示する。
　高執委と教師の提示した改革の方向性は、双方が主体的に関わり合うことを求める点でほぼ一致している。高執委側には、試験制度・評価についての案が示されていないが、これは、12月および1月の協議会で提案済みという考えなのであろう。

4．改革の具体案

　「II 45年度授業時間数」は、3月3日の「全校生徒諸君へ」と同じく、「授業時間数・科目数を減らすようにし、なるべく過重な負担をかけないようにする」ことを方針とする。
　具体的には、45年度は前年に比べて、中3、高1、高2の総時間数を各1時間ずつ減らしている。知識の詰め込みより、生徒の自主的学習生活を促進することを意図している。

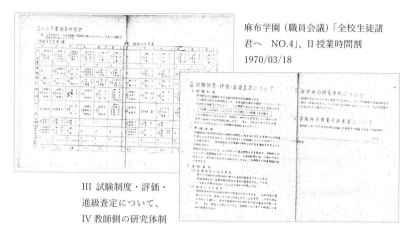

麻布学園（職員会議）「全校生徒諸
君へ　NO.4」、II 授業時間割
1970/03/18

III 試験制度・評価・
進級査定について、
IV 教師側の研究体制

「III試験制度・評価・進級査定について」では、

1．試験制度
　各学期末の2週間をその学期の授業の総括期間とする．
　この期間は特別の時間割をくみ、その学期の要点の整理・テスト・テスト
の返却を行なう．この期間はおおよそ次のような形になる．
　授業（4日間）→テスト(4日間)→授業（4日間）
　この学期末のテスト以外に、中間に一斉テストを行いたい場合には、学期
の始めにそれを生徒に知らせる。また、そのようなテストは原則として行わ
ないという姿勢を学校側はとっていく．

　「授業あっての評価」の考えに基づき、授業をやりっぱなし、試験をやりっぱ
なしでおしまい、ということではなく、きちんと学期末に総括しよう、という意
図である。他方、従来の「中間テスト」は原則的に廃止し、必要な場合にのみ「一
斉テスト」を行う方針を示した。
　続いて評価については、

2　成績評価
　成績評価は各学期の始めに教師が目標としたものに対して生徒がどの程
度到達したかを示すもので、それを知ることは教師にとっても生徒にとっ

ても必要である。各科担任はその学期に得たさまざまな資料を参考として評価を行う.

　評価の方法については、さしあたって恒久的なものを定めず、各教科においてこの一学期間をテストケースとして、それぞれ最も良いと思われる方法をとり、その後に恒久的に決定することとし、その時点で指導要録の記入を行う.

　（同上「全校生徒諸君へ　NO.4」）

　1 月の協議会で、高執委および教員有志から提示された「教育評価」（学習目標に対する到達度）の考え方を明記するとともに、評価の方法については、各教科で試行・検討してから定めることとした。

　各教科の案は、授業の改革案とともに別途示された（後述）。また、「3 進級査定」については、欠席の日数・時数が 1/3 以上のもの、また、学力不振科目 4 科目以上のものを対象とする、と述べる。そして、

Ⅳ　教師側の研究体制について

　授業内容をさらに一そう充実させるために、すべての教科が毎週教科会を開き、研究が行なえるような体制を時間割のうえでつくって、優れた授業が行えるよう努力していく。（同上「全校生徒諸君へ　NO.4」）

　従来は、教科別に、教員内部でカリキュラムが検討されていたが、その密度は教科によって異なっていた。生徒にカリキュラムを説明することはなく、また、授業の内容や方法は、基本的に担当教員に任されていた。授業の充実のためには、教員の研究が必要であり、すべての教科について、教科会を定例化する点が新しい点である。高執委の案にも、「教師間の結合」と「学校全体での研究体制」を設けることが提起されており、生徒側の望むところでもあった。

　「全校生徒諸君へ（4）」の最後は、「Ⅴ　各教科の授業の改善策について　各教科においてそれぞれ研究討議した具体案が提出される（別紙参照）」と結んでいる。次にこれを検討しよう。

5．各教科の授業・評価の改革案

　各教科は、教科の教員の議論にもとづき、新年度（1970 年）からの授業・評価の改革（実施）案についてのプリント（資料）を作成し、分科会で説明した。7 教科、計 28 枚の大部な資料である。資料の量や形式は教科によって異なっており、最大の国語科は 10 枚に及ぶ。教科全体で 1 枚にまとめた教科（数学、英語、保健体育）もあれば、教科でまとめたうえで担当教員が別途案を示した教科（国語、社会、芸術・技術）もある。その概要（目的、カリキュラム、授業方法、試験・評価）について、表にまとめた。（p.285）

1）教科の目的と授業の進め方

　■国語科（10 枚）：学年ごとの授業時間数（現代国語、古文、漢文、文法）を示したうえで、「国語と学ぶ意義」として、「「国語」とは自分自身に外ならない。自分自身をかえりみると、今の自分を形成して来たもの（過去）と、現在の自分自身を他に伝達するという（現代・未来）二つの問題が発見される」と述べ、前者が古典の学習と通じて、後者が現代国語の修得によってなされるとする。
　続いて、「現代国語に対する基本的な考え方」を示している。

　　近代日本文学（小説・評論・論文・詩等を含めて）の歴史は、大局的にいうならば、それは自我解放、自我の確立のための闘いの産物であった。従って、文学作品そのものは、とりもなおさず人間の「生」の営みの証であり、情況そのもののなかに絶えず動かされつつも、いかにその情況に対峙するかという問いを、我々に投げかけてくるのである。このことを、我々学ぶ者の立場に即していい換えるならば、我々自身の作品自体に対する問いかけこそ、最も重要な要素であり、ある意味では、それこそすべてであると言い得るのである。自主性とか主体性とかいうものは、その問いかけの熾烈さにこそあると考えるのである。これらのことは・・・すべての教科に共通するものであると考えられるが・・・現代国語にあっては、特に、この問いかけ、自問自答が要求せられるのである。そして、ここに・・・自らの人間形成があり、自己が形成せられていく。・・・
　　（国語科「（国語科改革案）」pp.2-3、1970/03/18）

　以上の考え方から、「教師の指導と同時に生徒の授業への積極的な姿勢が強く望まれ」、授業の方法として、「発表授業」を取り入れ、高校では、100 分授業とし、書くということがなおざりにされていたことを反省し、レポートや論文の提出を行う。高 1 では、学年当初に「なぜ現代国語を行うのか」について説明すると同時に、国語をどのように考え学習してきたか（学習観）について各自の意見を集約する。読み、考え、論理を構築する過程を明確にたどれるような授業（講義・発言・発表・レポート）とする。高 3 においても、「受験的と錯覚されやすい授業姿勢はいっさいとらない。・・・感覚・感性の充実・緊張度を点検し、それがいかなる方向性を生んでくるか・・・飛躍と弛緩がないかどうか、などに鋭く眼を光らせていく。したがっておのずと授業は知識を多く注入するような形態とはならないから、知識や概念を多く求める者は、事前にそのための準備をおこなうべし」と言明する。

　古文を学ぶ目的・意義については、前章「授業改革の試み」で引用したように（§6.2.2）、現代国語と同様に、「人間について考える」ことにあり、近代とそれ以前の作品を「同じ眼でみる」必要とともに、古文の場合には、「言葉として、語法として」理解する手続きが必要であると述べる。具体的な授業のテキストとしては、中学の 3 年間使用するテキスト「古文入門」を独自に編集する、多くの作品を総花的に少しずつやることよりも、時代的・ジャンル的に代表的なものを選び、原則として一学期に一つ作品を読む。授業の方法としては、

　　①作品を読むまえに、作品の文学作品としての問題点を提示、
　　②読後に、作品・作家のまとめを行い、文学史の中に位置づける。そのため
　　適宜レポート・論文などを利用する、
　　③語法的なものは、時間内に小テストをすることがある、
　　④グループ学習・発表授業などを取り入れる努力をする。

これらは、先に紹介した海野教諭の授業で試みられたことでもあった。

　漢文については、漢字・漢語・漢文が、「東洋の思考・文化を考える上に、絶対に欠くことができない。・・・長く大陸の文化の影響を受けて来たわが国自身の思考・文化そのものの中にも、大きな場を占めている」と位置づける。授業の

進め方としては、講義形式が主となるが、それを自主的に補うものとして、レポートやグループによる研究発表を取り入れる。

第1部
第2部
第3部
第4部
第5部
第6部

教科	科目	目的	カリキュラム	授業方法	試験・評価
全学 (3枚)			時間数・科目数の削減（過重な負担をかけない）	現状：知識の一方的流し込み 生徒の学習意欲の尊重および学習観を変革する	本来の意味に立ち返って、改める 学期末「総括期間」（テスト4日、前後の総括授業各4日、計12日）、中間テスト（必要があれば個々に実施可） 成績評価：学科ごとに1学期間試行
国語 (10枚)	現代国語	作品への問いかけ、主体性とはその熾烈さ、それによる人間形成	高1〜2年 各1時間減 高2 文学史設置.	講義＋発問、発表授業、グループ学習、高校は100分授業 高三「受験的と錯覚されやすい授業姿勢はいっさいとらない」「感覚・感性の充実・緊張度」	総括期間（ペーパーテスト→試験返却） ペーパーテストは100点法、レポート・作文等は担当教員による 通知表 5段階絶対評価
	古文	人間について考える、文学は対話の相手。「人々が特定な歴史的・自然的条件のもとに、いかに生きたか」	中1〜3 独自テキスト「古文入門」	問題提示→（解釈）→位置づけ（レポート、小論文併用） グループ学習・発表授業 語法（小テスト）	
	漢文	東洋の思考・文化（日本文化の基底）			
英語 (1枚)		英語の実際的活用力養成を目指す		oral method, tape recorderの活用	定期考査 年5回（原則としてpaper test、reportやoralも行う）。評価方法：学力のほか学習態度加味、100点法。通知表の記入は全学の統一的方法による
数学 (1枚)		「世界観の基礎」を提供、「世界が新しく見えてくる」			総括期間（中間でテスト）。目標別到達度を、期末テスト・小テスト等を分析して3段階で示し、これらを一枚の用紙に示す。
理科 (3枚)	物理 化学 生物	a)自然科学的思考 合理創造性、実証性、普遍妥当性		自然現象を整理し、法則としてつかみとる 教師実験、生徒実験 問題演習（複雑な現象を解く） 実情は基礎的な知識の習得に手一杯	一斉のペーパーテスト（答案返却・解説） レポート、実験らを加味して全体評価
	地学	b)自然科学的処理 統計的処理、分類、自然理法の発見			
社会 (6枚)	地理			調査法を学ぶ	総括期間：学習のまとめ、討議、共通のペーパーテスト
	倫社				
	政経		高1新設		
	日本史		高3「重要史料の検討」を設置	毎学期生徒の発表・討議・レ	
	世界史		高2 前期現代史後期近代史	毎学期生徒の発表・討議・レ	
芸術・技術 (3枚)	音楽	言及なし		合唱、器楽、鑑賞	（中三）個人別テスト 高校 合唱の個人別評価（5段階）
	美術	芸術より調和を学び、人間形成の一助	カリキュラム有り		講義・制作の熱意と作品を評価 100点法がもっとも正確だが他の科目にさからってまで行う意志はない
	技術	技術修得	製図		
保健体育 (1枚)		言及なし	カリキュラムのみ		言及なし

　■英語科　（1枚）：カリキュラム（学年ごとの学習目標と教材）を説明し、次年度以降の授業の内容・方法の今までと異なる点として、「英語の実際的活用力の養成を目指す。そのためにはできるだけ oral method を採用する」と述べる。

　■数学科　（1枚）：独自のカリキュラムを組む理由は、「中・高 6 ケ年を通して考えると、現行教科書の体系が不合理をもっているからである」としたうえ、「我々は数学を教えることは「世界観の基礎」を提供することだと考えている。そのためには、数学を知ることによって「世界が新しく見えてくる」ようにしなければならない。それにはまず、教師自身が授業の内容にたえず「新しい発見」をしてゆかねばならない」と述べる。改革運動中の例を挙げると、山浦教諭は、高 2 の冬休みのレポートとして、「オイラーの公式 $e^{i\theta}=\cos\theta+i\sin\theta$ を証明せよ」という課題をだし、「テイラー展開をせよ」というヒントがついていた。ある生徒（山上）は、必死になってレポートを提出したのち、同教諭の「i（虚数）は図形を回転させるのです、見えないものが見えるものになるのです」という説明をきいてぞくっとしたという。授業の進め方についての説明や改革案は示されていないが、学習目標を明示し、目標ごとに生徒に到達度を評価して示す方式をとる。

　■理科　（3枚）：教科全体の目標・授業のあり方の説明（1枚）と中学・高校のカリキュラム（学習項目）の説明（各1枚）が配付された。前者では、まず、理科教育の目標を述べる。

　　1．自然観察を基とし自然科学的思考及び処理の能力を身につける。
　　 a）自然科学的思考　合理創造性、実証性、普遍妥当性
　　 b）自然科学的処理　統計的処理、分類、自然理法の発見
　　2．自然法則やその応用についての知識・能力の獲得

　つづいて、上記の二つの目標を達成するための授業方法を述べる。

　　1．自然現象を整理し、法則としてつかみとること
　　（その過程を把握するための）　教師実験、生徒実験。歴史的に行われた実験の紹介、視聴覚教育も採り入れる。

286

とにかく過程を飛ばしてすぐ公式の暗記を行うというやり方、あるいは式がちょっと複雑になると拒否反応を起こすというようなやり方を教師・生徒双方からなんとかなくしたい。

２．法則的理解をもとにして、さらに複雑な現象、具体的な問題を解明し解くことが出来る能力を養う。このための一手段として問題演習を行う。

以上を踏まえ、「授業の改革の方向」を述べる。

　生徒諸君からより主体的に授業にかかわれるようにせよという要望が強い。

　しかし、理科というものは、その科目の性質上、基礎的な知識・能力をまず身につけなければ、自主研究、自主実験といってもお題目に終わってしまうだろう。

　その点で高２までの授業では、（場合によっては高３まで）基礎的な知識の習得に手一杯が実情だったと考える。

　ただし、授業を行っていく過程で、生徒が積極的に問題にとりくめるような授業方法の改革、教材の設定の再検討、精密化等は是非ともやらねばならないと考える。これまで、ともすればこういう点を教師１人１人にまかされていたが、これからは相互に批判、研究して、理科全体の教師が一致して取り組むような体制をつくっていきたい。

　（理科「（理科改革案）≪理科の授業及び評価について≫」、1970/03/18）

「自然科学的思考や処理・発見」の力の獲得という目標は、国語科の「人間性」や数学科の「世界観」の発見・獲得と相通じるものといってよいだろう。また、理科という教科の特性を踏まえたうえで、授業や学習の場で、生徒と教師の主体性がどのように発揮・交信されるべきかという問題の設定も、「まえがき」と通じている。

■社会科　（６枚）：社会科全体（倫理・社会、地理、日本史、世界史、政経）のカリキュラムと中学社会、日本史（高２，高３）、世界史（高２，高３）の授業内容の資料が配付された。社会科全体として、あるいは科目ごとの目的や意義は記されていない。授業の内容・方法等の改革としては、①高１で「政経」を設

287

けるほか、②高2世界史は前期現代史・後期近代史、の順とする、④高3日本史で「重要史料の検討」や「史料による日本の歩み」の時間帯を設ける、⑤日本史・世界史では毎学期生徒が発表・討議やレポート、が提案されている。

　■芸術（音楽）（2枚）：中3および高校の学習項目と評価方法が示されたが、教科の目的の説明はない。

　■芸術（美術・技術）（1枚）：その目的は、「芸術より調和を学び、より良き人間育成の一助となるべく、又技術修得を目的とする」。高校に於いては、制作は各自家でなし、授業はその制作の基礎的な論理と技術に就いて行う。又その評価は学期末に批評会を開く」とする。

　■保健体育（1枚）：中学・高校のカリキュラム（学習項目）は示されたが、その目的や評価方法についての記述はない。

　全体的な傾向をまとめてみよう。第一に、教科の目的（学習の目標）について、これを述べている教科（国語、数学、理科、美術・技術）と述べていない教科（英語、社会、音楽、保健体育）に分かれるが、いずれの教科も、カリキュラム（学習項目）、授業の方法、評価について、生徒に説明することが必須になった。すなわち、教師と生徒の間で、何を目的として、何を学ぶのかという目標を共有することが、学習（授業）の出発点になった、ということができる。第二に、カリキュラムや授業の進め方（内容、方法）については、各教科で、生徒の自主性・主体性を育てる工夫（討議、実験、oral method、発表授業、グループ学習、レポート・論文）が採り入れられている。そこでは、国語や理科が述べるように、単に生徒が発表すれば主体的ということではなく、生徒各自が、観察・読解・思考・表現することを求めようとしている。

2）試験制度と評価について

　教師側（職員会議）全体では、毎学期末に総括期間を設け、そのなかにテスト期間を設けること、成績評価は学習目標に対する到達度を示す（その方法は一学期に試行して決定する）、としている。

　これにそった評価案を提示しているのは数学科で、そこでは各学習目標に対す
る到達度は、テストなどをもとに分析し３段階で示すとしている。国語科は学期
末の総括期間にペーパーテストを実施し（100 点法で採点）、通知表は５段階評
価、英語科は年５回のペーパーテストを実施し、学習態度も評価対象として 100
点法で評価する、社会科は総括期間に共通のペーパーテストを行うこともあると
するが評価方法は述べていない。理科は、「生徒の側からいえば、或る期間の学
習成果をまとめ、自分がこれだけのことを修得したのだということを自分に納得
させることが必要であり、またその中の重要な点は脳裡に刻みこまれていなけれ
ばならない」と述べたうえで、ペーパーテスト（最小限でも学期末の３回）、レ
ポート、実験といった方法をあげる。成績の評価については、「生徒の側からい
えば、自己の能力を客観的にながめることができ、また自分の努力がはっきりと
認められ得るし、また将来の進路を定める指針となるものと考えられる。評価は、
テストの評価のほか、レポート、宿題、実験などの評価をも併せて全体としての
評価となるものである」と述べ、科目ごとの全体（総合）評価の必要を示唆して
いる。

　１月の協議会では、高執委が 100 点法であれ５段階であれ抽象化された総合
評価は教育のために評価とはいえないとこれを批判し、教員有志提案では、これ
をうけて、学習の総括として、学習目標に対する達成度を示す評価案を提示した。
これに対して、全校集会の各教科の評価案では、学習目標別評価が後退し、総合
評価が復活しているようにみえる。このような潮目の変化を生んだ一因と考えら
れるものとして、２月 27 日職員会議討議資料として進路指導部（大賀教諭）か
ら提出された文書「教育改革のいくつかの問題点」がある。

III.教育評価
（ア）　従来、麻布において個別評価（個々の目標に対する達成の評価）が
不十分であったことは事実で、それは十分改めねばならない。
（イ）　いくつかの個別評価に重みをつけて集計した総合評価（抽象的評
価？）は、学習全般を見るのに十分意味をもつもので、これを一定の換算公
式によって 5 点法に換算したものを指導要録および調査書（内申書）に記
すことになる。
（職員会議討議資料「教育改革のいくつかの問題点—とくに進路指導の立
場から：大賀私案」、1970/02/27）

　教師側からすれば、学習目標別の評価は手間と時間を要することが予想される。また、指導要録や大学受験の際の調査書では5段階評価をする必要があった。この点を現実的に考慮し、各教科案において、学習目標別の評価法にかえて、ペーパーテストを中心とした科目ごとの総合評価（100点法であれ10段階、5段階であれ）をよしとする声が強くなったと考えられる。また、3学期に高1では、日本史、化学、数学の三つのレポート課題が出されているが、クラス日誌には「むずかしいからもうやめようか」との感想が記されている（高1の6「クラス日誌」⑤、1970/02/17）。生徒がレポート課題に意欲的に取り組むには、その目的や内容をよく説明し、理解される必要があった。

　全校集会の全体討論や分科会では、この評価の方法（数値化された総合評価）について、高執委も全闘委も他の生徒もとくに問題とはしなかった。それよりも、教科ごとに学習の目的やカリキュラムが提示され、生徒の自主性・主体性を重んじる授業の方法や改革案が示されたことを歓迎した。学期末の総括期間の案は、「授業があっての試験であり評価である」という改革の姿勢を具体的に示すものであった。根幹の問題は、生徒と教師の学習観の変革であり、授業における主体性の発現であった。これに比べて、評価の方法、とくに総合評価の方法は、副次的な問題へ後退したように思われる。

　講堂での全体討論については、山領教諭が生徒の発言をメモしたものが残っている。それによれば、高2の三島は、「教師（職員会議）の示した問題の整理は、高執委よりも的確であるが、実際にどう実行されるのか、どういう形で、各クラスで授業するのかの議論が必要である」と述べた。高2の村井は、「生徒よりも教師のほうがより多く学んでいるので、生徒の発表授業のマイナス面（主観性など）を覚悟したうえで、その価値を認めてやるべきである」と指摘した。中2の田丸は、「物理の授業で行った自由研究では、範囲が不明確でうまくいかなかった、中学ではそういう技術的な問題も考慮してほしい」と述べた。いずれも、教師側、各教科の提案を前提として、それを実現するための意見といえるだろう。

6．終業式

　3月23日（月）に中学・高校の終業式が行われ、式後に4月以降の授業の方法について説明が行われた。18～20日の全校集会の生徒の出席者が少なかったため、方針を徹底するためであった。また、学校・生徒会・統実委の三者の連名

で、3/9〜12 の全校集会終了後の三者の意志決定について、いずれも合意するとの報告が文書で配布された。全闘委・統実委は、試験・評価制度から 2.11 をめぐる闘争を踏まえ、更なる飛躍と自らの解放のため、全学共闘会議を結成することを呼びかけるビラを配布した。そこでは、自主活動の規制が「日常的な授業を基調とした三無主義をはびこらせ」ていたこと、全校集会の成果としてそれが「基本的に自由になった」と述べる（全闘委「全学共闘会議を構築せよ!!」、1970/03/23）。高執委は。二つの全校集会の結果に満足したのか、報告のビラも立て看板もださなかった。

　他方、藤瀬五郎校長は、同日午後開催された理事会において、病気を理由に校長・理事長・理事を 3 月 31 日付けで辞任することを申し出て、承認された。翌 24 日に職員に対し辞任の通知があり、27 日付けで保護者・生徒宛に手紙で通知された。

藤瀬五郎校長、「生徒諸君へ」1970/03/27

　保護者宛の手紙は二学期と三学期の期末試験を「中止するのやむなきに至」ったことを詫びながら、「一応一段落いたし、麻布は新たな発展に向わねばならぬ」ところ健康を損ね、辞任することを伝えている。また、以前に説明を約束していた校長室すわり込みに至る経緯も別信で補足説明している。

　一方、生徒に対しては、「期末テストが中止となるなど、学校が一種の混乱状態に陥り、多くの生徒諸君に迷惑をかけた」としながら、「四月からの授業のあり方、また自治活動のあり方については、一応の路線が敷かれましたが、これを生かすのも、殺すのも一に君達自身にかかって居ります」と呼びかけている。

　藤瀬校長が、1969 年 11 月以降の 5 ヶ月間「一種の混乱状態」にあったが「新たな発展」や「一応の路線が敷かれた」と記したことは、それはまさに

　　　"対話と合意による解決を目指した生徒と教師の葛藤"

そのものであったといえよう。

　ところが、1970 年 4 月 4 日、学園理事会が、山内一郎理事を、理事長・校長代行に選任し、かつ藤瀬理事長・校長の「在任中に生じた異常な状態について厳正な考慮を払い、かつその処理または修正をなす一切の権限を与えることを承認した」（『100 年史』、p.360）ことによってこの生徒と教師の合意は一方的に反故にされることになった。

　7 日の職員会議で、山内校長代行は「全校集会の集約はすべて破棄する」ことを宣言した。生徒が、山内校長代行登場のことを知ったのは 8 日の入学式、9 日の始業式であった。

日　録

1969年9月から1970年3月までの改革運動に関連する出来事を、資料にもとづき、日付順に記述した。1972年頃に作成したものをもとに加筆・修正した。他方で、学校生活の大きな部分をしめる授業や部活動などの日常とその変化は、ここでは表現されていない。

（生徒名は本文と同じ仮名を用いた）

日付	出来事	関係資料番号
1969年		
9月	高執委委員長選挙（立候補2名）。新島を選出。執行委員6名を高生協で選出。	12, 13, 87
9月～10月	授業対策委員会（授対委）発足。活動予定のビラを配布。	19
10/29（水）	高校生有志（主に高3）が、10/07学内捜索、10/21の「ロックアウト」、また学校の「生徒の政治活動に対する見解」等について、職員会議に対して公開質問状を提出。	28
10/27（月）～ 11/04（火）第2学期中間試験　（国鉄ストのため11/01終了予定が延長）		
11/05（水）	高執委「テスト制度の改革を!!」のビラ及び立て看「テスト制度を告発する!!」。改革運動の第一声。	26, 27
11/06（木）	公開質問状回答集会（第1回）。　10/29公開質問状について、職員会議の代表から回答（書面）と説明。	29
11/07（金）	高執委「テスト制度に対する一般的批判」、高2生徒3人の「個人的意見の発表」のビラを配布。クラスタイムにおいて、試験制度などについて初めての討論が行われる。	31～34
11/08（土）	公開質問状回答集会（第2回）	29～30
11/10（月）～ 14（金）高執委主催の中庭討論集会（昼休み）　　毎日30名程度（主に高2）が参加。		259
11/12（水）	高2の1において、平均点制に抗議し、中間試験の通知表に平均点を記入しないことを要望する署名（39名）が担任に提出される。	36
	高2の3クラス決議。平均点を通知表につけることをやめ中間試験の成績表を生徒に直接手渡すことを学校側に要求。	37
	高2の2有志が数a、数b問題について校長との話し合いのため校長室に集まる。数学科教員も出席。	249
11/13（木）頃	高2の2クラス決議。数bテストの白紙撤回、および通知表に平均点を記入しないことを要求。	38
11/14（金）	高2の2有志が、ビラで父兄会延期を求める。	38
11/12（水）～ 14（金）	高2の4つのクラスで決議。通知表に平均点を記入しないこと、通知表を生徒に渡すことを要求。同内容の署名が約200名集まる。学校側は、化学の採点の遅れ、数bテストの採点方法がクラス（担当教員）によって異なっていることから、今回の通知表は平均点を記入せず、また、希望する生徒には直接手渡しすることを決定。	39

日付	出来事	関係資料番号
11/15（土）	父兄会（保護者会）のため臨時休校。有志約20人が登校し、高執委・新聞委がビラ「父兄の皆さん！」を父兄（保護者）に配付。	39
11/17（月）〜 22（金）	高2の2は、高2の他クラスに対して、数bテストの白紙撤回または再採点についての討議を求める。1組が賛同したが、4、5、6組で否決、3組は回答せず。	249
11/19（水）	高2の3は、数bテスト問題について回答を拒否し、テスト制度の問題の根本的解決をはかることを決議する。	43
11/27（木）	全闘委結成の動き	261
11/28（金）	高執委は「麻布教育に関する改革案」を提案。①平均点制廃止、②定期テスト廃止③100点制廃止、④実カテスト改革、⑤先生・生徒の協議機関を設置し、教育改革を推進するという5項目。うち①、②、⑤の討議を、生協およびクラスに要請する。	45, 47
11/28（金）頃	高2の4がクラス決議。真の教育を求め、担当教員が異なる場合は学年でテストを統一することを止めることを要求。	46
11/29（土）〜	高執委と学校側（生徒会指導部）で授業改革についての協議始まる。高2のクラスでは、授業中に担当教員に、授業や試験の目的等につい質問し討論する。生徒の要望に応え、教員の一部から、試験方法の改革（現国の進級論文や日本史のノート・参考書持ち込み試験など）が提案される。	261
12/03（水）	高生協（第12回）開催。授業改革のための生徒・教師の協議機関設置を可決。高2の4および6から期末試験中止の要求があり、期末試験中止についてクラス討論を要請。	55
	全闘委結成宣言（立て看）。学校側に7項目要求を提出し、5日に回答を要求。4日M闘委結成宣言が出される。	52〜54
	職員会議の決定、①平均点は以後通知表につけない、②優等制廃止、③2学期末試験は予定どおり実施（実施方法は各担当教員と生徒が話し合って決める）。	56
12/04（木）	高2学年集会（講堂）。担任教師と生徒（約250名）が期末試験の実施をめぐって、20時まで意見交換。生徒側は職員会議で期末試験の中止を再検討することを要請。	56, 87
12/05（金）	高執委は、期末試験中止および定期試験廃止についての討議状況を報告。高2は1、3、5、6組で廃止を決議、2、4、6組で中止を決議。高1など未決のクラスに討議を要請。	60〜61
	高1の2, 6組のクラス決議、期末試験中止を要求。中2の5で期末試験中止決議がなされるが担任がビラを没収。	58〜59, 63
	職員会議が期末試験中止を決定（8日正式報告）。高執委が略式報告を配付（6日）。	62, 64
12/08（月）	職員会議決定事項を配付。①2学期末考査の中止、②2学期の成績表は記入しない、③学年末までに、授業、試験制度及び成績評価の方法等を検討し、改革を行う。	64

日付	出来事	関係資料番号
12/09（火）	全闘委が抗議集会。学校側の7項目要求への回答引き延ばしに抗議（参加者50名程度）。	65, 69
12/10（水）	第1回協議会開催。協議会の構成、権限等を決定し、論題を整理。	67〜68, 71, 250
12/11（木）	中学校学期末試験（16日まで）。	
12/12（金）	全闘委（約20名）が校長室に集まり、校長に7項目要求の回答を要求。校長は、全闘委の要求は生徒会を通していないため回答できない、と職員会議での決定を説明。	75
	第2回協議会開催。高校全12クラスから「クラス討論レポート」が提出・配付される。教科別分科会の設置案を決定し、また試験・評価の問題から討議することを決める。	72〜74, 250
12/13（土）、16（火）	高2の2つのクラスで、日本史および西洋史の発表授業が行われる。	71
12/15（月）	第3回協議会開催。実力テストは3学期は実施せず、継続討議とする。冬休み期間は自由討議とし、全体会は開催しないことを決定。	77〜79, 85, 250
12/16（火）	協議会教科分科会を開催（国語、数学、英語、理科、社会、芸術、体育）。カリキュラムを説明し、生徒側は意見・要望を提出。	80, 82, 89
12/17（水）〜 21（日）	試験休み（授業なし）。	
12/22（月）	終業式。校長から保護者宛の手紙（期末試験中止等の説明）を郵送。「麻布学園新聞」第93号（1面「麻布の教育改革の方向へ」）配付。分科会報告を配付。	87〜89
12/22（月）以降	第1回全闘委活動者会議。活動の方針・方法・組織等を決定。	252
12/22（月）〜 01/09（金）	冬休み。	

1970年		
01/10（土）	全闘委が始業式を討論集会に変えることを要求して、正門前でビラを配布。反戦高協（中核派）系の他校生もビラを配っていて、登校してきた反戦高連（革マル派）系の生徒との間でトラブルが生じる。学校側は、混乱を避けるため、高校・中学ともに、クラス別に始業式を行う。高執委は立て看「70年へのアピール」を掲出。	95〜97, 199
01/12（月）	全闘委「全学討論集会」を授業時間中に開催する。7項目要求の説明冊子を配付。	98〜99
01/14（水）頃	中生協において、執行委員長の不信任をめぐる中3アンケートを実施。	101
01/17（土）	第4回協議会開催。高執委「評価・成績表の改革案」および職員会議「考査及び成績評価に関する討議資料」を説明して質疑。	103〜104, 106, 250

日付	出来事	関係資料番号
01/19（月）	中生協において、前委員長の不信任票が多数をしめて辞任し、新委員長を選出。	123, 199
01/21（水）	職員会議において、教員有志（5名）の作成した「試験及び教育評価についての試案」が提出される。	110
01/22（木）	第5回協議会開催。教員有志「試験及び教育評価についての試案」を説明し質疑。翌23日試案を全校配付。	110, 113〜114, 250
	革マル系の生徒が「自治闘委」（のち全中闘）を結成。全闘委と対立する（セクト間の内ゲバ）。	108
01/24（土）	全闘委が授業を停止しクラス討論を行うことを呼びかける。	116
01/26（月）	第6回協議会開催。①協議会方式、②現在の沈滞ムードの原因、③改革への中学生の参加、等について討議。	118, 250
	2.11紀元節復活粉砕闘争統一委員会（統実委）が結成され、ビラを配布。高1のノンセクト有志の呼びかけによるものであり、2月以降、全闘委および全中闘が参加し、名称を「2.11闘争統一実行委員会」に改める。	117, 199
01/28（水）	高執委が紀元節復活反対の自主登校を提案（ビラの配布）。	124
01/29（木）〜 30（金）	全闘委と全中闘が、「内ゲバ」問題についての討論集会を共催。互いに「暴力的な事態を回避する」ことで和解。	125〜126, 128〜131
01/31（土）	協議会が流会となる。	
02/01（日）〜 02（月）　麻布中学校入試（休校）		
02/04（水）〜 05（木）　全闘委、全中闘がともに、2.11同盟登校、統一集会を呼びかける（ビラ配布）。		132〜133
02/06（金）	高執委が2.11紀元節反対自主登校を呼びかける（討論集会と自主授業の開催）。	135, 137, 199
	中生協において、授業・試験改革と中学生の協議会への参加方法についてクラス討議を要請。	139
02/07（土）	麻布警察署から統実委の申請による2.11街頭デモの出発点について照会連絡あり。藤瀬校長が統実委メンバー（高1の2名）に対して、2月11日に街頭デモの出発点として中庭を使用することは認められないと回答。	199, 201, 258
02/07（土）〜 14（土）　高2の6において、クラスタイムの議決により、1週間の授業停止。		
02/09（月）	高執委主催「2.9討論集会」を開催。増島教諭の講演「戦後教育の屈折」および討論。	140

日付	出来事	関係資料番号
02/10 (火)	全闘委主催の「校長追及集会」の開催。昼休みに中庭で開催され、藤瀬校長が説明のために出席し、2.11街頭デモの出発点としての中庭の使用不可について議論する。生徒の参加は100名程度。5限授業開始のチャイムが鳴り、校長は集会を退席しようとしたが、全闘委および他の生徒からも話し合いの要望がでたため、他の教員も参加し、講堂で議論を続ける。	147〜148, 199, 201
	統実委が、当該名称で初めて、2.11同盟登校と学内集会の参加を呼びかける。	147
	中執委が建国記念日について考えてみようとビラを配布	150
02/11 (水)	紀元節反対の自主登校(同盟登校)が行われる。10時から高執委主催の自主授業(4件)および11時から学内統一集会(高執委、統実委)を開催。生徒約150人、教員約10人が登校。	142〜143, 199
02/12 (木) 〜 14 (土)	高2の5クラスタイムにおいて、授業停止提案。3日間の討論の末、否決。	247
02/16 (月)	統実委は、街頭デモと政治活動の規制をめぐる問題で17日の集会への校長の出席を要求、校長は正式な回答は職員会議を経てからと回答したため、19日に集会を設定する。	153〜154
02/17 (火)	協議会開催がビラで告知されたが、急遽中止となる。	152
02/18 (水)	学校側は、政治活動の問題は全校生徒の問題であることから、一部有志の生徒の主催する集会に校長が出席し討論することはできない、として、19日の集会への出席を拒否する。	159〜160
	麻布ベ平連が、21日に学校からの街頭デモを企画し、麻布警察署に申請。校長は集会の届出を受けたが、中庭デモの出発点としないように説得中であることを記した文書を出す。警察署は申請を許可せず。	155
02/19 (木)	統実委は、放課後に校長追及集会を開催。教員有志が説明のために出席。	154, 159〜160
02/20 (金)	統実委は、昼休みに「校長追及集会」を企画。校長室にてその出席を要請。校長は出席を拒否したため、統実委は2項目の要求(①2.20統実委主催の集会に出席しなかったことの自己批判、②統実委と学校側の共催で全学討論集会を開く)を提出し、21日午後5時までに回答することを要求。	163〜164
02/21 (土)	高校生徒会1970年度前期執行委員会選挙告示。	165〜166
	学校側は、統実委の2項目要求に対して、代表団を送り、全校生徒にかかわる問題を一部生徒との間で取り決めることはできない(生徒会との間で解決していくべきもの)として、拒否する。統実委は、代表団との討論を求めるがこれを拒否したこと、および2項目要求の回答の拒否に抗議して、校長室座り込み開始。学校側は職員会議を開き、23日以降の授業継続を確認し、教員が宿直をすることとする。	167, 170, 172, 199, 201
02/22 (日)	山内一郎(当時学園・同窓会理事、のち理事長・校長代行に就任)が第一ホテルで藤瀬校長に面会し、ロックアウトを強く要請。	『100年史』p.342

日付	出来事	関係資料番号
02/23（月）	始業前の職員会議で、校長はロックアウトを提案するが反対意見が多く、撤回。生徒に事態を説明し、午前中はクラスタイムとする。	『100年史』p.342
02/24（火）	学校側は、学校及び生徒会の共催による全校集会の開催を提案（プリント「全校生徒諸君へ」を配付）。28日まで午前授業とし、午後は職員会議を開催。保護者宛の手紙を発送。	170, 172
02/25（水）	高執委が、高生協に、会則改正案（生徒会の活動を学校長の認める範囲とする条文を削除し、生徒総会を設置する）を提案。	173
02/26（木）	統実委は、学校側による座り込み生徒の家庭への連絡等を批判し、クラスでの支持を呼びかける。70年度前期高執委委員長に成本を選出。高2の5が、授業を停止しクラス討論に切替え（28日まで）。	174, 199, 263
02/27（金）	高生協は、全校集会を、学校側、生徒会、統実委の三者共催で開催することを議決。学校側は、職員会議で票決のうえ、これを受諾。	『100年史』p.345
03/02（月）〜 05（木）	全校集会の議事・運営についての、学校側、生徒会、統実委の三者の予備交渉。	179, 181, 183, 187
03/04（水）	中生協が説明会を開催。中学生全員が参加し、教員や統実委が質問に回答。第7回協議会を開催し、学年末の暫定的な措置（出席日数に不足がなければ進級、生徒と話し合いの上学習のまとめを行なう、指導要録は改革後新方式で行うなど）を決定。	184〜186, 188, 254
03/07（土）	学校側、生徒会、統実委の三者による全校集会開催の告知。	191
03/09（月）〜 12（木）	全校集会の開催。議題①生徒の自主活動について　②2月7日以降の一連の事実経過の確認と総括。	193〜197, 201, 219, 257
03/10（火）	同窓会理事会開催（議題：学園紛争収拾の方策について」）。	『100年史』年表
03/14（土）	高校生徒会の会則改正（前文、15条の削除。16条の改正の有無は不明	203
03/18（水）〜 20（金）	全校集会の開催（第2回、授業・試験・評価・カリキュラムについて）。18日に全体会（説明と質疑）、19〜20日に教科別分科会（国語、数学、英語、社会、理科、芸術、体育の7教科）を実施。生徒の参加者数は300人程度。	202〜218, 253, 255
03/23（月）	終業式。式後に、新年度のカリキュラムや授業について、説明会を実施。全校集会（3/9〜12）における意志の集約について、三者（学校側、生徒会、統実委）の意志決定（「承認し、その実現に進む」）および集約の文章の一部修正が報告される（ビラ配布）。学園理事会において、藤瀬校長が病気を理由に理事・理事長・校長を辞任する申出があり、これを承認。	221〜222, 『100年史』p.359
03/24（火）	職員会議において、藤瀬校長から辞任の挨拶。	『100年史』年表
03/27（金）	藤瀬校長より、生徒および保護者に、辞任の説明文書が郵送される。	225〜227

収集資料一覧

1969 年 11 月〜70 年 3 月に発行・作成され、授業改革運動に関連する一次資料のリストである（一部当該時期以外のものを含む）。資料は計 268 点を、A 印刷・配付資料 239 点、B 議事録・日誌など 21 点、C 個人日記など 8 点、の三つに区分し、それぞれ発行（作成）日順に配列し、資料番号は連番とした（2024 年以降に入手したものは枝番号を付記）。

これらの資料は電子化（PDF）し、原資料とともに麻布学園に寄贈します。学園史資料室にて保管いただき、利用できるようになる予定です。

番号	発行（作成）日	発行・作成者	表　題
		頻出する団体は略称を、生徒名は仮名を用い、表題は資料表記どおりとし、一部編者が（）書きで補った。	
A　印刷・配付資料			
001	1967/04	麻布学園/学校側	生徒心得
002	1968/04	中学生徒会	麻布中学校生徒会会則
003	1968/04	高校生徒会	麻布高等学校生徒会会則
004	1968/11/12	（高校生徒会）	選挙公報　田沢
005	1968/11/21	高1の1	高一諸君へ
006	1969/02	（高校生徒会）	（1969年前期執行委員長選挙広報）
007	1969/03/01	答辞委員会	答辞（1968年度卒業生）
008	1969/03/12	山田教諭	第3学期期末考査　日本史（高1）山田
009	1969/04	高執委授業対策委員会	授業対策委員会より
010	1969/05/31	山田教諭	高2　日本史（山田）　第1学期中間考査
010a	1969/07	国語科	昭和四十四年夏休み（課題図書）
011	1969/07	高執委授業対策委員会	授業対策委員会アンケート集計結果報告
012	1969/09	（高校生徒会）	（後期執行委員長選挙広報）
013	1969/09/20	（高校生徒会）	田山から君へのメッセージ（後期執行委員長選挙広報）
014	1969/09/20	新聞委員会	麻布学園新聞第91号（運動会特集号）
015	1969/09/22頃	高2の5	H2−5よりアピール
016	1969/09/22頃	高執委	全学投票について（運動会開催可否）
017	1969/10	高執委	補正予算
018	1969/10	高執委	アンケート
019	1969/10	授対委	授業対策委員会からのお知らせ
020	1969/10/05	討論会実行有志	10.6中庭討論会『大学』
021	1969/10/11以前	高執委（サークル対策委）	広報No1　各同好会、研究会・及びサークルの責任者に告ぐ！
022	1969/10/07	麻布高校反帝闘争委員会	砦上界　No.1　自主活動弾圧粉砕！
023	1969/10/09頃	高執委	危ない！　投石はやめよう!!
024	1969/10/24	（高3有志）	10.24昼休み中庭集会へ綜結集せよ！
025	1969/10/27	山田教諭	高II　日本史テスト
026	1969/11/05	高執委	テスト制度の改革を!!
027	1969/11/05	高執委	テスト制度を告発する!!　（立て看板元原稿）

番号	発行（作成）日	発行・作成者	表　題
028	1969/11/06	高校有志	職員会議に対する公開質問状
029	1969/11/06	（学校側/職員会議）	公開質問状に対する回答
030	1969/11/06以降	（高3有志）	すべての高校生諸君！
031	1969/11	H3-2、H3-3、H3-6有志	試験制度を拒否できるか？
032	1969/11/07	高執委	テスト制度に対する一般的批判
033	1969/11/07	高執委	（個人的意見の発表）H2-5　三島
034	1969/11/07	高執委	（個人的意見の発表）H2-3　新沢
035	1969/11/07	高執委	（個人的意見の発表）H2-4　SN
036	1969/11/12	高2の1有志39名	（平均点通知表不記入署名）
037	1969/11/13	高2の3クラスタイム	我々は考える　平均点制度に関するH2－3クラス決議
038	1969/11/14	高2の2有志	我々は要求する！
039	1969/11/15	高執委・新聞委	父兄の皆さん!!
040	1969/11/17	高執委	授業対策委討論資料　個人的意見の発表　No.2 H2－1　安井
041	1969/11/17	新聞委	都立大付高・上野高に於ける改革
042	1969/11/19	（高執委）	（第22回文化祭実行委員長選挙広報）
043	1969/11/20	高2の3クラスタイム	数bテストに関するH2－3クラス決議
044	1969/11/21	高執委	授業対策委討論資料　個人的意見の発表　No.3 H2－3　山上　主体的な授業を！
045	1969/11/26？	（高執委）	（高執委内部討議資料　授業・試験制改革案）
046	1969/11/28	高執委	高3の生徒会における議席に関する規約（私案）、高2の4におけるクラス決議
047	1969/11/28	高執委	麻布教育に関する改革案
048	1969/11/29	旧反帝闘争委員会を含む有志	資料　教育闘争とは何か
049	1969/12	高2の4	高2－4アンケート
050	1969/12	教務	（職員会議配付資料）「成績評価に関する問題点」
051	1969/12/01	渡辺教諭（美術科）	（職員会議配付資料　優等制・平均点制改革についての意見表明）
052	1969/12/03	全闘委	7項目要求を提出！
053	1969/12/03	全闘委	7項目要求書
054	1969/12/03	全闘委	全闘委結成宣言（立て看板元原稿）
055	1969/12/04	高執委	期末試験中止を提案する＜H2－6＞　協議機関設置可決
056	1969/12/04	高執委	H2学年集会について
057	1969/12/04	M闘委	M闘委（中学生闘争委員会）結成宣言
058	1969/12/05	高1の2	高1の2有志47名決議文
059	1969/12/05	高1の6	H1－6クラス決議
060	1969/12/05	高執委	本日（5日）の臨時職員会議に残された可能性を！
061	1969/12/05	高執委	現状報告
062	1969/12/06	高執委	昨日の職員会議決定略式報告
063	1969/12/08	中2の5	中2の5決議文
064	1969/12/08	職員会議	職員会議決定事項
064a	1969/12	（右遠・栗坪教諭）	高二現代国語"論文"について
065	1969/12/09	全闘委	全学友は本日の全学抗議集会に結集せよ！
066	1969/12/10頃	高2の1，6など	科目別クラス内アンケート

番号	発行（作成）日	発行・作成者	表　題
067	1969/12/10	高執委	今学期は授業改革から！
068	1969/12/10	高執委	協議機関について
069	1969/12/10	全闘委	抗議集会200名で勝ちとる！
070	1969/12/11	新聞委	討論資料　都立大付高に於ける改革
071	1969/12/11	高執委	９＋１日の協議機関に於ける確認事項
072	1969/12/12	協議会・高１高２各クラス	クラス討論レポート
073	1969/12/12	（教務）	昭和44年度教科目単位配当表
074	1969/12/13	高執委	協議会速報
075	1969/12/13	Ｉ闘委	職員会議７項目要求の回答を拒否！
076	1969/12/14〜22	高２の１	アンケート中心によるクラス討論のまとめ
077	1969/12/15	協議会・高１高２各クラス	クラス討論レポート
078	1969/12/15	高執委	討論資料　"評価"について
079	1969/12/15	高執委	実力テストに関する討論資料/授業形態に関する討論資料
080	1969/12/16	教科別分科会	数学科カリキュラム
081	1969/12/16	山田教諭	高II　日本史テスト（山田）
082	1969/12/16	高執委	教科別協議会議事メモ
083	1969/12/16	全闘委	全闘委からの提言ー学校側の対応におどらされている諸君ー
084	1969/12/16	全闘委	全学友諸君に訴える！
085	1969/12/16	高執委	協議会速報
086	1969/12/17	文化祭実行委員会	第21回文化祭記念文集
087	1969/12/22	新聞委	麻布学園新聞　第92号
088	1969/12/22	藤瀬校長	（保護者宛手紙）
089	1969/12/22	各教科分科会	分科会報告
090	1970/01	麻布中学校/高等学校	昭和45年度生徒募集要項
091	1970/01〜02	（森崎）	西洋史自主授業資料　ドイツ農民戦争
092	1970/01	山田教諭	日本史プリント　自由民権運動
093	1970/01	山田教諭	社会科（日本史）カリキュラム案
094	1970/01	新聞委員会	アンケート
095	1970/01/10	高執委	70年へのアピール（立て看板元原稿）
096	1970/01/10	全闘委	無意味な始業式を画期的な討論集会に転化せよ!!
097	1970/01/12〜14	職員会議	（内部討論資料　全闘委および改革問題について）
098	1970/01/12	全闘委	『7項目要求』に関して
099	1970/01/12	全闘委	1.12全学討論集会へ結集せよ！
100	1970/01/12	高執委	試験制に関する討論資料
101	1970/01/14	中生協	中3の人へのアンケート
102	1970/01/14	全闘委	近藤教諭の暴力行為を糾弾する！
103	1970/01/17	職員会議	考査及び成績評価に関する討議資料
104	1970/01/17	高執委	評価・成績表の改革案
105	1970/01/19	全闘委	全麻布の学友に！
106	1970/01/19	高執委	協議会速報　No4
107	1970/01/21	数学科	討論資料
108	1970/01/22	自治闘委（準）	学園闘争の新たな質をかちとり１月２月卒闘にむけ更なる進撃を

番号	発行（作成）日	発行・作成者	表　題
109	1970/01/22	高執委	本日(22日)教育改革協議会開催
110	1970/01/22	教員有志（及部・神崎・増島・山之内・山領）	試験及び教育評価についての試案
111	1970/01/22	理科	理科の授業に関する改革案
112	1970/01/22	全闘委	全闘委より全麻布生に訴える！
113	1970/01/23	高執委	協議会速報 No5
114	1970/01/23	教員有志	試験及び教育評価についての試案（全校配付）
115	1970/01/23	全闘委	自治闘委を糾弾する！
116	1970/01/24	全闘委	全闘委より　ただもくもくと勉強にはげむ諸君！麻雀に、トランプにはげむ諸君！
117	1970/01/26	2.11紀元節復活粉砕闘争統一委員会（統実委）準	2.11紀元節復活粉砕！
118	1970/01/27	高執委	第6回協議会報告
119	1970/01/27	全中闘	全ての闘う学友は全中闘に結集せよ！
120	1970/01/27	全学中央闘争委員会（全中闘）準	評価の緻密化と自主活動の圧殺をもくろむ学校当局の欺瞞的御用機関と化した「協議会」を拒否せよ！
121	1970/01/27	麻布高校反戦高連委員会	反戦高協諸君の麻布闘争の右ヨク的歪曲と、狂乱的テロリンチ行為を糾弾せよ！
122	1970/01/27	M闘委	真の教育を求めて闘うぞ！
123	1970/01/27	中執委	アト2ヶ月
124	1970/01/28	高執委	主体的な教育を！""2.11紀元節復活反対自主登校を！"
125	1970/01/29	全闘委	全麻布の学友へ　革マル派の闘争破壊について訴える！
126	1970/01/30	全闘委	全闘委からのお知らせ
127	1970/01/30	中学新聞委員会・中学執行委員会	討論会「麻布を考える」
128	1970/01/30	全闘委	革マル＝全中闘との中庭討論会に結集せよ！
129	1970/01/31	全闘委	全闘委より全麻布生に訴える！
130	1970/01/31	全闘委	全闘委より再度のアピール！
131	1970/01/31	全中闘	全ての闘う学友は全中闘に総結集し麻布学園闘争勝利の日まで闘い抜こう！
132	1970/02/04	全闘委	2.11紀元節を同盟登校で粉砕せよ！
133	1970/02/05	全中闘	2・11同盟登校を貫徹し学内統一集会を勝ち取れ！
134	1970/02/05	全闘委	期[欺]瞞的改革案粉砕のために
135	1970/02/06頃	高執委	高執委からのお知らせ　2・11紀元節反対自主登校を!!
136	1970/02/06	高生協	第17回高生協報告
137	1970/02/06	高執委	2.11建国記念日に関する資料
138	1970/02/07	ベ平連	ベトナム侵略やめろ！2.7集会
139	1970/02/07	中執委_	第11回臨時生協報告
140	1970/02/09	高執委	2.9討論集会に積極的参加を！
141	1970/02/10	（麻布ベ平連）	2.11紀元節に反対し自主登校を！
142	1970/02/10	高執委	2・11自主登校を！
143	1970/02/10	全闘委	2.11全都高校生総決起集会に結集せよ
144	1970/02/10	M闘委	中学生諸君！M闘委に結集しよう！
145	1970/02/10	中3有志	署名へのお願い

番号	発行（作成）日	発行・作成者	表題
146	1970/02/10	麻布べ平連	2.11全都高校生総決起集会に結集しよう！
147	1970/02/10	統実委（2・11闘争統一実行委）	政府文部省による教育の反動的改編と愛国イデオロギー注入攻勢を粉砕せよ！
148	1970/02/10	全中闘	2.10弾圧粉砕校長追及集会に結集しさらにあす2・11学内統一集会を圧倒的に勝ち取れ！
149	1970/02/10	全闘委	2.10弾圧粉砕校長追及集会に結集せよ！
150	1970/02/10	中執委	「ああ、またか」と思わないで
151	1970/02/13	全中闘	当局の"政治活動禁止"見解を糾弾せよ！
152	1970/02/17	高執委	理科分科会報告
153	1970/02/17	全闘委	2.19集会を成功させ主体的活動の自由を勝ち取ろう！
154	1970/02/18	全闘委	2.19集会を断固貫徹しよう！
155	1970/02/18	藤瀬校長	2月21日のデモに関する件
156	1970/02/18	増島教諭	職員会議資料　改革をどう進めるのか
157	1970/02/19	中執委	（中生協報告）
158	1970/02/19	全闘委	本日放課後校長追及集会に結集せよ！
159	1970/02/19	統実委	学校側2.19集会の出席を拒否！
160	1970/02/19	全中闘	本日2.19校長追及討論集会に結集せよ！
161	1970/02/20	数学科	討論資料
162	1970/02/20	全中闘	教育の反動的改編攻セに対決する自治権の全面的奪取を
163	1970/02/20	（無署名）	本日（2/20）昼休み中庭において校長請求集会に結集せよ!!
164	1970/02/20	全闘委	本日昼休み弾圧粉砕集会に結集せよ！
165	1970/02/21	高執委選管	45年度前期執行委員長候補成本
166	1970/02/21	高執委選管	45年度前期執行委員会選挙告示
167	1970/02/23	統実委	自主活動弾圧に抗議行動の嵐を！
168	1970/02/23	朝日新聞社	校長室すわり込み　麻布高午前の授業を中止
169	1970/02/23	全中闘（準）	学校側の要求拒否に抗議し校長室座り込み闘争決行!!
170	1970/02/24	藤瀬校長	（保護者宛の手紙）
171	1970/02/24	統実委	全学集会を勝ち取ろう!!
172	1970/02/24	麻布学園（職員会議）	全校生徒諸君へ
173	1970/02/25	高執委	生協議題説明
174	1970/02/26	統実委	全学友に訴える！
175	1970/02/26	麻布学園	全校生徒諸君へ（2）
176	1970/02/27	大賀教諭	教育改革のいくつかの問題点ーとくに進路指導の立場から：大賀私案
177	1970/03	学校	高三に於ける科目の選択調査について
178	1970/03	宇野教諭	高二西洋史レポート問題
179	1970/03/02	生徒会・学校・統実委各代表	予備交渉における確認事項　3月2日
180	1970/03/03	麻布学園	全校生徒諸君へ（3）
181	1970/03/03	生徒会・学校・統実委各代表	予備交渉における確認事項　3月3日
182	1970/03/03		（予備交渉に提出された全校集会議題）
183	1970/03/04	生徒会・学校・統実委各代表	予備交渉における確認事項　3月4日
184	1970/03/04	中執委	この説明会で予め生協に提出された質問事項
185	1970/03/04	（統実委）	説明会用・討論資料

番号	発行（作成）日	発行・作成者	表　題
186	1970/03/05	中執委	3.4説明会報告
187	1970/03/05	生徒会・学校・統実委各代表	予備交渉における確認事項　3月5日
188	1970/03/06	高執委	協議会報告　No7
189	1970/03/06	高執委	高執委見解
190	1970/03/06	統実委	3.9全学集会を貫徹セヨ！
191	1970/03/07	麻布学園・生徒会・統実委	全校集会開催について
192	1970/03/09	生徒会・学校・統実委各代表	全校集会での議事の進行
193	1970/03/09	統実委	3・9全校集会用討論資料（レジュメ）
194	1970/03/09	生徒会執行部	生徒会執行部から見解と議案
195	1970/03/09	麻布学園	2.7以後の事実経過についての総括をめぐって
196	1970/03/09	麻布学園	2.7以後の事実経過についての総括をめぐって（続き）
197	1970/03/09	麻布学園	生徒の「自主活動」についての提案
198	1970/03/10	統実委	学校当局のデマゴギーを糾弾する！
199	1970/03/12	新聞委	麻布学園新聞　第93号
200	1970/03/14頃	高2有志	問題提起＝異議申し立てについて広汎な討論を！
201	1970/03/14	全校集会議長団	全校集会（3/9－12）における意志の集約
202	1970/03/18	高執委	高執委より　批判的総括　矛盾の根源ー教師の怠慢ー
203	1970/03/18	高執委	第22回高生協報告
204	1970/03/18	麻布学園	全校生徒諸君へ　NO.4
205	1970/03/18	国語科	（国語科改革案）
206	1970/03/18	数学科	数学科討論資料
207	1970/03/18	英語科	英語科試案
208	1970/03/18	社会科	（社会科改革案）
209	1970/03/18	山領教諭	高2　現代史（4月〜10月前半）
210	1970/03/18	斎藤・山田教諭	高II　日本史カリキュラム（45年度）
211	1970/03/18	宇野教諭	高3　前期　西洋近代史
212	1970/03/18	山領教諭	高3　後期　現代史
213	1970/03/18	理科	理科の授業及び評価について
214	1970/03/18	理科	中学理科カリキュラム
215	1970/03/18	理科	高校理科カリキュラム
216	1970/03/18	芸術科	芸術（美術・技術に関して）
217	1970/03/18	芸術科	中三音楽・高校音楽・高三音楽
218	1970/03/18	体育科	45年度保体科カリキュラム案
219	1970/03/23	新聞委	麻布学園新聞　第94号
220	1970/03/23	高2の5	連帯を求めて
221	1970/03/23	全校集会議長団	「3/9－12全校集会における意志の集約」の訂正
222	1970/03/23	全校集会議長団	全校集会終了後の三者の意志決定の報告
223	1970/03/23	統実委・全闘委	2・11闘争の更なる飛躍を自らの解放の為全学共闘会議を構築せよ
224	1970/03/23	全闘委	全学共闘会議を構築せよ！
225	1970/03/27	藤瀬校長	生徒諸君へ
226	1970/03/27	藤瀬校長	保護者の皆様へ
227	1970/03/27	藤瀬校長	保護者各位
228	1970/11	進路指導部	麻布進路指導資料志望先進路実績197011

番号	発行（作成）日	発行・作成者	表　題
229	1970/11/06	高3有志	卒業文集の作成を！
230	1971/01/18	高3有志	文集その後
231	1971/4/20	1971年卒業生	文集『像』創刊号（第1号）
232	1971/04/26	1971年卒業生	「麻の布」第1号
233	1971/06/26	1971卒有志	彷徨　第6号「教育と私達」
234	1971/07/04	文集「像」編集人	「麻の布」2号　Yuko氏の投稿
235	1971/08	文集「像」編集人	「麻の布」3号　Yuko氏の投稿　No.2
236	1971/11/01	1971年卒業生	文集『像』第2号
237	1972/12/12	社研	コミュニズム　創刊号

B　議事録・日誌など

番号	発行（作成）日	発行・作成者	表　題
238	1967〜1968	中2の5	中2の5「クラス日誌」（1967〜68年度）
239	1968/	高1の6	高1の6「クラス日誌」　（1968年度）
240	1968/	麻布高校	高1組別成績集計票（中間考査）
241	1969/03	麻布高校	優等賞状
242	1969/03	麻布高校	成績通知箋
243	1969/04	麻布高校	実力考査成績票（高2第1回）
244	1969/09	麻布高校	実力考査成績（高2第2回）
245	1969/04〜70/03	高1の6	高1の6「クラス日誌」（1969年度）
246	1969/09	高執委	44年度後期規律審議委員会（付全校集会予備折衝）
247	1969/11〜70/02	高2の5	高2の5クラスタイム議事録
248	1969/11〜70/03	高1の5	高1の5「クラス日誌」（1969年度）
249	1969/11〜70/01	高2の2	高2の2「クラス日誌」（1969年度）
250	1969/12〜70/01	授業改革協議会	協議会議事録（〜70/01/26）
251	1969/12/16	教科別分科会	国語分科会　手書きメモ
252	1969/12/23頃	全闘委	第1回全闘委活動者会議議事録
253	1970/03	新島	（第2回全校集会開催案）
254	1970/03/04	三島	第7回協議会議事メモ
255	1970/03/18	山領教諭	（全校集会討議メモ）
256	1969/04	中生協	生協議事録（1967〜69年度）など
257	1970/03/12〜14	（高1の6有志）	全校集会討論略記（高1の6クラス日誌に記載）
258	1970/04	麻布学園	昭和44年麻布学園経費収支決算書

C　個人日記など

番号	発行（作成）日	発行・作成者	表　題
259	1969/10	山上	山上日記抜き書き
260	1969/11/08	高執委（三島）	（11月2週闘争方針）
261	1969/11/26	新島	新島日記抜き書き
262	1969/12/04	三島	三島ノート抜き書き
263	1970/02/12	高2の5（三島）	（クラスタイム討論記録）
264	1970/03	新島	メモ（無題　教育の目的について）
265	1970/04	三島	古文　源氏物語
266	1971/01/09	高3有志・栗坪教諭	現代国語　進級大論文　卒業文集編集会議

あとがき

　このあとがきを書き終えると、ようやく、55 年前にできなかった宿題を終えることになる。まず、編纂に携わった三人の立ち位置について述べておきたい。

　三浦は、バドミントン部と新聞委員会に所属し、中学のころから生徒会の委員をつとめていた（本書でいう「優等生」「やる人」である）。授業改革運動の口火をきった高執委グループの当初からのメンバーのひとりであり、3 月前半の全校集会の議長のひとりでもある。

　赤澤は、陸上部と音楽部に所属し、生徒会とは所属部の代表としての関わりが主で生徒会予算査定の責任者でもあった。勉強についても部活についても自分の考え方に従って生活していて、授業改革運動のときは、特定のグループで活動することはなかったが、協議会の報告や高執委のビラを作ることもあった。本書でいう「やる人」と「やらない人」を行き来していたことになる。

　もうひとりの記録編纂メンバーであった堀家潤一郎さんは、柔道部に所属し、読書家で、生徒会活動とは関係しない、本書でいう「やらない人」であった。三浦と同じ高 2 の 5 のクラスであり、11 月の最初のクラスタイムで彼と意見が対立し、以後クラスタイムにはずっと出席しながらも沈黙した。2 月下旬の校長室座り込み後のクラスタイムで突然発言を再開した。「授業改革」の必要を感じていたが、高執委や全闘委の「試験・評価」に縛られているという主張には賛成できなかったという。

　こうした立ち位置の異なる私たち三人が、この記録の作成に関わるきっかけとなったのは、高校卒業前後の自主的な卒業文集の出版であった。山内代行の統制下にあった高 3 の 11 月に、「自分にとっての今を、麻布を捉えるため」に卒業文集作成が呼びかけられ、卒業文集『像』1 号が卒業の翌月（1971 年 4 月）に刊行された。第 2 号では「69 年 11 月〜 3 月」および「山内体制」についての特集が企画されたが、ある投稿をめぐって企画は頓挫した（本書 p.201 参照）。赤澤と三浦は『像』1 号の、堀家さんは 2 号の編集委員をつとめた。1972 年以降三人は一緒に記録編集の作業に関わり、堀家さんは、授業改革運動のどこに問題があり、沈滞したのか、自分たちはどういう授業や教育を求めていたのか、それを探るために力を注いだ。

　2017 年の作業再開後に、手書き原稿をすべてパソコンで入力したのも彼である。2022 年 4 月に自身の最終稿を私たちに預け、「あとはよろしく」と引退を表

明した。最終段階の改稿作業には加わらなかったため、本書は赤澤・三浦を著者としているが、改革運動の沈滞の分析やその到達点の評価など、根幹となる論点は堀家さんの残した原稿によっている。立ち位置の異なる三名が意見を戦わせ、共同で作業を行うことによって、本書ができあがった。

　本書の記述は、当時のビラやプリント（印刷配布物）、議事録やクラス日誌、個人の日記やメモ、そして、聞き取り（インタビュー）にもとづくものである。1995 年に刊行された『麻布学園の 100 年』（第 1 巻歴史、第 2 巻文集、第 3 巻アルバム・年表）を参照した個所もある。この時期の高校生運動（紛争）を扱った多くの出版物があり（一部を末尾に示した）、時代・社会の全体状況を把握する参考とした。クラスのレベルでの生徒の行動や討論に立ち返って記述している点が、本書の特徴といえるだろう。

　当時の同期生は、授業改革運動そのものを忘れていたり、自分に関わる断片的なことだけを憶えていたりすることも多い。あの 5 ヶ月は、定期試験が 2 回中止になり、授業のかなりの部分がクラスタイム（討論）に変わり、さまざまなグループによるビラが飛び交い、中庭は拡声器をつかった集会の場となった。このような状況を、「日常性の脱却」として新鮮に感じるものもいれば、不満・不安を感じたものもいて、受けとめ方は様々であった。50 年超の年月は忘却や記憶の混濁が起きても仕方がないが、近年出版されたある本では、生徒によって校門にバリケードが築かれて中に入れず、試験も授業もなく、学校は戦場のようだった、といった事実に反する回想が語られていたりもする。私たちは、こうした個人の記憶違いによる事実の誤認を防ぐために、三人のあいだで互いの記憶を確認し、当時の資料を当り直したり、卒業生や教員の方に質問や聞き取りを行ったりした。とはいえ事実と異なるところがあれば、連絡をお願いしたい。

　本書の作成には、多くの方のご協力をいただいた。同期生等には、各自が所持していたビラを提供してもらい、ほぼ漏れなく収集ができたのはそのおかげである。個人の日記を抜き書きの形で提供してもらい、インタビュー（聞き取り）にも快く応じてくれた。聞き取りは、大学生のころに行ったものと、近年に行ったものとがある。また、最終段階の原稿を読み、感想やコメントを下さった方もいる。ここにこれらの協力者の名前を記して謝意を表したい。安達清、小柳勉、永

野（今村）正樹、新納秀朗、新村聡、西山昭彦、山口和彦（以上 1971 年卒）、佐伯真一、杉本有俊、星野英一（72 年卒）の諸氏である。また、久保耕造さん（1972年卒）には、出版・販売面でお世話になった。久保さんの紹介により、ほぼ同世代の石原雅彦さんに出会い、本書の意をかなえる力のこもった装丁をしていただいた。さらに、松浦聡さんには入稿に際しデータ処理についてご協力をいただいた。また私たち三人の家族は長い間の作業を黙って静かに見守ってくれた。

　教員の方では、故右遠俊郎（現代国語）、故栗坪良樹（現代国語）、故及部治人（物理）、福島秋穂（古文）の諸先生からクラス日誌等の提供をいただき、山領健二先生（西洋史）からは、資料の提供と聞き取りの協力をいただいた。平秀明校長には、本書の出版について激励をいただき、原稿も一読くださった。学園史資料室の水村暁人、染野義明教諭には、当時の写真などの資料の閲覧の機会をいただき、そこで未見の資料にも出会った。本書のカバーや本文内にある当時の写真は、田中秀憲（71 年卒）、古川亨（72 年卒）の諸氏が撮影したもの、および撮影者を辿れなかったが 71 年卒の卒業アルバム所収写真を使用させていただいた。また、表紙に掲載した風刺画は、渡辺芳倫氏が高一のときにペンネームで描いたもので、再録を快諾くださった。

　収集した資料は、現物とデジタル化したものを、麻布学園史資料室に寄贈する。私たちは、この運動について、失敗や反省すべき出来事も含めて、全体として肯定する立場に立っているわけだが、本書が、当時、その後、あるいは現在の視点から、この運動を再考する客観的な手掛かりとなることを願っている。本書を読んだ感想やコメントがあれば、下記のメールアドレスにお送りいただければ幸いである。（メールは著者だけが拝読し、必要に応じ返信申し上げます。）
　jugyoukaikaku1969@googlegroups.com
　最後になるが、記録の編纂・刊行に賛同・期待してくれた同期生らや先生方のなかで、すでに亡くなられた方々がおられる。改めてそのご冥福を祈り、遅ればせながら、本書の刊行を報告したい。

2024 年 3 月
著者

参考文献抄

＜麻布学園関係＞　著者名順

麻布学園百年史編纂委員会編『麻布学園の100年』（第1巻歴史、第2巻文集、第3巻アルバム・年表）、麻布学園、1995

麻布学園・学園史資料室編『麻布学園20年の記録　1995—2014』麻布学園、2015

『麻布学園PTA創立25周年記念誌』麻布学園PTA、1998

右遠俊郎『長い髪の少年たち』東邦出版社、1977

三人会（坂上貴之・杉本有俊・星野英一）『幕間のパントマイム：麻布高校1970年4月〜1971年9月』三人会、1985　（増補・復刻版『幕間のパントマイム：麻布高校1970年4月〜1971年11月』エンパワメント研究所、2024）

東京私学労働組合麻布学園分会『月刊麻布教育』第1〜3号、1971〜73

山領健二『学校を閉ざすまい：戦後教育の記憶のために』彩流社、1996

＜高校生運動・高校紛争関係＞（刊行年・著者名順）

鈴木博雄『高校生運動』福村出版、1969

平栗清司編著『高校生は反逆する：激動の季節をむかえて』三一書房、1969

稲垣真美『高校生四五〇万の叛乱』講談社、1970

高瀬勇編『工業高校：その闘いと教育の本質』三一書房、1970

竹内静子『反戦派高校生』三一書房、1970

北沢弥吉郎『東京の高校紛争：教育への挑戦に応えて』第一法規、1971

中沢道明編著『高校紛争の記録』学生社、1971

大河原礼三『日比谷高校闘争と一教員・生徒の歩み』現代書館、1973

柿沼昌芳・永野恒雄・田久保清志『高校紛争：戦後教育の検証』批評社、1996

二見修次『神奈川の高校教育の変容』神奈川新聞社出版部、2007

小熊英二『1968 下：叛乱の終焉とその遺産』新曜社、2009

小林哲夫『高校紛争 1969−1970：「闘争」の歴史と証言』中公新書、2012

都立立川高校「紛争」の記録を残す会編『鉄筆とビラ：「立高紛争」の記録 1969—1970』同時代社、2020

高橋雄造『高校生運動の歴史：新制高校・生徒会連合・60年安保・"高校紛争"・反管理主義』明石書店、2020

『幕間のパントマイム』増補・復刻版の
予約サイトはこちらのQRコードから

序　章　絶対、ここをとばして読まないで下さい。
第1章　麻布学園の概要と1969年から1971年11月までの概略
第2章　方法
第3章　本論　1 前史　1970年4月に至るまで
　　　　　　　2 幻想期　1970年4月から9月
　　　　　　　3 退廃期　1970年10月から1971年3月
　　　　　　　4 沈静期　1971年4月から9月
　　　　　　　5 爆発期　1971年10月から11月
第4章　一つの結論として　--マージナルピープル

https://www.blt.ly/3RFFXa6
著者：三人会
　（坂上貴之・杉本有俊・星野英一）
A5版　160頁
定価：本体1,800円＋税
発行：エンパワメント研究所

赤澤　周平（あかざわ　しゅうへい）
　　　1952 年生。国際基督教大学教養学部卒業。（株）ブリヂストン勤務
　　　ののち、（株）エム・ディ・アイ ラボラトリ常務取締役。東洋学園大
　　　学現代経営学部兼任講師。共著『工場見学がファンをつくる：実施
　　　ノウハウと評価方法』（日本経済新聞出版局、2016）。

三浦　徹（みうら　とおる）
　　　1953 年生。東京大学教養学部教養学科卒業。（株）平凡社勤務のの
　　　ち、東京大学大学院人文科学研究科修士課程修了（東洋史学）。お茶
　　　の水女子大学名誉教授。著書『イスラームの都市世界』(山川出版社、
　　　1997）など。

よみがえれ！授業改革運動
麻布学園 1969 年 11 月〜1970 年 3 月

2024 年 5 月 20 日　　　初版第 1 刷　発行

著　者　　　赤澤　周平・三浦　徹
装　丁　　　石原　雅彦
発　行　　　エンパワメント研究所
〒201-0015 東京都狛江市猪方 3-40-28　スペース 96 内
　　　　　　　　TEL&FAX 03-6892-9600
　　　　　　　　https://www.space96.com/
　　　　　　　　e-mail: qwk01077@nifty.com

印刷・製本所　　　シナノ印刷株式会社
——————

ISBN 978-4-907576-29-5　　C3036